中国商事法研究 第 2 巻

中国会社法制の
理論と実務

神田秀樹 編
朱　大明

商事法務

はしがき

　本書は、「中国商事法研究」シリーズの第2巻である。「中国商事法研究」シリーズは、第1巻のはしがきで述べたように、中国商事法の法制度、法の運用の実務、そして学界における研究の最新状況を日本の読者の皆さんに紹介することを目的とし、これにより日本における中国商事法の理解と研究が進展することを望んで出版するものである。

　この第2巻は、中国の会社法に関する論稿を取り上げることとした。第1巻と同様、中国法における最新の立法と法の運用の状況を正確に紹介するだけではなく、中国における一流の研究者に論稿を執筆していただくことにより、中国法における法制度の設計に関する理念や考え方、そして現在の理論研究の状況をも日本の読者の方々に紹介することを試みている。

　この第2巻の出版についても、執筆者の方々に多大な協力をしていただいたことに加え、翻訳を担当していただいた方々にも多大な尽力をしていただいた。また、株式会社商事法務代表取締役社長の石川雅規氏、公益社団法人商事法務研究会業務執行理事・事業推進部長の中條信義氏、株式会社商事法務取締役・コンテンツ制作部長の浅沼亨氏には、企画の内容から日本語での表現等に関する細かな点に至るまで、大変お世話になった。これらの方々に感謝申し上げる。

　この第2巻についても、日本で中国会社法に関心を有する研究者、実務家、学生等の皆さんに参考としていただき、本書が日本における中国会社法の理解と研究の進展においてお役に立てるとすれば幸いである。

2024年10月

神田秀樹　朱　大明

目 次

① 会社類型と会社法の体系……………………………〔沈朝暉〕・1

1 はじめに・1

2 進化論──商業組織形態の進化に関する歴史理論的論理・4

(1) 公開株式会社の登場・4

(2) 非公開会社の追いつき・6

(3) 第三の会社形態の台頭と普及──商業組織形態の進化における「破壊的イノベーション」・7

3 同類併合──株式会社と有限会社の制度内容の統合・9

(1) 大陸法圏における有限会社の改革方式・10

(2) 中国における株式会社制度に有限会社制度の同質化部分を統合すべき・12

4 再分化──有限会社の属性転換と新制度の要素・16

(1) 商業組織における第三の形態の独立性・16

(2) 中国の有限会社の属性転換──将来の第三の形態に向けて・18

(3) 有限会社の識別度の形成──第三の形態の制度的要素の移植・21

5 体系上の便益──「同類併合と再分化」の方法論的拡張・25

6 結論──2023年新会社法を出発点として・32

② 会社の登録資本金と出資引受制度……………………〔林一英〕・35

1 問題の所在・35

2 法定資本制度の沿革及び比較・36

(1) 法定資本制度の概念及び起源・36

(2) 二大法系における法定資本制度の相違及びその原因・38

(3) 資本形成段階における改正の動機──会社設立場所に関する競争・43

3 登録資本金引受登記制度の再考・46

(1) 株主有限責任の対価としての法定資本金・46

(2) 資本三原則の変遷とその機能・48

(3) 登録資本金引受登記制度の再考・51

4　会社法改正による引受登記制度の改善・53

　　⑴　資金調達に関する会社の需要と出資に関する株主の自由の調整・53

　　⑵　資本確定を強化するための仕組み・57

　　⑶　株主の出資期限早期到来制度——債権者と株主の利害調整・60

　　⑷　払込資本の開示効果の強化・62

　5　おわりに・64

③　監査委員会制度とその実施に関する問題点…………〔蒋大興〕・65

　1　はじめに・65

　2　取締役会監査委員会の設置——選択型と強制型・67

　3　監査委員会委員の選任——株主総会の権限か取締役会の権限か・73

　4　監査委員会の権限と位置付け・77

　5　監査委員会委員の業務執行権限——取締役会の業務決定に参加できるか・86

　6　監査委員会が誰に対して責任を負うか・92

　7　おわりに・93

④　法人格否認の制度変遷と将来の展望……………………〔葛偉軍〕・98

　1　はじめに・98

　2　法人格否認の法理の立法の進展・99

　　⑴　立法の状況・99

　　⑵　三つのレベル・102

　3　逃避の原則と隠蔽の原則の区別・106

　　⑴　法人格否認と会社の正義の関係・106

　　⑵　二つの原則の区別・107

　　⑶　二つの原則の適用——ビジネス環境レポートを例に・110

　4　逆方向の法人格否認の存廃・112

　　⑴　学界の通説・112

　　⑵　司法機関の態度・113

　　⑶　逆方向の法人格否認の法理の明確化・115

　5　規則の評価と将来の展望・118

目　次

　　⑴　『九民会議議事録』の変化・118
　　⑵　新会社法の不足点と改善・122
　6　おわりに・127

⑤　**上場会社における取締役の地位とその義務・責任**‥〔繆因知〕・128

　1　取締役会の権限強化・128

　2　取締役の義務・131

　3　取締役の権限行使における難点・133

　4　独立取締役の制度イノベーションと困難・135

　　⑴　独立取締役の特別な権限・135
　　⑵　独立取締役が有力な反対者になれるか・138

　5　取締役の責任とその制限――虚偽記載を中心に・140

　　⑴　虚偽記載の責任が取締役の責任体系に占める位置づけ・140
　　⑵　取締役の虚偽記載による責任を制限するアプローチ・142

　6　おわりに・144

⑥　**支配株主規制の体系とその特徴**･･･････････････････〔朱大明〕・145

　1　序・145

　2　支配株主規制の体系と2023年会社法改正の意義・147

　3　支配株主規制における問題点・152

　　⑴　支配株主の認定基準・152
　　⑵　支配株主権利濫用禁止の適用・156
　　⑶　関連関係取引規制の位置づけ・157
　　⑷　影の取締役と事実上の取締役の適用・157
　　⑸　支配株主の権利濫用に対抗する手段としての株式買取請求権・161
　　⑹　二重代表訴訟の導入と支配株主の抑制・162

　4　支配株主規制体系の特徴・163

⑦　**実質的支配者の識別基準と制度表現**･････････････〔周遊〕・164

　1　問題喚起・164

　2　実質的支配者識別のルールのジレンマ・166

- (1) 会社法における実質的支配者の定義・166
- (2) 支配あるいは支配権——会計学からの金融監督領域の考察・168

3 誰が実質的支配者か——行政と司法においての実務相違・170

- (1) 行政レベル——リスク予防に基づく徹底的な規制戦略・171
- (2) 司法レベル——責任追及に関する柔軟な策略・174

4 実質的支配者の識別基準についての制度革新・179

- (1) 実質的支配者を識別する法律アプローチ・179
- (2) 上位概念としての実質的支配者・182
- (3) 実務状況に対応する「推定基準＋認定基準」の識別アプローチ・185

5 おわりに・187

8 国家出資会社のコーポレート・ガバナンス………〔汪青松〕・189

1 はじめに・189

2 国家出資会社の導入の意義及びガバナンス上の課題・191

- (1) 国家出資会社の導入の現実的意義・191
- (2) 国家出資会社の導入に伴うガバナンスの課題・195
- (3) 改正会社法におけるガバナンス体制の設計に関する検討・197

3 国家出資会社のガバナンス・モデルのあるべき姿・199

- (1) 現代会社のコーポレート・ガバナンス・モデルの選択における本位と主義に関する議論・200
- (2) 国家出資会社が取締役会中心モデルを選択する必然性・203

4 国家出資会社の取締役会のガバナンス上の役割・207

- (1) 法制度における取締役会の役割に関する論争——意思決定機関か執行機関か・207
- (2) 法理論における取締役会の役割に対する認識の分岐——ゴム印かガバナンスの中心か・208
- (3) 現実の文脈における取締役会の役割の検討——執行機関よりは意思決定機関・210

5 取締役会中心のガバナンス・モデルの制度的保障・211

- (1) 法的機能の明確化——「公開運営法」を理念とする・211
- (2) ガバナンス・モデルの選択——取締役会中心主義を一般とする・213
- (3) 立法技術の運用——機関間の分権化と協働を手段とする・214
- (4) 監督と責任追及の改造——統一された監督・責任追及メカニズムの構築・216

目　次

　　6　おわりに・218

⑨　**種類株式制度導入の意義**……………………………〔朱慈蘊〕・219

　　1　中国における種類株式制度沿革・219

　　　⑴　会社法の公布に至るまでの主な経緯・220
　　　⑵　会社法及び証券法の相次ぎ公布と股権分置改革・222
　　　⑶　2005年会社法制定後の中国種類株式制度の発展状況・224

　　2　新会社法における種類株式制度の内容・227

　　　⑴　種類株式の法定性及びその発行規則・227
　　　⑵　種類株式の開示規則・229
　　　⑶　種類株主総会の決議規則・230

　　3　種類株式制度が会社にもたらす価値・232

　　　⑴　株主権価値の理念変化・233
　　　⑵　株主平等原則の内包を豊かにする意味合い・234
　　　⑶　会社法における信認義務の進化と階層化・236
　　　⑷　法律による強制と会社定款自治の相互作用の強化・239
　　　⑸　硬直した会社資本制度及び観念に対する挑戦・239

　　4　おわりに・240

⑩　**有限会社における持分譲渡の制度構造とその問題点**・〔陳彦晶〕・242

　　1　序・242

　　2　持分譲渡制限の限度・243

　　　⑴　同意規定の撤廃・243
　　　⑵　譲渡禁止規定の効力・244
　　　⑶　譲渡株主の取消権・247

　　3　譲渡制限に違反した持分譲渡の効力・248

　　　⑴　譲渡制限に違反した持分譲渡契約の効力・248
　　　⑵　譲渡制限に違反した持分移転の効力・249

　　4　持分譲渡の瑕疵担保・250

　　　⑴　瑕疵担保規定を適用する持分比率の条件・251
　　　⑵　民法の瑕疵担保規定の直接適用による不公平な結果・252
　　　⑶　持分譲渡契約への民法瑕疵担保責任規定の準用・254

5　持分移転の時期・261

　　　⑴　純粋意思主義・262
　　　⑵　債権形式主義・263
　　　⑶　修正意思主義・265
　　　⑷　区分説・266

　　6　持分の善意取得・266

　　　⑴　善意取得は持分譲受人を過度に保護している・268
　　　⑵　物権善意取得の要件は持分に当てはまらない・268

　　7　契約による株式の買取・269

　　　⑴　株式の買取を約束する契約に関する議論の焦点の変化・269
　　　⑵　株式の買取を約束する契約に関する履行可能性問題の核心・270
　　　⑶　九民紀要の解決策とその弊害・271
　　　⑷　株式の買取を約束する契約についての履行可能性に関する学説の見解・273

11　会社清算主体のモデル──二元制から一元制への転換
　　　　　　　　　　　　　　　　　　　　　　　　　　　〔胡改蓉〕・275

　　1　はじめに・275

　　2　中国における二元的会社清算主体モデルの形成・276

　　3　二元的会社清算主体モデルに起因する困惑・279

　　　⑴　「清算義務者」の職務不明・279
　　　⑵　「清算義務者」に関する責任体制のミスアライメント・284

　　4　二元制から一元制への転換──「清算義務者」制度の廃止・286

　　　⑴　「清算義務者」の語意の曖昧さ・287
　　　⑵　制度コストについての考量・289

　　5　「法定清算人」の適合主体・290

　　　⑴　清算義務の性質・291
　　　⑵　効率的な清算開始を実現する制度的要請・293
　　　⑶　清算業務を効率的に展開する客観的要請・294
　　　⑷　各利害関係人の利益を公平に保護する制度的考量・295

　　6　一元的モデル下の「清算人」に関する制度設計・297

　　7　おわりに・302

編者・著者紹介

神田秀樹　東京大学名誉教授〔編者〕
朱大明　　東京大学大学院法学政治学研究科特任教授〔編者、⑥執筆〕
沈朝暉　　清華大学法学院准教授〔①執筆〕
林一英　　全国人民代表大会常務委員会法律工作委員会経済法室副処長、会社法
　　　　　　改正担当〔②執筆〕
蔣大興　　北京大学法学院教授〔③執筆〕
葛偉軍　　復旦大学法学院教授〔④執筆〕
繆因知　　南京大学法学院教授〔⑤執筆〕
周遊　　　中央財経大学法学院准教授〔⑦執筆〕
汪青松　　西南政法大学民商法学院教授〔⑧執筆〕
朱慈蘊　　清華大学法学院教授〔⑨執筆〕
陳彦晶　　西南財経大学法学院教授〔⑩執筆〕
胡改蓉　　華東政法大学経済法学院教授〔⑪執筆〕

翻訳協力者紹介

康佳慧　　KDDI 総合研究所〔①担当〕
金安妮　　武蔵野大学法学部准教授〔②担当〕
張鈺　　　東京大学大学院法学政治学研究科博士課程〔③担当〕
段磊　　　華東師範大学法学院准教授〔④担当〕
朱大明　　東京大学大学院法学政治学研究科特任教授〔⑤担当〕
朱翹楚　　上海交通大学日本研究センター助理研究員〔⑦担当〕
陳哲立　　中国人民大学法学院講師〔⑧担当〕
王学士　　大東文化大学法学部准教授〔⑨担当〕
陳宇　　　武蔵野大学法学部教授〔⑩担当〕
王偉傑　　流通経済大学法学部准教授〔⑪担当〕

　また、最終の段階で、全書の日本語チェックを東京大学法科大学院の寒河江志
織氏と石田洸太氏にご協力頂いた。

1 会社類型と会社法の体系

沈朝暉

---

1 はじめに

2 進化論──商業組織形態の進化に関する歴史理論的論理

3 同類併合──株式会社と有限会社の制度内容の統合

4 再分化──有限会社の属性転換と新制度の要素

5 体系上の便益──「同類併合と再分化」の方法論的拡張

6 結論──2023年新会社法を出発点として

1　はじめに

　会社法が市場経済体制の基本法であるとすれば[1]、会社類型は会社法の最も基礎的な問題である[2]。会社類型の改革は会社法の構造改革であり、会社法全体に影響を及ぼすため、会社法の体系化の程度とその体系上の便益に直結する。中国における会社の分類は大陸法圏の伝統に踏襲し、株式有限会社（以下「株式会社」という）と有限責任会社（以下「有限会社」という）、すなわち「二分法」に分かれている。会社実務の進展と会社法制の規制緩和に伴い、二分法がもたらす主要問題も現れた。つまり、株式会社、特に非上場株式会社は、有限会社と同質化しているが、異なる規範が適用されている[3]。2023年12月29日、中華人民共和国第14期全国人民代表大会常務委員会第7回会議が改正会

1）王瑞賀「中華人民共和国会社法（改正草案）に関する説明──2021年12月20日の第十三回全国人民代表大会常務委員会第32回会議にて」1頁を参照。

2）赵忠奎＝周友苏「統合と拡張：企業の組織形態変革のローカル・アプローチ」社会科学研究2021年第1号142頁。

3）銭玉林「中国会社法体系の再構築──解釈論の視点から」政治と法律2021年第2号6頁。

社法を採択した。ただし、2023年の改正会社法には、多数の準用規定や重複した規定が存在するため、体系化の程度が不十分である。これは二つの会社類型にある同質化の立法における現れである。

　二つの会社類型の同質化という問題について、学説では二つの異なる見解がある。一つは公開会社と閉鎖会社の分類を参照し、中国の株式会社は公開会社として位置づけられ、公開会社の特徴のみを有するべきであるとするのに対して、有限会社は国外で言う閉鎖会社と発起設立で設立した株式会社を含むと考える見解である[4]。立法と司法の両面において、株式会社と有限会社のそれぞれが専用する規範を整備すべきである[5]。一方、非公開の株式会社には独自の価値と特性があり[6]、株式会社に有限会社を統合させるべきであるという見解もある。加えて、新しい基準に従って株式会社という類型のうちにさらに分類する。もう一歩先の主張として、徹底的な改革により、有限会社という形態を廃止するという意見もある[7]。このほか、会社類型の統合を論じると同時に、学者たちは新形態導入の観点から、中国における会社類型の改革に関する提案も行っている。すなわち、中国ではまだ法定の会社形態が少なく、改正会社法では新しい会社類型、特に、アメリカの有限責任会社（「アメリカLLC」）や日本の合同会社の制度を導入すべきであると主張している[8]。したがって、現時点では会社類型に関する学術文献における論点は、既存会社形態改革と新たな会社形態の導入という二つの提案方向に大別することができる。

　では、中国において確立された会社類型の「二分法」を維持することを前提に、既存会社形態改革と新たな会社形態の導入の両方のニーズに対応する包括的な解決策はあるのだろうか。

　「古来、新しい学問はほとんどが新しい洞察によるものであった」（王国

4）王保樹「会社の法的形態の構造改革に向けて」中国法学2012年第1号111頁。
5）王延川「会社の類型：規範上の区別と司法上の適用」当代法学2015年第3号87頁。
6）劉迎霜「中国における会社類型改革の検討──非上場株式会社の視点から」広東社会科学2014年第1号249頁。
7）劉小勇「株式会社と有限会社の統合──日本とその他の外国法における会社類型の変革と示唆」当代法学2012年第2号110-111頁、張輝「中国の会社法制における構造改革──会社類型論に関する考察」社会科学2012年第9号94-95頁。
8）崔文玉＝趙萬一「米国LLC制度と中国会社法改正への示唆──日韓法改正によるLLCの制度導入を視点に」現代法学2013年第6号158頁。

維)。2013年以降、国連国際貿易法委員会(「UNCITRAL」)は第1作業部会を設置し、大陸法圏と英米法圏の企業形態の長所を総合的に鑑みて、国際レベルで中小企業(「SMEs」)に適した組織形態及び関連制度を研究し策定する。UNCITRALの立法指導原則は「中小企業にまず配慮する」ことであり、その方法論は、中小企業のニーズに直接向き合う「対応型立法」となる[9]。つまり、機能的観点から独自の有限責任企業形態を制定した。その立法プロセスは三つの段階を経た。それぞれは、2013年から2015年までの研究段階[10]、2015年から2016年までのモデル法段階、2016年から2021年までの立法ガイド段階であった。8年にわたる努力の末、2021年7月、UNCITRALは第54回会議において、第1作業部会が提出した「有限責任企業に関するUNCITRAL立法ガイド(「立法ガイド」)」を検討、採択し、国際レベルの有限責任企業制度(「UNLLO」または「UNLLE」)を正式に発足させた。UNCITRALは、「立法者、政策立案者、その他の関連機関及び利害関係者に対して、立法ガイドを適宜に考慮することを勧告」している[11]。

中国の会社法の現代化という長期的な道筋において、会社形態の合理的な設計は、商業組織形態の進化の歴史的法則に沿ったものであるべきである。知識経済の時代において、中国の有限責任会社制度の改革が「古い羊を模倣し、複製する」ことを続ければ、その結果、「生まれた時からすでに老化した新しい羊が複製される」ことになる[12]。国内の理論的動向という点では、清華大学ビジネス法研究センターは、早くも2007年に「非法人企業法制度の現代的発展」をテーマとするビジネス法の国際フォーラムを開催した。同フォーラムの下では、「米国式の有限会社(LLC)の法的問題」というセッションを設けており、多くの学者は米国LLCの導入を支持している[13]。UNCITRALは、国際レベ

---

9) UNCITRAL「有限責任企業に関するUNCITRAL立法ガイド——事務局による説明」2021年1月25日,A/CN.9/WG.I/WP. 122,第6段落。UNCITRALの全ての資料は公式サイトでダウンロードできる。

10) Joseph A. McCahery, Erik P.M. Vermeulen & Priyanka Priydershini, *A Primer on the Uncorporation*, 14 European Business Organization Law Review305, 305-42, (2013).

11) UNCITRAL「有限責任企業に関するUNCITRAL立法ガイドを採択した決定」2021年7月8日,国連貿易法委員会報告(第54回会議),A/76/17,第52段落。

12) 許倬雲『許倬雲が語る歴史:世界は病んでいるのか?』(上海文化出版社、2014年)6頁。

13) 王保樹編『非法人企業法制の現代的展開』(社会科学文献出版社、2009年)334-398頁。

ルの「立法ガイド」を通じて、法制度の将来の趨勢を代表する商業組織の形態を描いている。中国における有限責任公司の近代化改革の方向性は、UNLLEに代表される形態に基づくべきである。本稿では、株式会社と有限会社を効果的に区別するという目標を達成するために、「実質上同じ種類の会社を同種に分類してから区別し直す」（以下「同類併合と再分化」という）という分類方法を提案する。

2　進化論──商業組織形態の進化に関する歴史理論的論理

一国における会社の種類の改革は、商業組織形態の進化の歴史的パターンに沿ったものでなければならない。世界史の観点から見ると、商業組織形態の進化は四つの段階[14] を経ている。第一段階はパートナーシップ形態であり[15]、第二段階は16世紀から19世紀半ばにかけて株式会社が考案・設立された段階であった。第三段階は19世紀末から20世紀半ばにかけて、閉鎖会社または非公開会社が登場し、法律で認められた。第四段階は1970年代から今日までにわたり、第三の会社形態が台頭し普及される段階である[16]。

(1)　公開株式会社の登場

パートナーシップは最も古い商業組織形態であり、14世紀のフィレンツェではジェネラル・パートナーシップ法が比較的完備されていた[17]。契約の創造物であるパートナーシップとは対照的に、会社は国家の創造物であり、価値の道具である。現代的な意味での会社は、海外植民地を拡大するために各国が特別に許可して設立した東インド会社に端を発する[18]。1602年に有限責任で設立されたオランダの連合東インド会社は、多額の資本を集め、約200年にわ

14）名著『非法人企業の台頭』は、商業組織形態の歴史的な流れを追ったものである。Larry Ribstein, *The Rise of The Uncorporation*, Oxford University Press, 2010.

15）Henry Hansmann, Reinier Kraakman and Richard Squire, *Law and the Rise of the Firm*, 119 Harv. L. Rev. 1335, 1356 (2006).

16）宋永新『米国非法人企業法』（社会科学文献出版社、2000年）174-175頁。

17）［独］ウェーバー（陶永新訳）『中世紀におけるビジネス・パートナーシップの歴史』（東方出版センター、2019年）103-118頁。

18）［伊］カルカル（賈婉婷訳）『商法史』（商務印書館、2017年）67頁以下。

たって運営を続け、株式会社のモデルとなった[19]。さらに、産業革命が大規模な資金調達と株式の自由な取引の必要性を生み出し、最初の近代会社法である1862年の英国会社法により、株式会社は公開会社として誕生した[20]。

　いわゆる現代的な意味での株式会社は、一般に、出資者の所有権、法人格、有限責任、集中管理のための取締役会への権限授与、資本持分の譲渡が可能という五つの基本的特徴を有する[21]。Hansmann の資産分割理論によれば、完全な法人格は株式会社の最も本質的な特徴である。この理論では、完全な法的人格を、防御的資産分割と積極的資産分割という二つの側面に大別する。後者こそ、株式会社が持つ独自の特徴である[22]。Blair はさらに、積極的資産分割の本質的な特徴を「キャピタル・ロック」という概念に集約した。つまり、株主の資本がいったん会社に投資されると、法的手続きなしにはそれを引き出すことはできず、株主や株主の債権者は法的手続きなしに会社を解散・清算することができない[23]。これが Hansmann 理論でいう清算保護であり（liquidation protection）、Ribstein はこれを「逆有限責任」と呼んでいる[24]。キャピタル・ロックは、株式会社を他の種類の企業と区別する最も本質的な特徴である[25]。キャピタル・ロックとは別に、株式会社の第二の特徴は、階層的な内部統治構造である[26]。単一階層の会社であれ二重階層の会社であれ、株主総会が執行機関と監督機関を選出し、監督機関が執行機関の行動を監視する。このような組織機関の階層構造は必須である。権力の牽制と均衡を重視するその姿勢は、フラットな組織構造を求める中小企業のニーズに適合していない。

19）［日］浅田實（顧姍姍訳）『東インド会社 巨大商業資本の盛衰』（社会科学文献出版社、2016年）12-13頁。

20）Carsten Gerner-Beuerle and Michael Schillig, *Comparative Company Law*, Oxford, 2019, p. 55.

21）［日］神田秀樹（朱大明訳）『会社法入門』（法律出版社、2016年）5頁。

22）Henry Hansmann & Reinier Kraakman, The Essential Role of Organizational Law, 110 Yale Law Journal 387, 393-396 (2000).

23）Margaret M. Blair, Locking in Capital: What Corporate Law Achieved for Business Organizers in the Nineteenth Century, 51 UCLA Law Review 387, 389-395, 441-449 (2003).

24）Larry E. Ribstein, *Reverse Limited Liability and the Design of Business Associations*, 30 Deleware Journal of Corporate Law. 199, 202-203 (2005).

25）Reinier Kraakman et al., *The Anatomy of Corporate Law, A Comparative and Functional Approach*, Oxford University Press, 2017, p. 5-7.

26）J. William Callison, et al. , *Corporate Disruption: The Law and Design of Organizations in the Twenty - First Century*, 19 European Business Organization Law Review 737, 757 (2018).

⑵ 非公開会社の追いつき

　多くの中小企業は有限責任によって保護されることを望んだものの、当時の会社法は公開会社のために設計されたものであり、中小企業がこれを利用するための組織コストは高かった。1892年に、ドイツ有限責任会社法は採択されたが、「ドイツ立法者の机上の創作」と評された。有限責任会社（GmbH）が実際に登場したのは、この法律が施行された後のことであった[27]。当時、ドイツ株式会社法の敷居は非常に高く、株式会社は複雑でコストのかかる法的形態へと発展していった[28]。GmbH は、小さな株式会社として誕生すると同時に、無限責任の合名会社（OHG）と合資会社（KG）の重要な特徴のいくつかを吸収し、株式会社の「妹」として知られるようになった[29]。ドイツ有限会社法はその後の百年以上にわたって改正されなかった。2008年、イギリスの民営企業との競争から生じた圧力に迫られ、ドイツの立法者が有限会社法に有限会社の下位形態として事業者会社（UG）を導入した[30]。一方、英米法圏において、非公開会社の概念は1908年に採択された会社（統一）法によって初めて英国に導入され、非公開会社は当時の会社法の一部の規定の適用から免除されることが認められた[31]。米国では、19世紀末頃に非公開会社が登場し、株主間契約を利用して会社法の適用を除外したり変更したりした。非公開会社の株主合意に対する米国裁判所の態度は、否定から承認へと変遷した[32]。最終的には、会社法で非公開会社に関する特別規定が制定された[33]。

27）［独］ライゼル＝ファイア（高旭軍等訳）『ドイツ有限責任会社法〔第 6 版〕』（上海人民出版社、2019年）8 頁。

28）Gregor Bachmann, Introductory Editorial: Renovating the German Private Limited Company - Special Issue on the Reform of the GmbH, 9 German Law Journal 1063, 1064 (2008).

29）［独］ウィック＝ウィンドビスラー（殷盛訳）『ドイツ会社法』（法律出版社、2010年）第21版はしがき。

30）Ulrich Noack and Michael Beurskens, *Modernising the German GmbH – Mere Window Dressing or Fundamental Redesign*, 9 German Law Journal 97, 101, 111 (2008).

31）Paul Davies and Sarah Worthington, *Gower's Principles of Modern Company Law*, Sweet & Maxwell, 2016, p. 212.

32）Larry Ribstein, op. cit., p. 102-112. （非公開会社における株主間契約に関する司法見解。）

33）Larry Ribstein, op. cit., p. 113-116. （非公開会社に関する特別立法。）

⑶ 第三の会社形態の台頭と普及──商業組織形態の進化における「破壊的イノベーション」

　商事組織形態の変遷は、パートナーシップ、公開会社、非公開会社に止まらず、「革新的で古い型を破るような非状態的に発展」し[34]、パートナーシップと会社のハイブリッド形態[35]である米国 LLC へと進化した。米国 LLC に関する立法はいくつかの段階を経た。最初の段階は、LLC の誕生とその萌芽である[36]。1977年に、ワイオミング州議会が LLC 法を可決した[37]。第二段階は、1988年から1997年までのケント規則の期間である。税法上のルールが明確化されたことにより、すべての州とワシントン D.C. でも LLC という形態を受け入れ、各自の LLC 法を制定された。加えて、米国の統一法委員会は、統一有限責任会社法（ULLCA）を採択した[38]。第三段階は、1997年から現在までの「フック・ルール」期間である。税務部門は従来のケント・ルールをフック・ルールに改正した。これにより、LLC が税法の強制的なガバナンス構造を遵守しなくても、パートナーシップ課税の優遇をより柔軟に受けられるようになった。さらに、LLC の柔軟性を最大限に活かし、各地は資本を呼び込み当地での LLC 設立を促進するために、LLC 法令を改正した[39]。少なくとも 2003年の時点で、LLC は会社やパートナーシップの形態に代わって、米国の主要商事組織形態となっている[40]。米国 LLC には主に三つの特徴がある。それぞれは、全構成員に有限責任が適用されること、事業内部運営とガバナンスに関する構成員間の契約が最大限の契約上の自由が与えられていること、パススルー

34）王妍「規範を超えて──現代会社形態と企業法理論の脱魔術化と革新」比較法研究2012年6号43頁。

35）Larry Ribstein, op. cit., p. 120.

36）Susan Pace Hamill, *The Origins behind the Limited Liability Company*, 59 OHIO St. L.J. 1459, 1466 (1998).

37）J. William Callison, Federalism, Regulatory Competition, and the Limited Liability Movement: The Coyote Howled and the Herd Stamped, 26 Journal of Corporate Law 951 (2001), footnote 9.

38）Deborah E. Bouchoux, *Business Organizations for Paralegals*, Wolters Kluwer, 2019, p. 139. 1996年に制定された ULLCA は2006年、2011年、と2013年に改正された。本稿は2013年改正版の条文を引用する。

39）Daniel Kleinberger, *Agency, Partnerships, and LLCs*, Wolters Kluwer, 2017, p. 538.

40）Larry E. Ribstein, *LLCs: Is the Future Here*, 13 Business Law Today 11, 13 (2003).

課税である[41]。これは「LLC 革命」と呼ばれている[42]。イノベーション理論の観点から見ると、LLC の台頭は商業組織形態の進化における「破壊的イノベーション」と評価できる[43]。

米国における LLC の破壊的イノベーションは、二つの経路を経て世界に広がった。一つは、会社法における LLC の導入である。1994年、フランスは企業の柔軟性を追求するため、株式会社に簡易株式会社を導入した[44]。2008年にはコロンビアが簡易株式会社を導入した[45]。2005年、日本は合同会社を導入した。合同会社は、内部関係においてパートナーシップのルールを使用し、構成員間の平等を保ちながら、株主の全員同意によって定款を変更する[46]。しかし、日本の会社法には合同会社の組織構造に関する規定がない。2011年、韓国の商法は、従来の株式会社と有限会社の形態を維持した上で、米国の ULLCA と日本の合同会社の規定を参考にして、米国の「LLC」を直接導入した[47]。なお、パートナーシップ型の有限責任会社を完全に移植する[48]ために、その内容を規定する特別な章を設けた。大陸法圏の有限会社と区別するために、新形態に「有限責任会社」を名付けた。もう一つの経路は、パートナーシップ法制における LLC の導入である。英国は、2000年に米国の LLC と対照する有限責任パートナーシップ（LLP）という新たな形態を導入した[49]。LLP

41）Hamilton, Cases and Materials on Corporations including Partnerships and Limited Liability Companies, West, 2010, p. 1182.

42）Howard M. Friedman, The Silent LLC Revolution - The Social Cost of Academic Neglect, 38 Creighton Law Review 35, 35-40 (2004); Daniel S. Kleinberger, Two Decades of Alternative Entities: From Tax Rationalization through Alphabet Soup to Contract as Deity, 14 Fordham Journal of Corporate and Financial Law 445, 451 (2009).

43）［米］クリステンセン（崔伝剛訳）『破壊的イノベーション』（中信出版社、2019年）46頁。

44）［仏］ギョイヨン（罗結珍＝赵海峰訳）『フランス商法（第１巻）』（法律出版社、2004年）520-525頁。

45）Francisco Reyes, *The Colombian Simplified Corporation: A Proposed Model for Developing Jurisdictions*, 33 Arizona Journal of International and Comparative Law 113, 113(2016).

46）［日］前田庸（王作全訳）『会社法入門』（北京大学出版社、2012年）10頁。

47）［韩］金洸禄「韓国会社法の発展過程とその特徴」（王延川＝劉衛鋒编訳）『最新韩国会社法とその施行令』（法律出版社、2014年）５頁。

48）［韩］崔埈璿（王延川＝崔嫦燕訳）『韓国会社法（上巻）』（中国政法大学出版社、2020年）44頁。

49）Paul Davies and Sarah Worthington, *Gower's Principles of Modern Company Law*, Sweet & Maxwell, 2016, p. 203-204.

は、組合員から独立した法人格を有する法人として登記される。構成員全員が出資に対して有限責任を負う[50]。シンガポールとインドもパートナーシップ法に米国 LLC を導入した。

国際レベルでは、UNLLE は第三の会社形態の集大成者である。UNCITRAL 第1作業部会が立法ガイドを制定した際には、大陸法圏の成功経験（フランスの簡易株式会社、コロンビアの簡易株式会社（SAS）、日本の合同会社）と英米法圏の成功経験（米国の LLC、英国の LLP 法、シンガポールの LLP 法、インドの LLP 法）を考察した。当時の UNCITRAL 会長 Francisco Reyes がコロンビア人であったこともあってか、SAS は UNLLE にとって重要な参考資料となった。Reyes は、2008年にコロンビアで導入された SAS についてこのように書いた。「その名称をフランスの簡易株式会社から学んだものであるが、内容については、契約の自由、有限責任と資産分割がより高いレベルにあり、会社組織とパートナーシップ組織の要素が混在したものである。まさに、米国 LLC と英国 LLP の関係に似ている」[51]。UNCITRAL 事務局は、「UNLLO は、このような柔軟なビジネス形態のリストに加わることを目指しており、UNLLO の内部組織構造を決定する際には、契約の自由が指針となるべき原則であると認識している」と述べている[52]。

3　同類併合──株式会社と有限会社の制度内容の統合

100年以上の発展を経て、株式会社と有限会社を区別する従来の基準は時代遅れとなり、公開会社と非公開会社という区別基準に取り代わられた。同様に、中国では株式会社と有限会社の収斂が進んでおり、両者の制度内容を「同類併合」することは十分に可能である。いわゆる株式会社と有限会社の制度内容の統合は、株式会社と有限会社の「二分法」を維持しながら、株式会社の形態を、開放的か閉鎖的かの基準に従って、公開会社と非公開会社に分けること

50）Nicholas Bourne, *Bourne on Company Law*, Routledge, 2010, p.2.

51）Francisco Reyes, Modernizing Latin American Company Law: Creating an All-Purpose Vehicle for Closely Held Business Entities - The New Simplified Stock Corporation, 29 Penn State International Law Review 523, 529 (2011).

52）UNCITRAL・前掲9）第21、22段落。

である。非公開会社の制度が有限会社に関する制度内容を吸収し、同じ種類の併合を実施する。これにより、株式会社法の規制内容の体系化という目的を実現する。

⑴　大陸法圏における有限会社の改革方式

1892年にドイツの立法者によって創設された有限会社は、多くの大陸法圏の会社法に引き継がれ、大きな成功を収めた。大陸法圏の会社は、株式会社と有限会社に区別されるのが一般的である。しかし、過去100年にわたる制度の変化により、「二分法」という区別基準は徐々に弱まった。非上場株式会社と有限会社の同質化という制度的なペインポイントに対処するため、大陸法圏における会社法改革には、新たな組織形態を導入する革新モデルと既存組織形態を改革するモデルという二つのモデルがある。

新組織形態を導入する革新モデルを採用したのは、フランスと台湾である。1925年、フランスは「中小企業に適応し、かつ全出資者の責任を出資額までに制限する会社形態がなかった」ため、中小企業に利便を与えるためにドイツの有限会社を導入した[53]。フランスの有限会社は1925年と1966年に改革が行われた。1966年の改革は有限会社にある株式会社の特性を強めた[54]。この両者の同質性から、学者たちは有限会社と株式会社の違いは「性質の違いというよりも規模の違い」であると主張されている[55]。また、フランスの株式会社と有限会社に関する規則の硬直性は、たとえ定款や株主間契約を通じても完全に克服することができなかった[56]。結果として、有限会社は株式制度の利点を発揮することができず、資金調達のために株券、株式制度を柔軟に利用することもできなかった。このため、フランスは1994年に改革モデル通じて、「株式の発行ができる簡易会社」（簡易株式会社）という組織形態を導入し[57]、株式会社と有

53）［仏］ギョイヨン・前掲44）533頁。

54）施鵬鵬編訳「フランス有限会社法の歴史、学説と実務」『非公開会社に関する百年論戦と新世紀における再構築』（呉越編）（法律出版社、2005年）378頁。

55）［仏］ギョイヨン・前掲44）228-229頁。

56）Mads Andenas and Frank Wooldridge, *European Comparative Company Law*, Cambridge University, 2009, p. 106.

57）Laurent Grosclaude, The French *«Société Par Actions Simplifiée – SAS», All Purpose Vehicle!*, 1 Central European Journal of Comparative Law 49, 51 (2020).

限会社に関する規則の硬直性を克服することが目的とされた。簡易株式会社という形態は、新しくダイナミックな企業にとって非常に魅力的であった[58]。一方、台湾の会社法で定められている主な会社形態も株式会社と有限会社である（合名会社と合資会社も含む）。台湾でも、株式会社と有限会社をどのように区別するという課題に直面していた。台湾で採用された改革措置は、同じく革新モデルであった。具体的には、2015年に会社法の株式会社の章に新たな1節を設けて、「非公開の株式有限会社」という形態を導入した[59]。しかし、これより徹底的な改革アプローチは、有限会社を廃止することである。台湾の学者によれば、「株式会社はあらゆる規模の会社でも利用できるような形態になり、その規範もより完備しているため、有限会社という形態の廃止もまったく不可能ではない」[60]。このような改革方式を採用する国や地域は、一般的に法的伝統が強く、保守的な法圏にいる関係で、既存体系に存在する秩序や利益を変えることができず、その体系を維持するとともに、新しい会社形態を追加することにとどまっている[61]。

　中国の学界と世界に最も大きなインパクトを与えたのは、2005年の日本会社法である。同法は、有限会社という形態を直接廃止し、株式会社を公開会社、非公開会社という分類にした。当時、株式会社はオープンな大企業のニーズを満たすための制度である一方、有限会社は閉鎖的な中小企業のニーズを念頭に置いた制度であると想定されていた[62]。しかし、多くの中小企業が株式会社の形態を選択しているという実態を踏まえ、株式会社法は閉鎖的な中小企業のニーズに対応するために何度も改正された。その結果、株式会社法と有限会社法は高度に同質化され、「従来有限会社の枠組内で行っていたことが株式会社の形態でも実現できるようになった」。つまり、有限会社は実質上株式譲渡

---

58) Mads Andenas and Frank Wooldridge, *European Comparative Company Law*, Cambridge University, 2009, p. 107.

59) 方元沂「非公開株式会社」（方嘉麟編）『変わりゆく会社法制──17のケースから学ぶ会社法』（台湾元照出版会社、2018年）366頁。

60) 曾宛如「会社法制の再構築と課題」月旦法学雑誌第300期（2020年）139頁。

61) Joseph A. McCahery, et al. , *Traditional and Innovative Approaches to Legal Reform: The "New Company Law"*, 8 European Business Organization Law Review 7, 14-15 (2007).

62)［日］龍田節編（謝次昌訳）『商法略説』（甘粛人民出版社、1985年）134頁；［日］前田・前掲46）11頁。

が制限された株式会社の一種として存在していた[63]。2005年の商法改正において、日本は有限会社法の廃止を通して、法律上に有限会社という形態を廃止した。もちろん、スムーズに移行するために、有限会社形態の廃止が企業にもたらす制度転換のコストを軽減するため、会社法は有限会社の株式会社への転換を義務付けていない。2005年以前に設立された有限会社は2005年会社法が施行された後も、その有限会社の商号の継続利用、及び2005年前の有限会社法の規定の継続適用を選択することができる[64]。有限会社の身分（会社法では「特例有限会社」と名付けている）を維持することができるし、定款変更で商号を有限会社から株式会社に変更して登記することによって株式会社に移行することもできる。2005年の日本会社法が有限会社という形態を完全に廃止する改革は、ドイツの学者から見ると、ドイツの有限会社形態の海外での後退であると考えられた[65]。日本学者の分析によれば、日本が会社形態の徹底的な改革をやり遂げたのは、1990年代の「失われた10年」という経済状況からの影響と関係しているという[66]。

⑵　中国における株式会社制度に有限会社制度の同質化部分を統合すべき

他の大陸法圏の法域と同様、中国の非上場株式会社と有限会社は同質化している。 従来、両者の最も中核的な違いは、株式会社の資本金は等金額な株式に分割されているのに対して、有限会社の資本金と持分は等金額に分割されていない[67]。つまり、有限会社には出資額と出資割合の概念しかなく、株式の概念がないことである。 実際に、出資比率と株式は名称が異なるだけで、本質は同じである。株式と呼ぼうか出資比率と呼ぼうか、金額と数で表現できる権利はすべて比例関係にあり、名称が異なるだけである。また、中国の株式会社

---

63)［日］前田・前掲46）11頁。

64)［日］永井和之「日本の会社法制の現代化（はしがきの代わりに）」『日本会社法典』（崔延花訳）（中国政法大学出版社、2006年）はしがき第4頁。

65) Michael Beurskens and Ulrich Noack, The Reform of German Private Limited Company: Is the GmbH Ready for the 21st Century, 9 German Law Journal 1069, 1071 (2008).

66) Joseph A. McCahery, et al. , *Traditional and Innovative Approaches to Legal Reform: The "New Company Law"*, European Business Organization Law Review, Vol. 8, (2007), p. 36-37.

67) 黄来紀＝陳学軍編『中国とドイツにおける会社法の更なる改善に関する比較研究』（中国民主法制出版社、2013年）12頁。

と有限会社の同質化はより顕著である。その原因として、1993年に制定された中国会社法では、大中型国有企業の実務的なニーズから前記の二種類の会社制度が設計された[68]。つまり、この二種類の会社制度の設計で想像される会社のモデルは同質である。有限会社は株式会社の簡易版にすぎず、株式会社の強力なキャピタル・ロックと階層的な統治構造という二つの本質的な特徴を備えている。中国の有限会社形態は、株式会社形態を簡略化したものであり、取締役会を持たない非公開の株式会社である。問題は、同質化された二種類の会社について異なる規範を設けた結果、会社法体系に欠陥が生じた。特に、有限会社に株式会社の規則を類推適用できるかという問題がある。

　有限会社は中国で長年実施されており、実務界は有限会社の形態に慣れている。加えて、民法典は有限会社を営利法人の一種として明確に扱っているため、中国会社法の現代化計画においては、日本のように有限会社形態を廃止するアプローチを採用するのは適切ではない。むしろ、フランスや台湾の新形態を導入する革新方式を参考にすべきであり、その方が歴史、商習慣、国情に合致し、制度転換のコストを削減できる。

　どのような新組織形態を導入すべきか？　本稿が想定する理想的な提案は、株式会社の枠組の下で非公開会社の形態を明確に確立し、同質的な会社形態と関連する制度内容を統合した併合を行うことである。併合の方向性としては、株式会社のうちの非公開会社の形態と有限会社が同質化している内容を非公開会社の制度に吸収させる。その同質化の内容を有限会社の制度に吸収させることや、株式会社を公開会社に限定することは適切ではない。

　第一に、株式会社と会社法の発展趨勢から見れば、株式会社の発展は公開会社から非公開会社へ収斂する過程を経ており、現代の株式会社は非公開会社が主流となっている。現実志向の株式会社法は、ますます非公開会社という形態に偏るようになっており、これは会社法の進化の趨勢である。例えば、2005年の日本会社法は、非公開会社を基本とし、公開会社を例外として株式会社を構成している[69]。2006年の英国会社法は「小規模の会社を優先する」原則に

68）　王保樹編「国際競争体制における会社法改革」（社会科学文献出版社、2003年）61頁、湯欣教授の発言を参照。

69）　［日］江頭憲治郎「新会社法制の意義」（王保樹編、于敏＝杨东訳）『最新日本会社法』（法

従っている[70]。ある中国台湾の学者は、より柔軟な株式会社制度を作れば、株式会社の形態も中小企業にとって優れた選択になると考えている[71]。もし中国の制度は、有限会社が株式会社の同質的な内容を吸収合併し、株式会社を過度に公開会社、あるいは上場会社のための形態として位置づけることになったら、中国の会社法の発展は、1990年代の大企業のための株式会社制度に回帰することになってしまう。その結果、株式会社制度は大多数会社が非公開会社であるという現実とその種の会社のニーズに十分に対応できなくなるように思われる。表1によれば、中国の株式会社の大部分は中小型の株式会社であり、株式会社の大部分は株主が3人未満で、取締役及び監査役も3人未満である。

表1：中国会社の構造に関するデータ

2020年末に実在している会社	市場主体（2020年末に実在している会社）	
定款で約束した資本金額	有限会社の数	株式会社の数
100万以下	19,768,334	277,172
100万〜1000万（1000万を含む）	14,427,362	39,659
1000万〜1億（1億を含む）	2,872,126	55,311

取締役の人数	有限会社の数	株式会社の数
3人以下	38,097,288	433,358
3人〜5人（5人を含む）	193,113	72,229
5人超え	33,015	13,083

監査役の人数	有限会社の数	株式会社の数
3人以下	38,274,658	509,895
3人〜5人（5人を含む）	45,336	7,003
5人超え	3,422	1,772

　律出版社、2006年）10頁。
70）葛偉軍訳註『英国2006年会社法』（法律出版社、2017年）はしがき3頁。
71）曾宛如・前掲60）286-287頁。

株主の人数	有限会社の数	株式会社の数
3 人以下	36,989,099	472,033
3 人～5 人（5 人を含む）	1,000,728	17,953
5 人超え	333,589	28,684

データソース：中国国家市場監督管理総局

　第二に、株式会社による有限会社に対する統合は、中国の実務における企業形態移行の社会的コストの問題を解決することができる。株式会社はハイテク企業にライフサイクル全体に対応可能な制度を提供できる。中国において、有限会社は株式会社に転換しなければ IPO 上場が認められないため、実務では企業形態の移行にコストが発生している[72]。同類合併提案に基づき、株式会社が有限会社を統合し、株式会社の枠組の中で公開会社と非公開会社の類型を設ければ、ハイテク企業は会社設立時に直接株式会社として設立することができ、成熟した時に企業形態の移行コストをかけずに IPO を申請することができるようになる。これにより、株式会社制度はハイテク新興企業にライフサイクル全体を対象とした制度供給ができる。多くの起業企業が負担する企業形態の移行コストが、会社法レベルの一回限りの制度変革によって節約でき、このような制度変革が大きな経済利益をもたらすとも言える。逆に、有限会社が非公開株式会社の制度を吸収併合すると、株式会社を公開会社や上場会社として位置づけることになり、そのような株式会社制度は中小企業のニーズにさらに適合しなくなる。結果として、より多くの起業企業が有限会社の形態を選択することになり、上場の際に依然として会社形態の移行費用を負担しなければならず、実務上の問題は制度変革によって解決されたとは言えない。

　第三に、比較法制の観点からは、株式会社内の区分基準として、公開と非公開の基準を用いるのが一般的である。英米法圏の制度における会社は、基本公開会社と非公開会社に分けられる[73]。例えば、米国デラウェア州一般会社法は、非公開会社について第十四章を用いて特別に規定している。米国の模範事業会社法（Model Business Corporation Act）は、公開会社と非公開会社の共通部

72）蒋大興「会社組織法上の類型転換について」法学評論2021年第 3 号58-59頁。

73）Melvin Eisenberg, *The Structure of the Corporation*, Little, Brown and Company, 1976, p. 5.

分に適用する共通規範を定め、必要に応じて公開会社と非公開会社に関する特別規定または例外規定（特別規範）を設けるアプローチを採用している。さらに、同法はその附則で法定の非公開会社を特別に規定している。イギリスの会社法もこのような立法アプローチを採用している。一方、大陸法圏では、日本の会社法が、株式譲渡に会社の同意が必要か否かという基準で、株式会社を公開会社と非公開会社に分類している。台湾の会社法では、株式会社の規定のうち非公開株式会社に関する特別項目を設けた。ロシア連邦の株式会社法の第7条は、株式会社を公開会社と非公開会社に明確に分類している[74]。中国が現在または将来に、株式会社を公開会社に限定すると、そのような株式会社は相対的に狭義的な株式会社となる。

4　再分化──有限会社の属性転換と新制度の要素

　中国の会社法現代化の理想的な計画では、有限会社の同質的な内容が株式会社によって統合された後、有限会社の形態には新たな制度的要素を導入すべきである。その属性転換の方向は、株式会社と有限会社の間にある程度の差別化を確立するために、第三の形態、すなわち、UNCITRAL の立法ガイドが提唱するパートナーシップ型有限会社を導入することである。

⑴　商業組織における第三の形態の独立性

　第三の形態は、パートナーシップと会社双方の最も魅力的な制度的要素を組み合わせ、中小企業の発展ニーズに対応している、それぞれの組織形態の合理的要素を抽象化して新たに組み合わせたものである。パートナーシップ法から「パートナーを選べ」という原則を用いて、会社所有者の利益を財産的利益とガバナンス権利に分ける。会社法から「有限責任の盾」を吸収しながら、ジェネラル・パートナーシップから構成員による管理の形態をとり、メンバー管理型の LLC を形成する。または、リミテッド・パートナーシップにおける特定の組合員によって一元管理される方式を採用し、経営管理型 LLC を形成す

---

74) Daniel Kleinberger, The LLC as a Recombinant Entity: Revisiting Fundamental Questions through the LLC Lens, 前掲13), 第334-335頁。

る。さらに、非公開会社から「ロックイン」問題を解決するための制度を吸収することなど[75]、各制度の長所を参照する。実務的には、このような組織要素の組み合わせが成功している。

　性質上、第三の形態はハイブリッド形態であるだけでなく、既存の商業組織形態にある合理的な要素を組み合わせたものであり、ハイブリッド形態を超えたものでもある。社会科学の理論的解釈からすれば、その出現から繁栄、普及に至るまで、破壊的イノベーションによって形成される独立した形態であり、破壊的イノベーションの理論が予測する新しいものの発展の軌跡に沿っている。独立性の一つの現れとして、独立した法教義学の内容を持つことが挙げられる。米国における LLC 研究の第一人者の一人である Kleinberger は、LLC の実務上の問題解決は、多くの点で、法人格否認法理などの会社法やパートナーシップ法の類推適用に依存しているが、米国における LLC には独自の問題意識がある。つまり、LLC には慎重に分析されるべき独自の法理がある[76]。まず、LLC には二重の性質がある。ある問題については構成員から独立した法人であり、別の問題については構成員間の契約とみなされ、「パートナーを選べ」という基本原則を適用する不完全なエンティティ（entity）であり、矛盾の組み合わせである。この本質的な矛盾は、理論上も実務上も LLC の根幹をなすものであり、LLC 特有の多くの問題や、株式会社やパートナーシップにも存在する問題が LLC ではより明確に露呈するという問題を生じさせている[77]。Kleinberger 氏は、その主張のために代表的な問題意識をいくつか挙げている[78]。数十年にわたる LLC に関する米国の裁判所の経験によれば、裁判所は LLC 事件において会社法やパートナーシップ法から意味のある法理を掘り出しているが、会社法やパートナーシップ法は LLC 組織のすべての問題を解決することはできない。さらに、LLC 事件は、確立された会社法やパートナーシップ法の法理や判例から逸脱する可能性がある[79]。例えば、法人格否認法

---

75) Daniel Kleinberger, op. cit. 76, p. 653.
76) Daniel Kleinberger, op. cit. 76, p. 653.
77) Daniel Kleinberger, op. cit. 76, p. 653-654.
78) Daniel Kleinberger, op. cit. 76, p. 654-675.
79) Elizabeth S. Miller, Are the Courts Developing a Unique Theory of Limited Liability Companies or Simply Borrowing from other Forms, 42 Suffolk University Law Review 617, 619, 632 (2009).

理、信認義務、一人 LLC、知る権利などが考えられる[80]。したがって、LLC は比較的ユニークな法理論を形成してきた。

(2) 中国の有限会社の属性転換——将来の第三の形態に向けて

　中小企業のニーズをよりよく満たすために、中国の有限会社は単に「飛べない」株式会社[81] ではなく、会社法の近代化の過程で第三の形態に転換することによって、株式会社とパートナーシップの間のギャップを埋め、商業組織体系において明確な地位を得るべきである。

　第一に、中国の有限会社形態の属性を第三の形態に転換することは、有限責任制度の進化趨勢に沿うものである。Hansmann などの学者は、第三の形態の破壊的革新について深い理論的説明を行っている。債権者を保護するために、会社は会社法の強行規定を厳格に遵守しなければならないが、その強行規定には主に統治構造と資本管理という二つの側面が含まれる。会社の強制的な構造は、株主が完全な有限責任を得るための対価である。市場経済において、財務会計制度の発展、税制の改善（明確な引当金会計の義務付け）、破産手続の改善（1898年の米国連邦破産法の採択）、資金調達契約の条件設計の経験的成熟度、公開会社の信用格付け機関などの要素は、債権者保護のための代替メカニズムとして発展された。これらのメカニズムを通して、債権者は、企業の信用力をより正確に評価、監視、リスク管理できるようになった。これにより、完全な有限責任は、もはや企業構造の強制的な規範を見返りとして求める必要はなくなり、内部統治構造はより柔軟になりうる[82]。Hansmann らはこれを企業形態の「自由化」と呼び[83]、Ribstein はこの進化を「有限責任の規制緩和」と呼んでいる[84]。第三の形態の台頭は有限責任の普及の産物であり、ある程度市場経済

80）Elizabeth S. Miller, Are the Courts Developing a Unique Theory of Limited Liability Companies or Simply Borrowing from other Forms, 42 Suffolk University Law Review 617, 632-647 (2009).

81）［日］上村達男（陳景善訳）『会社法改革——公開株式会社の構想』（法律出版社、2015年）133頁。

82）Henry Hansmann, Reinier Kraakman & Richard Squire, *The New Business Entities in Evolutionary Perspective*, 2005 University of Illinois Law Review 5, pp. 11-13.

83）Henry Hansmann et., op. cit. 82, p. 8.

84）Larry Ribstein, *The Deregulation of Limited Liability and the Death of Partnership*, 70 Washington University Law Quarterly 417, 473-474 (1992).

化されと、現代のビジネス環境に適応した商業組織の形態は必然的な結果である。

　法律経済学はまた、組織コストが低い第三の形態の投資家は有限責任を全面的に享受することができ、有限責任の効率性理論に合致していると指摘した。有限責任制度は、「所有権と経営権が分離」された公開会社の運営を効率的にするだけでなく[85]、法実務で形成した法人格否認の法理は非自発的債権者に対する不法行為のリスクを内部化し[86]、非公開会社の資本形成を促進する効果がある。また、有限責任制度が資本債権に高い金利を支払わせるのであれば、企業行動の社会的コストが社会的便益に見合うようになる[87]。したがって、第三の形態の創設には規制競争の要素があるが[88]、有限責任制度の便益がコストを上回るように、市場と裁判所が有限責任の濫用を是正する[89]。

　第二に、中国の有限責任会社の第三形態への転換は、中小企業のニーズを効果的に満たすことができる。第三の形態が台頭した主な理由は、完全有限責任と契約の自由という中小企業固有のニーズを効果的に満たすからである。第三の形態には、完全有限責任、契約の自由、一重課税という三つの大きな特徴がある。このうち、第三の形態の台頭における課税の役割を過大に評価してはならない。例えば、米国では、同じく一重課税を採用している組織形態は LLP や LLLP も存在する。このため、LLC の台頭にはより深層的な理由がある。学者の Oesterle 氏は、LLC の台頭には課税がその原因ではなく、むしろ会社内部における契約上の自治を最大化したからであると論じている[90]。一重課税が

85）Frank Easterbrook and Daniel Fischel, *The Economic Structure of Corporate Law*, Harvard University Press, 1991, pp. 41-47; Stephen Bainbridge and M. Todd Henderson, *Limited Liability, A Legal and Economic Analysis*, Edward Elgar, 2016, pp. 46-47.

86）Ribstein, *Limited Liability and Theories of the Corporation*, 50 Maryland Law Review 80, 127-128.

87）Jonathan R. Macey, *The Limited Liability Company: Lessons for Corporate Law*, 73 Washington University Law Quarterly 433, 449 (1995).

88）William W. Bratton & Joseph A. McCahery, An Inquiry into the Efficiency of the Limited Liability Company: Of Theory of the Firm and Regulatory Competition, 54 Washington and Lee Law Review 629, 683 (1997).

89）Jonathan R. Macey, op. cit. 87, p.454.

90）Dale A. Oesterle, Subcurrents in LLC Statutes: Limiting the Discretion of State Courts to Restructure the Internal Affairs of Small Business, 66 University of Colorado Law Review 881, 883 (1995).

第三の形態の台頭の決定的な力ではなかったことを示すもう一つの有力な証拠は、日本の合同会社である。日本の合同会社は、契約の自由と有限責任という二つの主要な特徴しか持たず、株式会社のように二重課税が適用されていても、日本における合同会社の台頭を妨げなかった[91]。フランスの簡易株式会社（SAS）は、株主が最適な意思決定メカニズムについて自由に交渉できるため、フランスで最も柔軟な形態とみなされている。二重課税が適用されているにもかかわらず、フランスのSASが提供する契約の柔軟性は、ビジネスマンがSASを選択する主な原動力となっている[92]。完全有限責任と契約の自由によってもたらされる私的秩序は、中小企業の本質的な需要であり、第三の形態が台頭したより重要な理由であると同時に[93]、第三の形態の本質的な比較優位でもある。中国の企業法体系には、中小企業のニーズに真に応え、私的秩序を十分に反映させる第三の形態が欠けており、理論界と実務界の双方から第三の形態の導入が求められている[94]。閉鎖的な会社である有限会社は、そのニーズを満足させることは困難であり、契約の自由を基本精神とする第三の形態に転換することによってのみ、有限会社は、中小企業の私的秩序に対する固有のニーズを満足させることができる。企業の本質的なニーズを満たす組織形態は、ひい

---

91) 2020年末の日本の総会社数は125万3,975社で、そのうち株式会社が98万3,704社、特例有限会社が17万8,706社、合名会社が814社、合資会社が3,342社、合同会社が8万7,409社、オフショア企業のうち株式会社が2,165社、合名会社が27社、合資会社が14社、合同会社が96社になる。このうち、合同会社が脚光を浴びている。2011年から2020年までの間に、日本の合同会社の年度累計総数の推移は、891,176社、886,088社、888,435社、961,054社、976,632社、1,001,579社、963,966社、969,396社、983,704社。データ出所：全国人民代表大会（全人代）法制工作委員会と日本国際協力機構（JICA）、会社法改正セミナー、2021年11月30日、全国人民代表大会（全人代）法制工作委員会（北京）。

92) Joseph A. McCahery and Erik P.M. Vermeulen, *Corporate Governance of Non-listed Companies*, Oxford University Press, 2008, p. 139.

93) McCahery et al., *The New Company Law: What Matters in an Innovative Economy*, in Joseph McCahery et al., ed., Private Company Law Reform, International and European Perspectives, The Hague: Asser Press, 2010, p. 114-115.

94) 趙忠奎＝周友苏・前掲2）149頁、劉斌「会社類型による異なる規制と再構築の要素」当代法学2021年第2号111頁。中国スマホメーカーXiaomiの代表取締役である雷軍氏は、全国人民代表大会の代表を務めている間は、毎年のほど会社法改正を提案していた。その主要な主張は、現行会社法は目まぐるしく変化するイノベーションの実務状況より遅れており、会社法を「契約自由」の原則に帰るべきである。「雷軍代表：会社法の改正を提案》2016年3月7日、データ出所：財新網，https://topics.caixin.com/2016-03-07/100917233.html（最終アクセス日：2022年1月4日）。

ては企業の経営効率を向上させ、経済成長を促進するという好循環を形成する。

　第三に、ビジネス形態の面では、中国にはすでに会社（1993年）、個人事業主（1999年）、合名会社（1997年）、合資会社（2006年）などの商業的組織形態があり、商業的組織形態の体系の中で、パートナーシップと会社の中間に位置する第三の形態だけが制度から欠落している。有限会社形態にある非公開会社に関する制度内容を株式会社に取り入れ、有限会社を第三の形態に転換することで、有限会社形態に第三の形態を導入する効果を達成できる。これにより、中国の商業組織形態の理論体系の欠落を補い、会社の種類を増やす。結果として、組織形態の供給が改善され、これは経済学的に言えば、実はパレート改善である。会社法の調整形態の範囲を拡大することは、法理論上も会社法制度の効率を向上することになる[95]。

(3)　有限会社の識別度の形成──第三の形態の制度的要素の移植

　中国における株式会社と有限会社の差別化を強化するため、有限会社はその組織形態を商業組織形態の理論的体系において、第三の形態として明確に位置づけられるほかに、具体的な制度内容の設計を通じて、その基本的な特徴を示している。UNCITRALの立法ガイドは、アメリカのLLCをモデルとしており、同時に、過去40年間の大陸法圏及び英米法圏における中小企業に最も適した形態を統合し、中国有限会社の属性転換に参照となるモデルを提供している。立法ガイドの「中小企業のニーズを第一に考慮する」という観点から見ると、現在の中国会社法の改正における有限会社の属性転換は、対応型立法と機能型立法のアプローチを採用し、中小企業のニーズに基づいた自己完結型の制度を形成することができる。UNCITRALは中小企業のニーズを自由、自治と柔軟性、簡潔性とわかりやすさ、アイデンティティと可視性、財産権の確実性と保護可能性、支配権と管理に抽象した[96]。中国の現在の一連の法改正は、これら五つのニーズに基づき、第三の形態設計の基本的な制度的特徴を統合し、さらに中小企業のライフサイクル（設立、組織構造、構成員の権利と意思決

---

95)　謝鴻飛「民法典の外部体系効益とその拡張」環球法律評論2018年2号34頁（「調整範囲が大きいほど、……体系効益はより明らかになる」）。

96)　UNCITRAL・前掲9）　第7-11段落。

定、経営、出資、分配、権利の譲渡、脱退、転換・再編、解散、記録の管理・閲覧・開示、紛争解決）に応じて規則を精緻化したものであると考えられる[97]。内部関係と外部関係の両面において、第三の形態の基本的特徴は、内部パートナーシップ構造と完全な外部有限責任である。内部関係においては、第三の形態は契約自由の原則やパートナーシップ構造を採用しており、その具体例として、構成員契約に基づく株主の権利義務関係の確定とフラットなガバナンス構造、弱式のキャピタル・ロックなどが挙げられる。これらの点において、株式会社と鮮明に区別している。株式会社の場合は会社契約理論に基づく擬制の契約であるが、第三の形態は本物の契約を用いている[98]。対外的な関係では、すべての構成員が有限責任を負う。

　制度的要素としては、第三形態の内部関係は、契約の自由と私的秩序の原則に基づいている。立法ガイドにあるように、「柔軟性は契約の自由によって達成される」。まず、構成員間の権利義務は、構成員の合意に基づく。立法ガイドの勧告11では、組織の規則で別段の合意がない限り、すべての構成員は平等であると定めている。第二に、内部構造の柔軟性が強調されている。契約の自由は、第三の形態の内部組織構造に関する指導原則である[99]。立法ガイドの勧告14は、有限責任会社は、構成員が1人以上の指定管理者を任命することを組織規則で合意しない限り、構成員全員によって管理されると定めている。有限責任会社は、メンバー管理型とマネージャー管理型の二つの管理モデルから選択できる。これで、中小企業のニーズが効果的に満たされるようになる。つまり、小規模な企業は、メンバー管理型の有限責任会社の形態を選択すれば、各構成員が対等であり、企業内部がパートナーシップの度合いが高い。企業の規模が大きくなってきたら、構成員を業務執行と非業務執行の構成員に分類する。会社は、業務執行の構成員または会社の経営者として雇われた外部経営者のいずれかを経営機関として設置することができる。第三に、契約自由主義の下では、構成員の合意によって支配人の信認義務を排除することができ

97）UNCITRAL・前掲9）第12段落。
98）Larry Ribstein, *The Rise of The Uncorporation*, Oxford University Press, 2010., p. 6.
99）UNCITRAL・前掲9）第61段落。

る[100]。上記はすべて、契約の自由の制度的な現れである。

　契約の自由に加えて、第三の形態を株式会社と区別するもう一つの重要な特徴は、キャピタル・ロックが弱いことである。第三の形態を採用した会社は、自己の名義で財産を保有できるほか、訴訟を提起し、それに応じることもできる。構成員は有限責任を享受する[101]。防御的な財産分割という点では株式会社と変わらない。両者の違いは、積極的な財産分割という中核的特徴の有無、すなわちキャピタル・ロックの強弱にある。株式会社が強固なキャピタル・ロックを持っているのに対し、第三の形態はパートナーシップ構造を採用しているため、キャピタル・ロックが弱い。構成員の脱退や会社の解散が自由でまたは緩やかであるからである。この点に関して、UNCITRAL 第 1 作業部会事務局は、UNLLE の独立した法人格を、資産分割理論における企業の積極的な資産分割機能と直接同一視している[102]。しかし、これは Hansmann の資産分割理論に対する偏った理解である。キャピタル・ロックの弱さは、主に構成員の脱退と会社の解散という二つの制度に現れており、いずれもパートナーシップからの移植である。構成員の脱退に関しては、第三の形態では比較的自由な脱退のルールが守られている。立法ガイドの勧告26は、合理的な理由を示すことにより、構成員は会社を脱退することができ、会社は合理的な期間内に構成員の会社における権利の公正な価値を支払うと規定している。ULLCA 及び米国のほとんどの州の LLC 法では、不当に脱退した構成員は、その脱退が会社与えた損害に対する損害賠償責任を負うと定めている。しかし、構成員が事前に会社に通知する限り、脱退は任意である[103]。しかも、会社には当該構成員の会社における権利を買い取る義務があり、買取価格に関する規定も設けている[104]。

100）Sandra K. Miller, *Limited Liability Companies: A Common Core Model of Fiduciary Duties*, West, 2011, p. 12. しかし、米国 LLC と異なり、立法ガイドは信認義務を強行規定としている。立法ガイドの勧告20は、「UNLLE のあらゆる管理者は、UNLLE に対して善管注意義務と忠実義務を負うと法律で定めるべきである」と規定している。

101）立法ガイド勧告 3 と勧告 4 。

102）UNCITRAL・前掲 9 ）第29段落。

103）ULLCA § 601; Richard Conviser, *Agency, Partnership and Limited Liability Companies*, Seventh Edition, West, 2014, p. 219.

104）関連する立法例は日本会社法第606条、第609条、第611条、第612条、第624条を含む。

一方、会社の解散に関しては、緩やかな構成員脱退制度があるため[105]、立法ガイドは会社の解散について国内法の自由解散法を採用せず、ULLCA の解散法を採用している[106]。米国 LLC 法では、一般に、構成員間契約又は定款で会社の運営期間を定めるか、運営期間がない場合には構成員が自由に会社を解散することができると規定している。さらに、米国 LLC に関する裁判上の解散の状況はより多様である。会社のデッドロックにとどまらず、構成員全員または実質的に全員が法律に違反する行為を行った場合、会社の事業継続が定款または運営契約に基づいて実行不可能となった場合、経営者または支配的構成員が違法、詐欺的、抑圧的な行為または他の構成員に直接損害を与える行為に関与した、あるいは関与している、又は関与する予定である場合が含まれる[107]。

　弱式のキャピタル・ロックにはメリットがある反面、デメリットもある。会社は、内部流動性をもって構成員が脱退する経路を提供しており、構成員の株式売り戻しが相対的に自由であることから、構成員で別段の合意がない限り、会社は一般的に構成員の抑圧やデッドロックから免れる[108]。また、無限責任を負う構成員が存在しない以上、比較的自由な脱退は債権者の利益を害する可能性があるため、構成員脱退後の会社の債務引受と債権者保護について特別な規定を設ける必要がある。第一に、脱退した会員は、脱退前に発生した問題や事項に関する債務を免除されない[109]。第二に、債権者は、構成員の脱退により会社が実施した利益分配の規定に違反する株式の買取に対して、すなわち、利益分配の規定で認められている金額を超える金額について、異議を申し立てる権利を与えられる[110]。

---

105) J. William Callison, et al., *Corporate Disruption: The Law and Design of Organizations in the Twenty - First Century*, 19 European Business Organization Law Review 737, 765-766 (2018).

106) 立法ガイド勧告28；ULLCA § 701(a)（解散の事由には、構成員の合意により定めた解散事由、構成員全員の同意による解散、及び司法解散などが含まれる）。

107) ULLCA § 701(a).

108) J. A. C. Hetherington & Michael Dooley, Illiquidity and Exploitation: A Proposed Statutory Solution to the Remaining Close Corporation Problem, 63 Virginia Law Review 1, 3 -4, 41-50 (1977).

109) ULLCA § 603(b)；日本会社法第612条（退社した社員は、その登記をする前に生じた持分会社の債務について、従前の責任の範囲内でこれを弁済する責任を負う。前款の除斥期間は 2 年とする。）；宋永新・前掲16）222頁。

110) 日本会社法第635条第 1 項、韓国商法第287条の三十。

図1：会社類型の合理的な分類の選択肢と方法

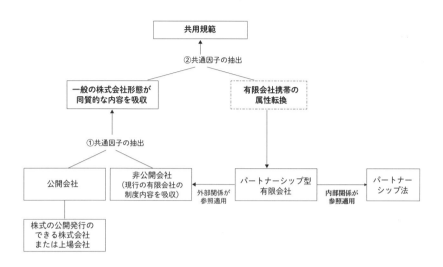

5　体系上の便益──「同類併合と再分化」の方法論的拡張

　上記は「同類併合と再分化」という会社類型の改革アプローチであり、以下はその方法論をさらに検討する。制定法の利点は、その体系化とそれがもたらす制度的便益にあり、アメリカの学界における対応する方法論は「実体の体系化」（entity rationalization）である[111]。どちらの法圏でも、体系化の方法を通して制定法体系的効益を最大化するという目標を達成するアプローチを重視している。体系とは、形式的な論理規則に沿って、法的資料を抽象的な概念や類型で統合することにより、その構造を形成することを意味する[112]。法の発見、保存、立法、伝達という四つの主要な分野において[113]、体系化の効果は計りきれ

---

111) Richard Booth, *Entity Rationalization: What Can or Should Be Done About the Proliferation of Business Organizations*, 58 Business Law 1003, 1003 (2003). 一部の学者は「rationalization」を「体制理性」に訳す場合もある。苏永欽「二河のキリギリス舟は多くの悲しみを運べない──写本学から見た中国大陸民法典の評価と展望」『厦門大学法律評論（第32巻）』（厦門大学出版社、2021年）16頁を参照ください。
112) 謝鴻飛・前掲95) 30頁。
113) 苏永欽・前掲111) 17-18頁。

ないほど大きい。具体的には、体系がより多くの規範を保存できること[114]、社会生活を最大限にカバーできること、法の安定性を確保できること、体系内の論理矛盾を解消できること、法の発見や法教育のコストを削減できること[115]などが含まれる。体系化の方法はいくつかあるが、重要なものは、共通因子の抽出、すなわち、異なる法的資料に共通する規範を抽出し、その種類ごとに専用の規範を設定することである[116]。「同類併合と再分化」という会社類型の体系化の変革スキームを実現するためには、前記の方法（図1に示すような共通要因の抽出を2回行う）を適用して、会社法制度における内容の体系化を完成させ、会社法体系の効果を十分に発揮させる必要がある[117]。

　一回目の共通要因の抽出は、株式会社法における公開株式会社（現行株式会社法）と非公開株式会社（現行有限会社法）の制度内容の共通要因を抽出し、株式会社法の共通規範を形成することである。株式会社は、前述した通り、株式譲渡制限の有無の基準によって公開会社と非公開会社に分けられ、非公開会社は有限会社の制度内容を統合する。

　具体的には、中国の新会社法第144条は、会社が発行できる株式の種類に、株式の譲渡に会社の同意を必要とする株式などが含まれている[118]。第157条は、会社の定款が株式譲渡に制限を課している場合、その譲渡は会社の定款の規定に従って行わなければならないと定めている[119]。第167条は、譲渡制限のある株式会社の定款は、自然人の株主の死亡時の株主の承継について別途定め

---

114) 苏永欽「現代民法典の体系的位置付けと構成ルール」交大法学2010年1巻61頁。

115) 謝鴻飛・前掲95）31-34頁。

116) Larry E. Ribstein, *Making Sense of Entity Rationalization*, 58 Business Law 1023, 1027-1028 (2003). なお、留意しなければならないのは、体系化の方法は共通因子の抽出のほかに、類型化、概念を中心とした体系化、法律原則を中心とした体系化などの多様な方法がある。ただし、共通因子の抽出は価値判断を伴わない方法である。

117) 苏永欽「大民法典の理念と青写真」中外法学2021年第1号59頁。

118) 2023年新会社法第144条第1項：会社は定款の規定に従い、普通株式と異なる権利を有する以下の種類の株式を発行することができる。（一）利益または残余財産の優先的分配または劣後的分配のための株式、（二）普通株式よりも1株当たりの議決権が多いまたは少ない株式、（三）会社の同意を得てから譲渡が可能になるなどの譲渡制限のある株式、（四）国務院が定めたその他の種類株式。

119) 2023年新会社法第157条全文：株式有限会社の株主が保有する株式は、他の株主または株主以外の者に譲渡することができる。会社の定款が株式の譲渡に制限を課している場合、その譲渡は会社の定款の規定に従って行われる。

ることができると規定している[120]。前記の条文は譲渡制限付株式に関する規定
であり、株式会社における非公開会社の設立に有利である。「株式譲渡制限付
株式会社」という形態を中心に、新会社法は、有限会社の制度内容を吸収し
て、非公開株式会社の特別規定からなる「ハニカム規定」(蘇永欽)を形成す
ることができる。一般の株式会社の概念の下で、公開会社と非公開会社の内部
階層を確立した後、公開会社と非公開会社の共通する制度項目に基づいて、一
般の規範に遵守している株式会社を立法の原型として[121]株式会社の共通規範
を体系的に抽出すべきである。公開会社や非公開会社に特別な規定が必要な場
合、立法者は関連規範や特別条項に特別な規定を設け、「総則-特別規定」の
縦構造を形成し、株式会社の分類を豊かで明確なものにし、制度の効果をより
よく発揮できるようにするべきである[122]。

　まず、同類併合という法律学の方法論は、「同質の会社が異なる用語が利用
される」という問題を解決できる。もし両者とも株式会社のサブタイプであれ
ば、用語と概念を統一することが可能である。新会社法では、株主総会と株主
会の用語を「株主会」に統合されることにとどまった。今後の会社法の近代化
計画では、形式より実質を重視する原則に従って、多くの概念と用語をさらに
統一することが期待される。例えば、株式会社の「株式」の概念と、有限会社
の「出資割合」の概念を「株式」に統合する。また、有限会社の持分譲渡を株
式会社の「株式譲渡」に統合する。有限会社が株式会社の形態に統合された後
に、持分と株式のどちらも発行できる。さらに、株式の発行及び譲渡に関する
規定は、公開会社と非公開会社(統合前の有限会社)の両方に適用することが
でき、その後、特別の規定が必要な場合には、特別の規定を設ければ済む。

　そして、学界から批判されている「同質の会社が異なる制度を適用されてい
る」問題は、新会社法で採用した同質部分の条文を相互引用または単純に複製
する方法で解決できない。代わりに、同質内容を統合し、「総則-特則」の縦
割り構造を採用した方法論によって解決されている。

---

120) 2023年新会社法第167条全文：自然人株主が死亡した場合、その法定相続人が株主資格を
　　承継することができるが、株式の譲渡が制限されている株式会社の定款に別段の定めがある
　　場合を除く。
121) 叶林＝劉向林「中国会社法の立法構造の変革について」政法論叢2010年第3号14-15頁。
122) 謝鴻飛・前掲95) 34頁。

2023年の新会社法には多くの引用条文があり、ほとんどは引用によって有限会社の関連規定を株式会社に適用させることになる。筆者の意見では、これは株式会社と有限会社の関係を完全に誤解している。株式会社は標準的な会社であり、有限会社は特殊会社であるため、後者が前者の規定を参照して適用すべきである。

例えば、①会社設立については、新会社法が設けた引用条文は第98条第2項（「発起人の出資については、本法第48条[123]及び第49条第2項[124]で定めている有限会社の株主の出資に関する規定を適用する」）、第107条（「本法第44条[125]、第49条第3項[126]、第51条[127]、第52条[128]及び第53条[129]の規定は、株式会社に適用する」）、第

---

123) 新会社法第48条：（第1項）株主は、金銭による出資、現物出資、知的財産権、土地使用権、持分、債務その他金銭で評価することができ、かつ、法令に基づき譲渡することができる非貨幣性財産を出資することができる。ただし、法令または行政規則により出資に使用することが禁止されている財産を除く。（第2項）出資に係る非貨幣性財産については検査を行い、過不足なく評価しなければならない。ただし、法令又は行政規則で評価について定めがある場合は、その定めによる。

124) 新会社法第49条第2項：金銭出資の株主は、有限会社が銀行に開設した口座に金銭出資の全額を預け入れるものとし、金銭以外の財産出資は、法律に従ってその財産権の移転が行われるものとする。

125) 新会社法第44条：（第1項）有限会社設立時の株主が会社設立のために行った民事行為の法的結果は、会社に帰する。（第2項）会社が設立されない場合、その法律上の結果は、設立時の株主が負担する。設立時の株主が2人以上であるときは、これらの者は、連帯して債権を有しながら、債務も連帯して負担する。（第3項）設立時株主が会社設立のために自己の名義をもって民事上の行為をしたとき、第三者は、会社又は設立時株主に民事上の責任を負担させることを選択する権利を有する。（第4項）設立時株主が会社設立の職務を行うことにより他人に損害を与えたときは、会社又は過失のない株主は、その責任を負担した後、過失のある株主から負担した損害賠償額を追及できる。

126) 新会社法第49条第3項：（有限会社の）株主が出資金の全額を期限内に支払わなかった場合、その株主は会社に全額を支払うことに加え、会社に生じた損失を賠償する責任を負う。

127) 新会社法第51条：（第1項）有限会社の設立に際し、取締役会は、株主の出資を確認する。株主が定款に定める出資金を期限内に完済していないことが判明した場合には、会社から当該株主に対し、書面による催促状を送付し、出資金の払込みを求める。（第2項）前項の義務を適時に履行しなかったことにより会社に損失が生じた場合、責任のある取締役は賠償責任を負う。

128) 新会社法第52条：（第1項）（有限会社の場合）株主が定款に定める期日に出資金を払い込まず、会社が前条第1項の規定に基づき書面による催促を行った場合、会社は出資金の払込猶予期間を定めることができる。猶予期間は会社が催促を行った日から60日以上とする。猶予期間が満了しても株主が出資の義務を履行しない場合、会社は取締役会の決議により、株主に対して権利喪失の通知を発行することができ、通知は書面によるものとする。通知書が発行された日から、株主は未払出資に対する持分を失う。（第2項）前項の規定により喪失した持分は、法令に従い譲渡するか、または登録資本金を減額して消却するものとす

110条第2項（「（株式会社の場合）連続180日以上、単独または集団で会社の株式の3％以上を有する株主が会社の会計帳簿及び会計伝票の閲覧を請求する場合には、本法第57条第2項、第3項及び第4項の規定を適用する[130]。会社の定款で閲覧請求に必要な持株比率をこれより低く定めている場合は、その規定が適用される」）である。②株主総会については、新会社法が設けた引用条文は第112条（「（第1項）本法第59条第1項及び第2項で定めている有限会社の株主総会の権限及び機能に関する規定は、株式会社の株主総会にも適用する。（第2項）株主が一人である有限会社において株主総会を設けないことを定めた本法第60条の規定は、株主が一人である株式会社に適用する」）である。③取締役会及び支配人については、新会社法が設けた引用条文は第120条第2項（「第67条（取締役会の権限及び機能）、第68条第1項[131]、第70条[132]及び第

　　る。6ヶ月以内に譲渡または消却しない場合、会社の他の株主は、その出資割合に応じて対応する出資金を全額払うものとする。（第3項）株主が持分喪失に不服がある場合、持分喪失通知を受領した日から30日以内に、人民法院に訴訟を提起しなければならない。

129）新会社法第53条：（第1項）有限会社の設立後、株主は出資金を払い戻すことができない。（第2項）前項の規定に違反した場合、株主は払い戻した資本金を返還しなければならず、会社に損失が生じた場合、責任を負う取締役、監査役及び上級管理者は株主と連帯して責任を負う。

130）新会社法第57条第2、3、4項：（第2項）有限会社の株主は、会社の会計帳簿書類の閲覧を請求することができる。株主が会社の会計帳簿書類の閲覧を請求する場合、その目的を記載した請求書を会社に提出しなければならない。会社は、株主による会計帳簿及び会計伝票の閲覧に不適切な目的があり、会社の正当な利益を害する恐れがあると判断するに十分に合理的な理由がある場合、閲覧の提供を拒否することができる。株主の書面による請求の日から15日以内に、理由を記載した書面を株主に返信しなければならない。会社が閲覧の提供を拒否した場合、株主は人民法院に訴訟を提起することができる。（第3項）株主は、会計事務所、法律事務所、その他の仲介機関に前項の資料閲覧を委託することができる。（第4項）株主及びその委託を受けた会計事務所、法律事務所、その他の仲介機関は、国家機密、商業秘密、個人のプライバシー及び個人情報に関する法律及び行政法規の規定を遵守しなければならない。

131）新会社法第68条第1項：有限会社の取締役会は、3名以上の取締役で構成され、その構成員の中に会社の従業員代表を含めることができる。従業員が300人以上の有限責任会社では、会社の従業員代表がいる監査役会が設置されている場合を除き、その取締役会の構成員の中には会社の従業員代表を含まなければならない。取締役会の従業員代表は、従業員代表総会、従業員集会、またはその他の方法によって、会社の従業員によって民主的に選出されなければならない。

132）新会社法第70条：（第1項）取締役の任期は定款で定めるが、1回の任期は3年以内とする。取締役の任期は満了し、2期連続して再選されることができる。（第2項）任期満了に伴う取締役の再任が間に合わなかった場合、または任期中に取締役が辞任し、取締役会の定足数を欠くこととなった場合であっても、再任された取締役が就任するまでに、元の取締

71条[133] の規定は、株式会社に適用する」）である。監査役会については、新会社法が設けた引用条文は第130条第 5 項（「有限会社の監査役の任期に関する本法第77条の規定は、株式会社の監査役に適用する」）、第131条第 1 項（「本法第78条から第80条までの規定（すなわち、有限会社の監査役会の権限及び機能）は、株式会社の監査役会に適用する。」）である。

　新会社法では、株式会社と有限会社という二種類の会社について、規定に重複するところが多いという深刻な問題がある。例えば、定款の絶対記載事項がこの 2 種類の会社で高度に重複している（新会社法第46条 1 項、第95条）、株主名簿と株主名簿の記載事項が 2 種類の会社で部分的に重複している（新会社法第56条、第102条）、反対株主の買取請求権の規定が二種類の会社で高度に重複している（新会社法第89条、第161条）、株主の情報提供請求権が二種類の会社で部分的に重複している（新会社法第57条 1 項、第110条 1 項）。

　要するに、新会社法には多数の引用条文と重複した立法条文が存在しており、2005年会社法以来の会社法制度に内在する「対称性の問題」を補強し[134]、株式会社と有限会社が本質的に同質であり、単一の種類に統合されるべきであることを検証した。

　類似した類型はどのように統合するのか？　反対株主の買取請求権を例にすると、2005年の旧会社法は、第74条（有限会社）と第142条第 1 項第(4)号（株式会社）で全く異なる規定を設けた。前者は後者よりも請求権の発動事由が多いことから、後者が前者の規定を類推適用できるか否かに関する解釈が多岐にわたる[135]。このような法律適用の難しさは、「同質の会社に異なる制度を適用している」ことから生じた結果である。一方、2023年新会社法は、二種類の会

　　役は、法令、行政規則及び定款の定めに従い、引き続き取締役としての職務を行う。（第 3
　　項）取締役が辞任するときは、書面をもってその旨を会社に通知し、会社がその通知を受領
　　した日をもって辞任の効力が生ずる。ただし、前項の事情が生じた場合、取締役は継続して
　　職務を行うべきである。
133）新会社法第71条：（第 1 項）株主総会は、取締役の解任を決議することができ、解任の
　　効力は決議があった日に生ずる。（第 2 項）取締役が正当な理由なく任期満了前に解任され
　　た場合、取締役は会社に対し、損害賠償を請求することができる。
134）鄧峰「改正会社法、真の目標よりもその解決策を備えよう」財経2022年第 1 号（2022年
　　1 月10日）78頁。
135）銭玉林・前掲 3 ）5 - 6 頁。

社の同質性に基づき、条文を高度に重複させる方法で立法した。つまり、有限会社における反対株主の買取請求権を規定し（新会社法第89条）、株式会社の部分でその規定を重複させた（新会社法第161条）。同質の二種類の会社に適用される規定は基本的に同じものであるべきで、これは解決策になるが、立法規定の重複や非効率性、体系化の不十分という問題をもたらす。

　もし立法者が有限会社の株式会社と同質化になっている制度内容を株式会社に組み入れ、一般の株式会社を立法原型として非公開会社または公開会社について特別規定を設けるような縦割りの「総則 - 特別規定」の法学的方法論を実施するならば、会社類型の同質化による適用上の困難を立法レベルで一挙に解決することができる。新会社法は、株式会社において公開会社と非公開会社の共通要因を抽出し、反対株主の買取請求権の一般的な発動事由を共通規範として規定することを推奨する。例えば、合併、分割、株式移転、資産再編、定款変更、会社類型の移行などが共通の発動事由状況とし、その上で、株式を公開発行する会社については、「市場例外」などの特別規定（特別規範）を設けることができる[136]。

　また、株式譲渡において二種類の会社の株主に与えた株式優先譲受権も同じ方法で同質の部分を統合することができる。新会社法第227条では、有限会社と株式会社の増資における既存株主の株式優先譲受権に異なる規範を設けた。すなわち、有限会社の株主の株式優先譲受権は「オプトアウト式」で[137]、株式会社の株主の株式優先譲受権は「オプトイン式」とされている。筆者の意見では、この場合、二種類の会社は実際に同種の非公開会社であるため、同種の会社には、一般的な規定である「オプトアウト式」の株式優先譲受権を採用すべきである。その上で、株式を公開発行する株式会社に対して、「オプトイン式」の特別な規定を設け、「総則―特別規定」の構造を形成する。

　二回目の共通要因の抽出は、株式会社と第三の形態としての有限会社の共通要因の抽出であり、異なる種類の会社に適用される会社法の共通規範を形成する。方法論的には、一般に、二つの種類の会社の共通要素を抽出する。すなわ

---

136) 米国模範事業会社法（2016年）第13章「評価権」。
137) 中国法学会「会社法（改正草案）」の有識者討論会兼2022年第3回の立法専門家諮問会（2022年1月14日、オンライン会議）、湯欣教授の発言。

ち、第一に、株主または構成員の平等原則、会社の名称、定款、法定代表者などの会社法総則の内容を抽出する。第二に、会社の登記事項、会社設立の手続的・実質的要件[138]、第三に、会社の法人格、株主有限責任制度、法人格否認法理に関する内容を抽出する。どの種類の会社の出資者でも有限責任を負うため、債権者保護に関する制度は大まかに類似しており、資本維持の原則や会社の財務会計制度を含む[139]。第四には、社債制度[140]、第五には組織形態の変更、合併、分割など[141]に関する内容を抽出する。

6　結論──2023年新会社法を出発点として

中国の会社法は1993年に制定され、2005年に最初の改正が行われた。その後2013年と2018年にそれぞれ部分的に改定されたが、全体として大きな改正は行われなかった。2023年の新会社法は二回目の改正である。国有企業改革の深化、経営環境の継続的な最適化、財産権保護の強化、資本市場の健全な発展の促進という立法精神を実現するため、新会社法は2005年以降の会社法を全面的かつ体系的に改正した。具体的には、①株式制度では、株主の出資責任の強化、登録資本制度の全面的な改善、出資未履行による権利喪失制度、出資期限の繰上げ制度、株式譲渡後の出資未履行に対する責任の追加、授権資本制度の導入を行った。②コーポレート・ガバナンス制度では、一元的なコーポレート・ガバナンス・モデルの追加、監査委員会制度の改善、支配株主、事実上の支配者、取締役、執行役員、その他の人員の法的責任の強化、他者に自社株を取得させるための他者への資金供与の禁止、株式取得における非等価比例の減資の禁止などの規定を追加した。③株主保護制度では、株主の閲覧権の範囲の拡大、二重株主代表訴訟等があった。④組織再編については、簡易合併、

138）Larry E. Ribstein, *Making Sense of Entity Rationalization*, 58 Business Law 1023, 1035 (2003).

139）これらの内容に関する共通規範と専用規範の「総則─特別規定」について、共通要素を抽出して異なる部分を分解する必要がある，See J. William Callison, *Rationalizing Limited Liability and Veil Piercing*, 58 Business Law 1063, 1069-1071 (2003).

140）日本会社法の第四編「社債」をご参照ください。

141）日本会社法の第五編「組織変更、合併、会社分割、株式交換、株式移転及び株式交付」をご参照ください。

簡易減資、簡易抹消登記などの規定が追加した。同時に、「会社登記」及び「国家出資会社」に関する立法が特別な章を設けて盛り込んだ。2023年新会社法は、中国会社法の近代化における重要なマイルストーンとなった。

　会社類型の最適化は会社法の全体的かつ構造的な問題であり、その他の制度変更は部分的なものに過ぎない。残念なことに、2023年の新会社法は会社の種類を改革しておらず、株式会社制度の前に有限会社制度を規定するという条文構造を依然として残している。中国における株式会社と有限会社という「二分法」は、分類の論理と実務の両方に問題が存在している。会社類型の最適化が行われていないため、四回の審議を経てようやく採択された2023年の新会社法はまだ十分に現代的とは言えず、今後の法適用に大きな問題を残している。例えば、新会社法第88条第２項に規定されている有限会社の出資が完全に履行していない瑕疵持分を譲渡する際に出資義務を負う主体に関する規定は、株式会社にも適用されるのか[142]。または、株式会社制度で定められている他者に自社株を取得させるための他者への資金供与の禁止規定（新会社法第163条）は、有限会社にも適用されるのか不明確である[143]。

　商業組織形態の進化に関する歴史理論的論理と国際的な趨勢に基づきながら、また、「二分法」の法制の安定性を維持するという現実的な制約の下で、筆者は、中国における会社類型に存在する既存制度の改革と新たな組織形態の導入ニーズを、「同類併合と再分化」という統一した提案でまとめることを推奨する。つまり、株式会社という形態では、公開と非公開の基準によって会社を公開会社と非公開会社に明確に区分し、非公開会社に有限会社の同質的な制

---

142) 新会社法第88条第２項：定款に定められた出資期限に従って出資金を払い込まなかった株主、または出資金としての金銭以外の財産の実際価額が出資金の額を著しく下回る場合、譲渡人と譲受人は、出資金の不足額の範囲内で連帯して責任を負うものとし、譲受人が前述の事情の存在を知らず、また知るべきでなかった場合は、譲渡人のみが責任を負うものとする。

143) 新会社法第163条：（第１項）会社は、会社による従業員持株会の実施を除き、他人に自社またはその親会社の株式を取得させるために、助成金、貸付金、保証その他の資金供与を提供してはならない。（第２項）当会社の利益のために、株主総会の決議、または定款もしくは株主総会の授権に基づく取締役会の決議により、当会社は、自社またはその親会社の株式を取得させるために他者に資金供与を行うことができる。ただし、当該資金供与の累計額は、発行済株式総額の10％を超えないものとする。取締役会による決議は、総取締役の３分の２以上の賛成を得る必要がある。（第３項）前２項の規定に違反して会社に損失を与えた場合、責任を負う取締役、監査役、上級管理職は賠償責任を負う。

度内容を吸収させる。さらに、有限会社という形態を維持し、UNCITRAL の立法ガイドを参考に、契約の自由や弱式のキャピタル・ロックなどの制度要素を導入し、新たな有限会社の形態とする。有限会社形態が「籠の中の鳥を取り替え」られた後、株式会社と新有限会社の識別度が高まる。これは組織進化の法則に合致するパレート改善であり、中小企業の私的秩序に対するニーズを効果的に満たし、中国の商業組織形態の体系を理論的に改善するものとなる。商業組織形態を種として想像し、環境の変化が「種」の進化をもたらすとすれば、経済社会の発展は組織形態の進化をもたらすことになる。第三の形態の台頭、拡大、相対的成熟することは、過去40年間の組織形態における「破壊的イノベーション」である。それは環境の変化に由来するものであり、ビジネス・経済環境がある段階まで発展した必然的な産物である。提案の実現は、方法論なしに達成できない。「同類併合と再分化」の提案は、会社法体系の効益を最大限に発揮するために、立法者に法律学の方法論を意識的に採用し、制度の共通要因の抽出、同じ法的資料の併合、垂直構造のレベル区分などの方法で会社制度内容を体系化することを求めている。

　2023年の新会社法は、中国の会社法近代化の旅の新たな出発点である。

② 会社の登録資本金と出資引受制度

林一英

1　問題の所在

2　法定資本制度の沿革及び比較

3　登録資本金引受登記制度の再考

4　会社法改正による引受登記制度の改善

5　おわりに

1　問題の所在

　中国会社法は、1993年の制定から5回の改正を経ている。資本制度は、主な改正内容の一つであり、資本制度に関する重要な改正としては、2005年改正と2013年改正が挙げられる。1993年の会社法によれば、第一に、会社は、会社の出資額または発行株式の全部が引き受けられ、かつ、全額払い込まれた場合にのみ設立することができる。第二に、株主による出資は、法定登録資本金の最低限度額を下回ってはならない。第三に、登録資本金に占める非貨幣出資比率には制限がある。

　これに対して、2005年改正では、第一に、最低登録資本金が大幅に引き下げられた。第二に、募集設立による株式有限会社を除き、株主は、出資を引き受けた後に分割して払い込むことができるが、初回出資比率及び出資払込期限については一定の制限が設けられた。第三に、非貨幣出資比率に関する制限が緩和された。

　さらに、2013年改正では、第一に、法律、行政法規及び国務院の決定において特定の業界の登録資本金最低限度額に関する別段の規定がある場合を除

き、最低登録資本金の要件、出資期限、出資比率及び非貨幣出資比率の制限に関する要件を撤廃し、出資期限に関する規定は、会社定款に委ねられることとなった。第二に、募集設立による株式会社を除き、会社の設立にあたっては、法律に依拠して設立された出資検査機構による出資検査を受け、出資検査証明書を提出する必要はなくなった。第三に、会社の実収資本は、工商登記事項とされていない。なお、2014年に中国の国務院が制定した「企業情報開示暫定条例」は、会社に対して、株主が引き受けた出資額または発起人が引き受けた株式、出資方法、出資期限、払込状況を公表することを義務付けるとともに、企業の年次検査制度を企業の年次報告公表制度に変更した。2005年改正が学界から肯定的な評価を受けたのに対して、2013年改正については賛否が分かれることととなり、一部の学者からは強い疑問の声が寄せられた[1]。2023年12月、全国人民代表大会常務委員会は、審議を経て改正会社法を公布し、登録資本金引受登記制度[2]に関する改正を行った。

2 法定資本制度の沿革及び比較

⑴ 法定資本制度の概念及び起源

① 法定資本制度の定義

法定資本（legal capital, stated capital, fixed capital）とは、貸借対照表における負債の総額であり、株主の出資額に相当するものである。また、会社の存続期間を通じて経営活動に使用され、株主に対する会社の分配行為を拘束するものである[3]。なお、法定資本と中国会社法における登録資本金の意味は、基本的

1）甘培忠「会社資本制度の徹底的な改革の環境とロジックでの欠陥」科技と法律2014年3号。

2）学説は、2013年の会社法改正を「一部引受制度から完全引受制度への改正」と称しているが、これは、必ずしも正確な表現ではないように思われる。筆者は、2005年の会社法改正により、出資払込は全額払込から分割払込に変更され、2013年改正により、分割払込は、期間制限付きの分割払込から期間制限なしの分割払込に変更されたものと解しているが、一般に、登録資本金引受登記制度との表現が用いられていることから、本稿でも当該表現を使用し、資本形成における法定資本制度について重点的に論じることとしたい。

3）Massimo Miola, Legal Capital and Limited Liability Companies: The European Perspective, 2

に同じである[4]。法定資本制度または法定資本規則（legal capital doctrine, legal capital rules, legal capital regime）は、一方では、会社への資金流入を規律し、株式の全額払込を要求することによって、株主の権益に相当する資産が実際に存在し、払い込まれることを確保するものである。他方では、資金の流出を管理し、配当金の支払いを制限することによって、会社が株主資本について一定のバッファを維持できるようにするものである[5]。中国の学者は、資本形成の観点から「法定資本制度」を定義しており、会社の設立に際しては、定款で会社の資本総額について規定しなければならず、株主が全額を引き受けなければ会社を設立することはできないと解している[6]。これに対して、「法定資本制度」とは、出資、分配、自社株買いその他の会社と株主間における資本取引を会社法が規律することをいうものと解している学者もいる[7]。本稿における法定資本制度は、狭義の「法定資本制度」の概念とは異なり、資本形成及び資本流出の両方の段階における規律を含むものである。

② 法定資本制度の機能

伝統的理解によれば、法定資本制度には、二つの機能がある。第一に、株式の払込み、資本調達及び増資に関するルールは、主として支配権及びキャッシュフローの希薄化から株主を保護するためのものである。これも株主平等の原則を体現しており、会社が水増し株を発行することによって株主の株式が希薄化するのを防止している。なぜなら、すでに出資金を全額払い込んだ株主にとっては、他の株主が出資金を払い込んでいないにもかかわらず株式を取得できるとなると、株主の平等権に対する侵害となるからである[8]。第二に、株主への分配を制限するルールは、株主の会社資産に対する請求よりも債権者保護を優先するためのものである。法定資本制度は、19世紀後半に始まったものであり、欧米における法定資本制度と同様に、定款で資本額を定めておかなけ

ECFR 413, 418 (2005).

4）王軍『会社資本制度』（北京大学出版社、2022年）16-17頁。

5）Stephen M. Bainbridge. Corporate Law(3rd), Foundation Press, 2015, 618-619.

6）李建偉「会社資本における核心的概念の検討」北方法学2016年1号。

7）劉燕「会社法における資本制度の改革ロジックとアプローチ」法学研究2014年5号。

8）Carsten Gerner-Beuerle & Michael Anderson Schillig, Comparative Company Law, Oxford University Press, 2019, 727.

ればならないことを中核としている。アメリカは、債権者保護を基礎として法定資本制度を構築しており、典型的な判決である Wood v. Dummer 事件において、Story 判事は、株主の出資によって構成される会社の資本は、会社の債務を履行するための担保または信託基金であると述べた。これに対して、ヨーロッパ大陸における法定資本制度は、株式の希薄化を防止し、株主の不平等を解消することを主に、または優先的に実現するためのものであり、第2号会社法指令の採択によってようやく債権者保護がより重視されるようになった[9]。法定資本制度の進展により、上記における当該制度の機能は徐々に弱まり、他の代替的仕組みによって実現されるようになってきた。たとえば、定款で資本額を確定させるのではなく、取締役会に対して無額面株式の発行または発行許可をする権限を与え、優先株式及び取締役の信任義務を通じて株式の希薄化を防止しており、法定資本を制限するのではなく、支払能力テスト[10]を通じて株主に対する配分を制限している。

(2) 二大法系における法定資本制度の相違及びその原因

① 二大法系における法定資本制度の相違

二大法系における資本形成の過程を見ると、どちらも最低資本金、額面株式、出資形式及び出資額の決定に対する規制等によって株主の出資を規制してきた。また、資本流出の過程についてみると、どちらも法定資本に基づく資本維持の原則を採用しており、資本と利益の二分法を基礎として、会社は「利益」からのみ配当を行うことができ、「資本」を用いて配当を行うことはできないとされてきた[11]。ここ20年における法定資本制度に対する批判は、会社法の分野における重要な問題であった。特に、インターネット経済の爆発的な発展が資本市場に依存していたことから、多くの学者は、法定資本制度の利害と効果、そして資本市場とりわけ債務市場の圧力に鑑みると、会社法制は、より柔軟な制度であるアメリカモデルと徐々に融合していくのではないか、との見

---

9) Carsten Gerner-Beuerle & Michael Anderson Schillig・前掲8) 804, 809.

10) 米国模範事業会社法 §6.40 (c) は、配当金の分配について、Equity Insolvency Test 及び Balance Sheet Test という二つの基準を採用している（本稿では、これらを総称して支払能力テスト基準と呼ぶこととする）。

11) 劉燕・前掲7)。

解を示している[12]。たしかに、二大法系の法定資本制度は、どちらも規制緩和の歴史を経験しているが、ただそこには依然として大きな相違点が存在する。

大陸法系は、法定資本に関して、出資形式に関する制限、現物出資に対する外部機関による評価実施の要求、払込期限または比率に関する制限など、技術的ルールを基礎として債権者の利益を事前に保護するモデルを構築しており、資本流出の過程では、法定資本と積立金以外の利益によって配当を行うことが求められている。これに対して、英米法系の法定資本制度では、資本形成の過程における出資形式、出資額の決定に対する評価を取締役会の決定に委ねており、資本流出の過程では、法定資本ではなく、会社が、通常の事業における履行期が到来している債務を履行できるか否かが重視されている。ただし、このような概括も決して正確なものではなく、アメリカにおける二つの重要な州の会社法、すなわちデラウェア州会社法及びニューヨーク州会社法では、依然として資本維持の原則が採用されている。会社法は、株主の利益最大化を目的としているため、債権者の保護については、会社法ではなく、詐欺的譲渡法、契約法、そして取締役の信任義務等の事後モデルに依拠している[13]。

② 二大法系における法定資本制度の相違の原因

二大法系における法定資本制度の相違は、それぞれの経済的環境と歴史的伝統によるものである。英米法系における会社の株式構成は分散しており、機関投資家を主とするものである。また、会社の資金調達は、主にエクイティファイナンスによって行われており、会社による資金調達の柔軟性は、会社法が考慮する重要な要素である。会社法の基本的な目的は、株主の利益を最大化させるための自治的ルールを提供することであり、債権者保護ではない。成熟した資本市場には、比較的高い透明性要件と完成された契約ルールが存在しており、株主の機会主義リスク及び資本市場による価格決定は相関関係が強いため、債権者が機会主義による侵害を受けるリスクは低い[14]。これに対して、大

---

12) Henry Hansmann & Reinier Kraakman, the End of History for Corporate Law, 89 GEO. L.J. 439, 455 (2001); Massimo Miola, Legal Capital and Limited Liability Companies: The European Perspective , 2 ECFR 413, 420-421 (2005).

13) 劉燕＝王秋毫「会社資本の流出と債権者の利益保護」財経法学2020年6号。

14) Martin Gelter & Alexandra M. Reif, What is Dead May Never Die: The UK'S Influence on EU Company Law, 40 Fordham Int'l L.J. 1413, 1417-1419(2017).

陸法系の国における株式は比較的集中しており、特に法定資本制度のルールが複雑なドイツでは、会社の資金調達は、主に銀行等の債権者及び比較的大規模な戦略的投資家に依存しており、金融債権者は、コーポレートガバナンスにおいて必要不可欠な役割を果たしている。法定資本制度は、主として、これらの債権者を株主の機会主義的行為による侵害から保護するためのものである[15]。ヨーロッパにおける会社法による債権者の利益保護は、ヨーロッパの文化に根ざしており、歴史によって確立された伝統である。中には、ヨーロッパの会社法の基本的な目的は、債権者保護であるとの見解を示している学者もいる。ドイツ会社法は、従業員による関与や監督を重視するなど、より広く利害関係者の利益に配慮している。英米法系における制度設計は、これとは正反対である。個人主義の価値観に基づき、平等な権利及び機会を保護しており、市場原理は、立法による適度な関与のもとで自由に働くものであることを強調している。債権者は、均質な集団ではなく、個人として扱われるため、会社との取引におけるリスクは、債権者が引き受けるものとされている[16]。

③　資本維持の原則及び支払能力テスト基準の比較

　目下、二大法系における法定資本制度の最大の違いは、資本流出の段階にあり、大陸法系のおける資本維持の原則と米国模範事業会社法における支払能力テスト基準については、かねてより両者の優劣が議論の的となっている。前者は、過去の貸借対照表のデータに基づく一種の事前検査基準であり、ルールが客観的かつ明確であるとの利点がある一方で、資産の帳簿価額に偏重しており、資産の構造や流動性を度外視していることから債権者の保護に欠けるものであり、資本運用の柔軟性が制限を受けやすいとの欠点がある。後者は、会社の現在及び将来の支払能力に対する取締役の判断に依存しており、会社資産の流動性に焦点を当てて、資本運用の柔軟性を高めている一方で、会社の長期的な支払能力を度外視し、会社行為の短期化を助長する可能性がある。支払能力テスト基準は、取締役の慎重な業務遂行を通じて会社の分配行為を拘束するこ

---

15) Jonathan R. Macey & Geoffrey P. Miller, Corporate Governance and Commercial Banking: A Comparative Examination of Germany, Japan, and the United States, 48 Stan. L. Rev.73, 81 (1995).

16) Luca Enriques & Jonathan R. Macey, Creditors Versus Capital Formation: The Case against the European Legal Capital Rules, 86 Cornell L. Rev. 1165, 1173-1174 (2001).

とを要求するとともに、取締役に対する責任追及訴訟を基礎として、裁判所が取締役の責任を判断する際に適用する原則、基準及び方法に対して高度に依存している[17]。また、支払能力テスト基準においては、取締役が会社の未来の返済能力について判断することが求められるため、取締役としては、違法分配の責任を免れるために専門機関からお墨付きを得る必要があるが、これは会社の負担を増加させるものであり、経営判断に関するルールによる保護がなければ、取締役は利益分配の決定を控える可能性がきわめて高いため、必ずしも株主の利益を優先するという実質的な効果が得られるわけではない。実際に、アメリカの州会社法は、取締役は違法分配について会社と連帯責任を負うものと定めているが、違法分配であることを知っている株主に対しては返還請求をすることもできる。しかし、当該基準が裁判実務の中で運用されることは少なく、裁判所は当該基準の適用が困難であるとして、より簡易的に債権者保護を実現することのできる詐欺的譲渡法のルールを適用する傾向にある[18]。

　支払能力テスト基準に対する懸念が多いことから、近年、当該基準を導入している国や地域においては、あくまでも資本流出の段階に限定して導入されており、当該基準の効果については、引き続き観察し、検証する必要がある。たとえば、イギリスの2006年会社法は、非公開会社の減資について、裁判所の許可に加えて、支払能力テスト基準を選択的に導入したが、実際の調査によれば、当該基準はコスト削減に資するものの、多くの会社は依然として裁判所の許可を得ることを選択した。なぜなら、裁判所の許可によって得られる社会的信用及び安全性は、支払能力テスト基準のコスト削減という効果よりも有益なものだからである[19]。2014年の改正香港会社条例は、減資、自社株買い及び財務支援においてのみ支払能力テスト基準を導入しており、分配については依然として資本維持の原則を採用している。2019年、ポーランドは、簡易株式有限会社の創設に関して、出資及び分配の柔軟性を高めるとともに、支払能力テ

---

17) 王軍「出資逃れと会社分配制度の体系的な整備」法学研究2021年5号。

18) Richard A. Booth, Capital Requirements in United States Corporation Law , in Marcus Lutter Eds. Legal capital in Europe, 2006, 639-640.

19) Eilís Ferran, Revisiting Legal Capital, European Business Organization Law Review (2019) 20;521, 530-531.
https://doi.org/10.1007/s40804-019-00161-z 530-531.（最終アクセス日：2023年9月20日）

スト基準を導入したが、当該基準及び法的責任が不明確であることから、債権者保護に欠ける結果を招くだけでなく、コーポレートガバナンスの混乱を引き起こすことによって市場による承認を得られないとの結果を招く可能性もある[20]。

　資本流出の段階に関する改正について、中国でも、一部の学者からは、自社株買い及び減資に関しては支払能力テスト基準を導入すべきであるとの見解が示されているが[21]、支払能力テスト基準と資本維持の原則を融合させたモデルを確立させるべきであるとの見解や[22]、当該基準を導入すること自体に対して懸念を示す見解も見られる[23]。現在、中国会社法における資本流出に関する規律は、たしかに統一されているとは言い難いが、これは、当該基準を導入するための十分な理由とはなりえない。ドイツにおける分配規制に関するルールは、アメリカの支払能力テスト基準よりも効果的であり、資本流出のクローズドループを統一させることもできる[24]。仮に、資本流出の各段階における実質的機能が同じだとしても、一部の段階においてのみ当該基準を導入するのは、流出段階における不十分な債権者保護という新たな問題を生じさせる可能性が高い。理論的には、支払能力テスト基準は、分配に関して取締役により自由度と柔軟性を与えるものであり、ビジネスにおける意思決定ロジックにより適合し、投資家の利益実現にもより資するものである。しかし、これら二つのルールの相違及び関連制度の需要という観点から見ると、取締役の信任義務に関する完成されたルール、破産法における取消しに関するルールに代表される債権者の事後的な保護に関する完成されたルール、そして、ビジネスに精通した高度な司法判断がなければ、これら二つのルールを導入すると、かえって取締役の責任の不確定性及び債権者保護の弱体化という二重の問題を引き起こしてしまう可能性があるように思われる。

---

20) Andrzej Herbet & Natalia Wielgat, Solvency Test in Polish Simple Joint-Stock Company: A Review and Comparative Analysis, 47 REV. EUR. & COMP. L. 207, 230-231 (2021).

21) 朱慈蘊、皮正徳「会社資本制度の改革と債務弁済能力のテストを参考すること」法学研究2021年1号。

22) 王軍・前掲注17)。

23) 呉飛飛「資本指示原則の意義と債務弁済能力のテストによる示唆」政法論壇2023年4号。

24) Andreas Engert, Life Without Legal Capital: Lessons from American Law, in Marcus Lutter Eds. Legal capital in Europe, 2006, 652.

⑶ 資本形成段階における改正の動機──会社設立場所に関する競争

法定資本制度に対するもっとも大きな批判は、最低資本金に関するものである。第一に、最低資本金の存在は、会社の設立を妨げ、未使用のまたは無駄な資金を生み出す可能性がある。第二に、固定された最低資本金は、必ずしも会社のビジネス活動とリスクに見合うものではない。第三に、最低資本金は固定された数字であり、債権者保護に対する最低限の担保とはなりえない[25]。伝統的には、法定資本は、債権者に対する最低限の担保と見做されてきたが、実際には、この会社設立時の固定された金額は、貸借対照表で均衡機能を果たしているだけであり、会社の資産は、経営状況によって変わるものであるため、債権者は、会社の実際の資産、とりわけ債務の履行に充てることのできる流動資産により関心を有している。したがって、取引に対する法定資本の伝統的な担保機能及びシグナリング機能は低下している[26]。

法定資本に対しては、理論上、さまざまな批判があるが、法定資本制度に関する改正、とりわけ最低資本金に関する改正の最大の要因は、設立登記の場所をめぐる競争である。すなわち、設立の敷居を下げ、規制措置を緩和することによって、より多くの投資を呼び込み、税収を増やし、そして、経済競争力を高めている。実証データを見ても、法定資本制度の緩和、とりわけ最低資本金を撤廃したことが、会社の新規設立件数の大幅な増加につながっている[27]。2014年の新会社法施行後の第一四半期における全国の新規登記市場主体総数は238万700社であり、前年同期比42.6％増であった[28]。

19世紀後半のアメリカを例にとると、アメリカにおける会社の設立登記は内部事務の原則を遵守しており、管理職、株主及び会社の内部関係は、会社の設立登記を行った州の会社法が適用されていた。ニュージャージー州は、会社

---

25) 蒋大興「法定資本制度改革に対する疑問」中国法学2015年6号。

26) 黄輝「会社資本制度改革の正当性」法学研究2015年6号。

27) Reiner Braun, Horst Eidenmuller, Andreas Engert & Lars Hornuf, Does Charter Competition Foster Entrepreneurship: A Difference-in-Difference Approach to European Company Law Reforms, 51 J. COMMON MKT. Stud. 399, 409 (2013).

28) https://www.gov.cn/govweb/xinwen/2014-04/18/content_2662404.htm.（最終アクセス日：2023年9月23日）。

法を改正し、会社の設立登記に際して必要とされていた政府による許認可を廃止するとともに、会社の規模及び存続期間等に関する制限ならびに州外進出に対する州の明示的な許可を撤廃し、発行された株式の過小評価による株主の債権者に対する責任等を軽減させたことで、州外企業の誘致に関する最初の先駆者となった。その後、ニュージャージー州は、20世紀初頭に会社法を改正し、持株会社に対する規制を強めた。デラウェア州会社法は、州外の会社がデラウェア州において設立登記を行うことを認めていたが、ニュージャージー州の新法による制限を受けないなどの方法によって、迅速にニュージャージー州の会社設立業務を引き継いだ[29]。

　EU では、Centros 事件[30] 及び Inspire Art 事件[31] という二つの事件において、会社の設立者は、いずれも営業地または母国の厳格な最低資本金に関する規制を回避するために、イギリスで登記することを選択した。これに対して、欧州司法裁判所は、一国の政府は、同国において営業しているものの、他国で設立登記をしている非公開会社に対して、仮にそれがもっぱら同国における規制を回避するためであっても、同国の規制を適用することはできないとの判断を示した。第 2 号会社法指令は、公開会社の最低資本金を 2 万5000ユーロと定めているものの、非公開会社については何も定めていないため、加盟国は、非公開会社の最低資本金を定めることができる。欧州司法裁判所の判決を受けて、ヨーロッパ各国は、イギリスが非公開会社に対して最低資本金に関する規制を設けていないことによる競争圧力にさらされ、最低資本金に関する規制を緩和したり、撤廃したりすることとなった。

　2003年 9 月、世界銀行は、初めてビジネス環境に関する報告書を発表した。当該報告書は、全世界における優れた実例を通して、会社の設立に関する規制を緩和させ、ビジネス環境の国際競争力を向上させることで、外資を誘致するよう、各国の政府を導くものであった。世界銀行は、さらに法的競争の要素を各国の会社法制に取り込ませることで、各国における設立手続を円滑化さ

---

29) Erin O'Hara O'Connor & Larry E. Ribstein, Corporations and the Market for Law, 2008 U. Ill. L. Rev. 661, 675-679(2008)

30) Case C-212/97, Centros Ltd. v. Erhvervs-og Selskabsstyrelsen, 1999 E.C.R. I-1459.

31) Case C-167/01, Kamer van Koophandel en Fabrieken voor Amsterdam v. Inspire Art Ltd., 2003 E.C.R. I-10155.

44

せるための国際的競争を強化させた。このように、最低資本金制度の改正においては、法域間の競争が国家間における法の継受を促進させており、会社法制を同化に向かわせていることがわかる[32]。2009年に中国台湾地区が最低資本金を撤廃したのも、資本原則に対する検討によるものではなく、国際競争力を向上させるためであった[33]。また、2014年の中国会社法における登録資本金引受登記制度の改正も、行政による介入を減少させるとともに、資源配分に対して市場が決定的な役割を発揮できるようにすることを目的として行われたものであった[34]。したがって、法定資本制度、とりわけ最低資本金に関する改正は、債権者保護というよりも、行政の管理コストを削減するためのものである[35]。

　設立登記の場所をめぐる競争が会社の質を規律するうえで功を奏するものなのか否かについては、議論があるところである[36]。デラウェア州会社法が株価を 5 ％引き上げたことを受けて、競争が功を奏したとする見解がある一方で[37]、当該競争が会社に対する制約を引き起こしたとする見解もある。たとえば、Brandeis 裁判官は、このような競争は責任を果たすための競争ではなく、懈怠のための競争であると述べている。株価を上昇させる要因にはさまざまなものがあり、デラウェア州会社法が株価上昇の唯一のまたは主要な要因であったとは断言しがたい。実際に、会社の設立にとってデラウェア州が魅力的なのは、立法だけでなく、同州において、ビジネス及び商法に精通した裁判官及び弁護士をも含めた一つのシステムが構築されているからである[38]。EU は、法定資本制度について改正すべきか否かを評価するにあたって、最低資本金制度を

32）Ronald J. Gilson, Globalizing Corporate Governance: Convergence of Form or Function, 49 AM. J. COMP. L. 329, 350 (2001).

33）曽宛如「台湾法律発展の沿革――会社法と証券取引法」台大法学論叢第39巻 2 号。

34）劉凱＝張其鑑「中国における会社資本制度の変遷と問題の解決」河南財経政法大学学報 2014年 5 号。

35）Luca Enriques & Martin Gelter, How the Old World Encountered the New One: Regulatory Competition and Cooperation in European Corporate and Bankruptcy Law, 81 TUL. L. REV. 577, 613(2007).

36）Luca Enriques & Martin Gelter, How the Old World Encountered the New One: Regulatory Competition and Cooperation in European Corporate and Bankruptcy Law, 81 TUL. L. REV. 577, 579 (2007).

37）Mark J. Roe, Delaware's Competition, 117 HARV. L. REV. 588, 596 (2003).

38）崔煥鵬＝施漢博訳『米国会社法〔第 7 版〕』（法律出版社、2021年）39-40頁。

廃止する必要はないが、金額を引き上げる必要もないと考えた。最低資本金には、何ら機能はないが、最低資本金がビジネス行為にとっての障壁となっている根拠もないことから、喫緊の課題として改正を行う必要はないと考えたのである。その結果、第2号会社法指令は、今でも公開会社に対して最低資本金の要件を課している。

3 登録資本金引受登記制度の再考

(1) 株主有限責任の対価としての法定資本金

　法定資本金制度の沿革を見てみると、当該制度は、単に登記された法定資本金を債権者の担保としているのではなく、一連の規律を通して、株主の道徳的リスクを低減させ、市場秩序を維持することによって債権者保護の役割を果たしていることがわかる。

　有限責任は、債権債務の特殊な責任類型であり、必然的に濫用される可能性があるため、法定資本は、法律が株主に対して課した有限責任の対価である[39]。株主は、自らが会社に対して出資した金額を限度として責任を負担するため、投資リスクを出資財産自体の範囲内に限定させることができる。また、法人格は独立したものであることから、会社と株主の人格を分離させるのも株主有限責任の重要な基礎である。会社は、独立した法人格を取得するとともに、法律に定める基本的要件を充足しなければならない。資本提携の性質を有する主体として、確定した資本は、会社の独立主体性を示す外観的要件の一つである[40]。株主は、実際に出資金を払い込むとともに、株主と会社の人格的、財産的分離の原則を厳格に遵守してはじめて、有限責任という特権を手にすることができる。つまり、有限責任を享受しようとする者は、必ず同時に法定出資義務を負担しなければならないのである。

---

39) Richard A. Booth, Capital Requirements in United States Corporation Law, in Marcus Lutter Eds. Legal capital in Europe, 2006, 623.
40) 施天涛『会社法論』（法律出版社、2006年）160-161頁。

46

法定資本制度は、分配規制によって債権者の利益を保護できる点で価値があるだけでなく、過度なリスクを伴う株主の行為を予防できるという経済的意義を有する点においても価値がある。株主に対して会社への出資を要求しながら、任意による撤回は認めないようにすることは、株主に対してビジネスに関する慎重な意思決定を促すとともに、株主が会社の有限責任を利用して過度なリスクを負うことを防止し、司法の事後的救済に生じるコストを削減することにもつながる[41]。法定資本金が少ない会社であればあるほど、投機的な経営活動を行う危険性は高まる。法定資本金は、株主による投機的行為を抑制することで、有限責任から生じたコストを債権者に負担させることを防止しているのである。また、法定資本金は、株主に投機的行為のリスクを強制的に負担させることで、会社全体の信用を高めるとともに、リスク転嫁のための経営行為が多発しないよう防止しており、これは、正常な市場秩序の維持にもつながっている。

　法定資本金、とりわけ最低資本金は、会社を設立する能力のない人が会社を設立したことによって公共の利益に対して損害を生じさせるという問題も解決することができる。需要に欠ける起業家とは、失業を免れるために会社を設立する人のことであり、このような人は、必ずしも十分な資力を有していない。そのため、登記費用は、こうした人々による会社の設立に対して大きな影響を与えるが、その経済的発展には寄与しない。公共利益の理論からすると、比較的厳格な最低資本金の要件は、市場の失敗を回避し、社会の公共利益を維持するという役割を果たすことができる[42]。

　債権者の担保としての登録資本金の機能は、だんだんと弱まってきているが、会社の資産は、依然として会社の信用を決定する重要な役割を果たしている[43]。ただし、資産の信用を強調したからといって、資本の信用が軽視されるわけではなく、両者は必ずしも切り離されているものではない。たしかに、成

41）劉燕＝王秋豪・前掲注13）。
42）Reiner Braun, Horst Eidenmuller, Andreas Engert & Lars Hornuf, Does Charter Competition Foster Entrepreneurship: A Difference-in-Difference Approach to European Company Law Reforms, 51 J. COMMON MKT. Stud. 399, 402-403 (2013).
43）趙旭東「資本信用と資産信用」法学研究2003年5号。

熟した市場参加者は、登録資本金の金額だけで取引条件及びリスクを判断することはないが、上場企業以外の非公開会社に対して年次報告を義務付け、監督管理及び会社のコストを増加させる必要もない[44]。登録資本金は、一般に閲覧可能な数少ない信頼できる情報の一つであり、他に会社の実質的な経営状況を判断できる情報がない場合において、依然として、登録資本金、とりわけ払込資本は、債権者が会社の信用度を判断するにあたって重要な役割を担っている。

(2) 資本三原則の変遷とその機能

資本三原則は、かねてより大陸法系の国家における会社法が債権者を保護するための重要な原則であると考えられてきた。当該原則は、明文に規定があるわけではなく、学者が大陸法系に属する各国の法制度を概括したものであるが、各国の学者による概括は必ずしも完全に一致しているわけではない。また、資本制度の改正に伴い、当該原則の内容も変化してきている。当該原則の中核は、会社設立時に定款で資本金の総額を確定させるとともに、会社の存続期間中は少なくとも資本金に相当する財産を維持しなければならず、変動させる場合には法律の規定を遵守しなければならないという内容である[45]。当該原則に関して、日本、中国台湾、中国の会社法学者による資本維持の原則の定義に対する理解は基本的に一致しており、会社は、その存続期間中は資本金に相当する財産を常に保持しなければならない、というものである[46]。実際には、会社を経営する過程では、損失を被る局面もあり、資本金に相当する財産を完全に保持することはできない。そのため、「維持」の実質的な意義については、会社に対して、損失を被らないよう要求しているわけではなく、資本金を違法に株主に返還することを禁止していると理解されている[47]。この点、ドイ

---

44) Wolfgang Schön, Corporate Disclosure in a Competitive Environment-The ECJ's Axel Springer Case and the Quest for a European Framework for Mandatory Disclosure, Law Working Paper N.55/2006, 33-35.http://ssrn.com/abstract=885961. (最終アクセス日2023年9月20日)。

45) 馮果「会社資本三原則の時代的限界」中国法学2001年3号。

46) 趙旭東編『会社法学』(高等教育出版社、2015年) 205頁、劉連煜『現代会社法〔増訂14版〕』(新学林出版社、2019年) 250頁、王作全訳『会社法入門〔第12版〕』(北京大学出版社、2012年) 19頁。

47) 張保華「資本指示原則の解剖」法治研究2012年4号。

ツの学者によれば、資本維持の原則は、法律が、資本金の範囲において会社の資産が株主による侵害を受けることのないよう保護しているのであり、その中核を成しているのは、株主に対する違法な分配の防止である[48]。

　ドイツの立法者及び学者の通説的見解によれば、法定資本制度のもとでは、たしかに資本三原則が存在する。しかし、資本不変の原則について論じる学者は少なく、多くの学者は、資本の二原則、すなわち資本確定の原則及び資本維持の原則について論じており、これら二つの原則を、株式会社に関する法制度の中核的原則、株式会社の基礎、そして会社が遵守すべき財務憲章として位置付けている。資本確定の原則とは、会社の株主は、会社設立時に株主が引き受けた資本金を実際に会社に対して払い込まなければならず、実際に有効に払い込んだ場合に限って出資義務を履行したものとみなされる、というものである[49]。そのため、当該原則は、実際に払い込まれた資本を確定させることに重きを置いているといえ、仮に最低資本金の要件がなかったとしても、株主が実際に資本金を払い込むことで初めて法定資本金制度による債権者保護の役割を果たすことができるのである。

　資本確定の原則は、一連の制約的ルールによって実現されるものである。第一に、出資比率または出資期限に対する制限である。たとえば、ドイツの有限責任会社法7条は、現物出資は全額を払い込まなければならず、金銭出資は少なくとも基本資本金の4分の1を払い込まなければならないと定めており、株式有限会社法第36a条は、株主による現金出資は少なくとも最低払込額、すなわち発行株式に4分の1に達しなければならないと定めている。第二に、現物出資に対する評価である。ドイツの株式有限会社法第33条は、現物出資について、独立性を有する外部専門家による評価を受けなければならないが、市場価格の確定が容易である証券及びすでに評価を受けている資産については評価を受ける必要はないと規定している。ドイツの裁判実務では、株主が現金で株式を払い込んだ後に会社が現金で株主の現物を購入する行為も現物出資としてみなされており、株主は、現物出資と同様の法的責任を負担しなければならな

48）殷盛訳『ドイツ会社法〔第21版〕』（法律出版社、2010年）366-367頁。
49）陳彦良「資本原則の再検討」中正財経法学2015年7号。

いとされている[50]。また、日本会社法第33条は、現物出資について、裁判所によって選任された検査役による検査を受けるとともに報告書を提出しなければならない旨を規定している。第三に、未払込または現物出資が株価よりも低い場合の法的責任に関する規定である。前者は、督促を受けたにもかかわらず払込みをしなかった株主に対しては失権制度を採用することができ、当該株主の株式について改めて出資を募集することができるというものである。後者は、一般には、株主に対して差額の補填を要求するというものである。ここにいう差額の補填とは、厳格責任の一種であるため、株主に故意または過失があったことまでは必要としない[51]。資本確定の原則についてみると、英米法では、資本形成の段階において類似のものがあり、取締役は、出資の形式及び価格を決めることができるが、株式の対価は必ず支払われなければならないとされている。たとえば、デラウェア州会社法第162条によれば、取締役は、払込みがされていない株式については、いつでも株主に対して払込みを求めることができる。また、会社が債務を履行できない場合には、株主は未払いの出資金を支払わなければならない。ただし、譲受人が株式の未払いを知らなかったとき、又は知ることができなかったときは、譲渡人は責任を負わなければならない。第四に、株主の出資は、会社に対する債権と相殺することができない。会社が債務を履行できない場合において、株主が会社の債権について部分的に債務の履行を受けることができたり、株主が自らの出資と会社に対する債権の全部を相殺することができたりすると、株主による出資金の一部払込みを認めることとなり、資本確定の原則に反することとなる。実際に、ドイツの株式有限会社法第66条は、株主から出資と会社に対する債権の相殺を持ち出すことはできないと定めている。また、日本会社法第208条3項は、株主は、会社に対する出資と会社に対する債権を相殺することはできないと規定している。

50）Entscheidungen des Bundesgerichtshofes in Zivilsachen［BGHZ］［Federal Supreme Court］110, 47.

51）Carsten Gerner-Beuerle & Michael Anderson Schillig, Comparative Company Law, Oxford University Press, 2019, 748.

② 会社の登録資本金と出資引受制度

(3) 登録資本金引受登記制度の再考

　法定資本金、とりわけ払込資本の役割という観点から、登録資本金引受登記制度の改正について考察すると、株主が定款で出資期限を自由に定めているにもかかわらず、払込みの督促及び株主の責任に関する規律を欠くことから、実務において次のような問題が生じている。

　第一に、株主が過度に長い引受期間を定めることによって、引受金と払込金の間に不一致が生じ、株主間における不平等を拡大させている。会社法第34条、第42条の規定によれば、株主は、出資比率に応じて議決権を行使し、実際に払い込んだ出資金の比率に応じて配当を受けるが、総株主または会社の定款に別段の定めがある場合は、この限りでない。仮に、会社の定款において、出資を引き受けた比率に応じて議決権を行使する旨の定めがある場合には、払込資本の比率に応じて利益が分配されることとなる。そうすると、実際に出資金を払い込んだ株主は、実際には払い込んでいないものの引き受けた出資金の比率がより高い株主によって、議決権の行使を通じて会社を支配されることとなり、利益の分配を受けられないことで損害を被る可能性がある。また、大株主は、会社の経営状況が良好である時に会社の定款を変更し、出資金の早期払込を求めることで、出資能力の低い少数株主を締め出してしまうこともできる。

　第二に、引受期限が比較的長いにもかかわらず、実際に払込みがなされないことによって、株主の投機的行為を制約するという法定資本制度の機能を弱めている。出資金の払込みには期間制限がないため、登録資本金は自由に発行することのできる口頭の小切手のようなものであり、会社に対する出資に関する一種の承諾にすぎない。企業の意思決定は、株主によって選任された取締役によってなされるが、所有権と経営権が分離されていない会社では、株主と取締役の身分が一致しているため、機会主義的行動がより顕著になる可能性がある。より具体的にいえば、株主は、自ら高額な報酬や配当、ひいてはその他の違法行為によって資産を空洞化させる可能性がある。有限責任の原則のもとでは、株主は、会社に対する出資の範囲内においてのみ責任を負担するため、これが、株主または取締役にとって、債権者の利益を犠牲にするような、ハイリターンを得るための過激な経営戦略を採用する動機となっている。また、会社

51

が債務を履行できない場合において、株主が株式を出資能力のない譲受人に譲渡することで出資義務を免れる動機にもなっている[52]。このような、債権者の利益を侵害する行為は、ますます顕著なものとなってきており、執行異議の申立ての大きな割合を占めている[53]。

　第三に、登録資本金引受登記制度は、会社設立の難易度を引き下げている一方で、シェル・カンパニー、ゾンビ会社の設立を助長し、監督管理の資源を浪費することで、市場主体のデータを歪曲している。実社会では、上場廃止となった企業や長期的に営業を停止している企業が多く存在しており、いわゆる「ゾンビ企業」の数は驚くべきものであるため、こうした企業をいつまでも放置しておくは、きわめて危険である[54]。そこで、2016年には、工商総局及び税務総局が共同で「長期停止未経営企業の整理業務をめぐる問題に関する通知」を公布し、2年連続で法の定めるところにしたがった年次報告書を提出しておらず、かつ、納税申告をしていない企業に関しては、公告による検査を経て営業許可を取り消すこととした。また、同年、市場監督管理部門は、簡易的な解散手続きを打ち出し、債権債務のない企業については、公示プロセスを踏んでいれば清算せずとも解散することができるとした。さらに、2019年6月22日には、国家発展改革委員会を含む13部門が「市場主体退出制度の改善を促進するための改革計画」（発改財金〔2019〕1104号）を発表し、経営異常や違法行為によって営業許可を取り消され、廃業を命じられた企業については、法の定める手続きにしたがって強制退出を実施することを提案した。たしかに、ゾンビ企業は企業のライフサイクルに関する規律または株主の決議によって廃業しているが、関連部門が実施してきた取引中止及び強制退出等の業務という観点からみると、かなりの割合の企業が、設立後、一切の経営業務を行っていないことがわかる。

　第四に、株主における期限の利益の保護と、会社及び債権者の利益をめぐる紛争によって司法コストが増加している。株主は、往々にして比較的長い出資

---

52) 高旭軍「投資効率と取引安全保障のバランス——資本登録制度革の検討」東方法学2015年1号。
53) 劉茵＝張清「執行の異議に関する訴訟における譲渡株主の未履行出資義務を追加する基準」法律適用2023年3号。
54) 陳勁強「登記機関の視点から見た睡眠会社の退出制度」中中国市場監管研究2019年2号。

期間を設定することが多いが、会社の経営過程では、資金が必要となるため、会社は株主に対して即時に払い込むことを要求することがあるだけでなく、会社が債務超過に陥った場合には、株主は、会社の債務を履行するために出資義務を履行しなければならない。そのため、会社・債権者と株主の間では、株主による出資義務の履行をめぐって多くの紛争が発生しており、司法コストを増大させている。また、払込期限が過度に長いと、債権者は債権の実現を確保するために、株主の信用状況に関する調査を行わなければならないが、これも社会全体の取引コストを増加させている[55]。さらに、債権者が株主に対して債務の履行という補充責任の負担を直接求めることで、法人と株主の人格がますます分離されなくなっており、有限責任制度の根幹を揺るがしている。

4 会社法改正による引受登記制度の改善

⑴ 資金調達に関する会社の需要と出資に関する株主の自由の調整

中国は、1993年に会社法を制定した時から、資本形成段階で法定資本制度を採用しており、会社を設立するためには、出資または株式の全部が引き受けられなければならず、設立後の増資も株主総会の決議によると定めていた。この度の会社法改正では、株式有限会社に関して授権資本制が導入され、取締役会に対して資金調達に関する決定権が与えられることとなった。改正前の会社法は、複数回にわたって資本形成段階に関する改正を行ってきたが、いずれも主に出資金の払込みに焦点を当てたものであり、初回出資比率及び出資期限を撤廃するといった内容のものであった。発行の決定権限と出資金の払込みは別の制度であり、両者の組み合わせには、さまざまなモデルがある。

---

55) 馮果「授権資本制度における分割支払の存否」政法論壇2022年11号。

法定資本 全額払込み	法定資本 分割払込み	折衷授権資 本[56] 全額払込み	折衷授権 分割払込み	授権資本 全額払込み	授権資本 分割払込み
韓国、中国 台湾有限責 任会社法、 中国募集設 立株式有限 会社	マカオ地区 会社法、中 国会社法 （募集設立 の株式有限 会社を除く）	日本公開会 社	ドイツ有限 責任会社及 び株式有限 会社	日本非公開 会社、韓国 及び台湾地 区の株式有 限会社	デラウェア 州会社法、 イギリス会 社法

　比較法的観点から出資金の払込みについて分類すると、大きく三つのモデルがある。第一に、会社の成立前に株主が全額を払い込まなければならないとするモデルであり、代表例としては、日本、韓国及び中国台湾地区の会社法が挙げられる。第二に、株主は会社成立前に全額払い込む必要はないものの、取締役会が経営状況に応じて随時払込みの督促をすることができるモデルであり、代表例としては、デラウェア州会社法、イギリスの2006年会社法、ドイツの株式有限会社法が挙げられる。第三に、出資期限及び初回出資比率について制限を課すモデルである。ドイツの有限責任法第7条の規定によれば、株主は、会社の成立時に引き受けた株式の少なくとも4分の1を払い込まなければならず、金銭出資の総額は少なくとも定款において定められている当初の資本金の2分の1に達していなければならない。株主は、未払込の出資金について、その払込期日を定款で定めることができるが、定款に定めがない場合には、株主総会の決議によって払込期日を確定させることができる[57]。また、フランス商法典によれば、有限会社に対する現物出資は全額を、金銭出資は少なくとも5分の1を払い込まなければならず、未払込分は会社の登録登記から5年以外に全額払い込まなければならない。

　上記三つのモデルを比較すると、全額払込みモデルは、資本確定の原則を遵守しており、登録資本金をもとに会社の信用状況に対して基本的な判断を下そ

---

56)　一部の学説によれば、授権資本制度は、授権期限及び割合による制限があるか否かで、さらに折衷授権と授権資本制度に分けられるが、筆者は、両者は発行の決定権限に関しては実質的な相違はないと考えているため、授権資本制度と総称する。

57)　高旭軍等訳『ドイツ資合会社法〔第6版〕（下册）』（上海人民出版社、2019年）581頁。

うとする債権者にとって有益であり、出資金の不足によって引き起こされる紛争を減少させることもできるが、その一方で、柔軟性を欠くため、出資金が放置され、増資のためのコストを増大させる可能性がある。また、取締役会が経営状況に応じて随時払込みを督促することを認めるモデルについてみると、柔軟性があるため資金が停滞するという状況を免れることはできるが、当該モデルの実効性は、取締役の信任義務及び法的責任に関する制度の設計に委ねられている。そして、出資金の払込期限及び比率に対して制限を課すモデルについてみると、資金が放置されることを回避することができ、株主に対しても一定の自由を認めることができる一方で、定款で定められた期限が会社における資金調達のニーズと合致しない可能性があるため、会社による資金調達のためのコストを増大させる可能性がある。

　中国における二種類の会社の現状からみると、有限責任会社の多くは株主の数が少ないため、会社法は、増資しやすいように電子的手段による株主総会の開催を認めている。株式には、完成された市場価格決定メカニズムがないため、外部から資金調達をしようとする需要は高くなく、かつ、所有権と経営権がほぼ一体化しているため、取締役会の決議と株主総会の決議には実質的な違いがないことに鑑みると、授権資本制度を導入する必要性は必ずしも高くない。出資金の払込方式についてみると、取締役会による払込みの督促と取締役の法的責任に関する法制度は、まだ確立ないし改善の最中であり、かつ、所有権と経営権の一体化は、督促の効果に対して影響を与える可能性がある。具体的にいえば、取締役による即時督促の制度を採用すると、会社の経営状況が良ければ取締役会が督促するが、良くなければ督促しないという状況が生じる可能性があり、これは、払込期日を自由に定めている場合の効果とほぼ同じである。そこで、第47条第1項では、中国会社法が2005年から会社の定款で出資金の払込期限を定めることを認めていることに加えて、中国における企業平均寿命の現状を踏まえて、株主全員が引き受けた出資額は、会社の定款における規定にしたがって、会社の設立から5年以内に株主が払い込まなければならない旨の規定が増設されている。

　株式有限会社に対しては、会社法は、授権資本制度を導入している。授権資本制度と法定資本制度の最大の違いは、資金調達の決定権と利便性に見られ

る。授権資本制度は、取締役会が経営に関する意思決定によって資本調達をすることを認めており、株主総会の決議がなくとも随時株式を発行することができるため、ビジネスにおける意思決定のロジックに合致している。また、法定資本制度は、一度株式を発行すると、それ以降に増資する場合には、株主総会の決議によって会社の定款を変更しなければならないため、不便である。そして、分割払込制度についてみると、当該制度を採用することで、株主の出資圧力を軽減させることができるだけでなく、設立の難易度を低下させることによって、資金の放置を免れることができる。株式を分割して発行すると、必然的に払込みも分割されるため、分割払込制度が解決しようとしている問題も解決することができる。ただし、授権資本制度と分割払込制度を重畳的に運用すると、融資の需要及び効率化の実現が困難になるだけでなく、制度運用コストも増大することとなる[58]。これらのことから、株式有限会社については、授権資本制度を導入すると同時に、株主に対して、引受後すぐに出資金を払い込むことを求めているため、分割払込みは認められておらず、かつ、発行済株式の資本金総額を登録資本金として工商登記を行わなければならないとされている。そこで、第227条第2項は、資金調達の効率を向上させるために、株式有限会社が資本増加のために新株を発行する場合には、株主は優先引受権を有しないと定めている。ただし、会社の定款に別段の定めがあるとき、または株主総会の決議で優先引受権が与えられているときは、この限りでない。

　5年という引受期間に関する制限を既存の会社に適用しないとすると、出資期間の長い会社が長期にわたって存在することとなり、取引の安全及び経済秩序に影響を及ぼすこととなる。また、会社に対して二つの出資制度を適用することは、市場の独占、司法と法執行の基準の不統一を招くこととなる。こうした理由から、会社法第266条第2項は、本法の施行前に既に設立登記をした会社は、出資期限が本法の定める期限を超えている場合には、法律、行政法規または国務院による別段の定めがない限り、本法の定める期限となるよう段階的に調整しなければならないと定めている。また、出資期限、出資金額が明らかに異常であるときは、会社の登記期間は法の定めるところにしたがって即時調

58）馮果・前掲注55）。沈朝暉「授権株式制体系の構造――2021年会社法改正草案における関連規定の評価を兼ねて」当代法学2022年2号。

整を求めることができ、具体的な実施方法は、国務院の規定によるとされている。

(2)　資本確定を強化するための仕組み

①　取締役会による督促

取締役会は、会社の経営に関する意思決定機関及び執行機関であり、取締役は、会社に対して忠実義務を負っており、取締役会または取締役は、取締役の義務に基づいて、出資金の払込みに関する督促の責任を負わなければならない。これは、各国の立法及び実務における共通の規律である。会社法第51条によれば、有限責任会社の成立後、取締役会は、株主の出資状況に対して検査を行い、株主が会社の定款において定められた出資を期限内に払い込んでいないことを知った場合には、会社から当該株主に対して督促状を書面で送付し、出資金を払い込むよう督促しなければならない。直ちに義務を履行しなかったことにより、会社に損失を与えたときは、責任を有する取締役が賠償責任を負わなければならない。

②　失権制度

期日までに出資金を払い込んでいない株主に対して、会社法第52条は、失権制度を定めている。同条によれば、会社が法の定めるところにしたがって督促状を書面で送付し、出資の払込みを督促した場合には、出資の払込みに関する猶予期限を記載することができる。猶予期限は、会社が督促状を送付した日から起算して60日以上でなければならない。猶予期限到来後も株主が出資義務を履行しないときは、会社は、当該株主に対して失権通知をすることができる。失権通知は、書面の形式で送付しなければならず、これを送付した日から、当該株主は未払込の持分を失う。当該規定により、株主が失権した持分については、法の定めるところにしたがって譲渡し、または原資によって抹消しなければならない。6か月以内に譲渡または抹消されなかった場合には、会社の他の株主が出資比率に応じて当該持分について払込みをする。失権させられた株主は、引き続き第49条第3項に基づいて会社の損害について賠償責任を負わなければならない。失権の目的物は、期日までに払い込まれなかった持分であり、払い込まれなかった金銭出資と現物出資の両方を含む。失権するの

は、出資義務に違反した株主であり、中には、出資金の不正引出しに対しても試験制度を適用すべきであるとの見解[59]もあるが、不正引出しは、一種の会社の資産に対する侵害行為であり、株主による出資義務違反ではない。第53条は、出資金の不正引出しについて、株主の返還責任及び会社の損失に対する取締役、監査役、高級管理職と株主の連帯賠償責任を定めている。取締役会は、そもそも出資金の不正引出しに関する故意または過失があり、そうであるにもかかわらず出資金の不正引出しに対して失権制度を適用することを認めてしまうと、取締役は、失権制度を利用して自らが会社に対して負うべき連帯賠償責任を免れようとする可能性がある。また、失権株主の救済についても定めており、失権に対して異議がある株主は、失権通知書を受領した日から30日以内に、人民法院に対して訴えを提起することができる。

③　設立時における株主及び発起人の責任の強化

株主が会社に対して負担している出資義務は、約定的性質及び法定的性質を帯びており、当該義務に違反すると、約定的性質によって債務不履行の規定を適用することができ、会社に対して一種の厳格責任としての債務不履行責任を負うこととなる[60]。また、株主は、当該義務の法定的性質に基づいて失権させられる可能性もある。そこで、会社法は、設立時における株主及び発起人の責任をより一層強化させることとなった。改正前会社法第28条第2項の規定によれば、株主が前項の規定にしたがった出資金の払込みをしていない場合には、会社に対して全額払い込まなければならないほか、期限内に全額払い込んだ株主に対して債務不履行責任を負担しなければならないが、当該規定には、期限までに払込みをしなかった株主の会社に対する責任までは明らかにされていない。そこで、会社法第49条第3項は、期限までに全額払い込まなかった株主は、会社に対して損害賠償責任を負う旨を定めた。これ以外にも、設立時における株主と発起人の出資不足に関する連帯責任も強化させている。たとえば、50条によれば、有限責任会社の設立時に、株主が定款の定めにしたがった出資金の払込みをしていない場合または現物出資財産の実際の価額が

---

59) 曾佳「株主失権制度の機能と体系的適用——会社法改正草案46条を中心に」北京理工大学学報（社会科学版）2023年3号。

60) 朱慈蘊「出資義務に違反する株主は誰に違約責任を負うか」北方法学2014年1号。

引き受けた出資額よりも明らかに低い場合には、設立時における他の株主は、当該株主と出資が不足する範囲内において連帯責任を負う。また、第99条によれば、発起人は、自らが引き受けた持分にしたがった払込みをしない場合または現物出資財産の実際の価額が引き受けた出資額よりも明らかに低い場合には、他の発起人と当該発起人は、出資が不足する範囲内において連帯責任を負う。

④　株式譲渡の当事者の責任に関する規定

出資期限到来前における株式譲渡に関する株主の責任については、理論上、実務上さまざまな見解[61]がある。株式は一種の特殊な権利であるが、株式譲渡は、売買契約の譲渡と類似しており、権利及び義務が譲受人に移転するという効果を有する。まだ払い込まれていない持分については、株主の出資について期限が到来しているか否かを問わず、株主名簿の外観主義により、譲受人を第一順位の出資義務者とすることは、出資の履行を連鎖的に請求できるシステムを確立させ、会社資本の充実化を図るという目的を実現させるという観点から有益である。株式譲渡は、会社と債権者の利害に関わる譲渡であり、商事組織法における取引としての特徴を有するため、簡単に契約法の一般規定を適用することはできない[62]。譲受人に対してのみ出資責任を負わせると、株主がこれを濫用して株式譲渡によって出資責任を免れる可能性があるが、株主の出資義務は、組織法上の強制的性質及び法定的性質を有するため、譲渡人は、株式譲渡によって責任を免れることはできない。出資期限未到来の株式譲渡について、法律は、株式譲渡によってもたらされる会社資本の不充実というリスクを譲渡人に負担させており、譲渡人に補充的責任を負担させることで、市場メカニズムによるリスクの抑制を通じて、司法コストを低下させるとともに、株式譲渡の効率を向上させている。ただし、株式譲渡の自由及び債権者保護の均衡を維持するためには、一定期間内において株主に補充的責任を負担させるのが、より合理的である[63]。そこで、第88条第1項は、株主が、出資を引き受け

---

61)　陳景善＝郜俊輝「持分譲渡後の払込期間内の出資義務」国家検事学院学報2022年6号。

62)　馮果＝段丙華「会社法における契約自由──持分処分を抑制する規定の視点から」中国社会科学2017年3号。

63)　王東光「持分の譲受人の会社債権者に対する補足責任」法律科学2020年2号。

たものの出資期限がまだ到来していない株式を譲渡した場合には、譲受人が払込義務を負うが、譲受人が期限の到来までに全額払い込まなかったときは、譲渡人と譲受人が期限までに払い込まれなかった出資金について補充的責任を負担する旨を定めている。

また、第88条第2項によれば、会社の定款に定められた出資期日までに出資金を払い込まなかった株主または現物出資財産の実際の価額が引き受けた出資額よりも明らかに低い株主が株式を譲渡した場合には、譲渡人と譲受人は、出資が不足している範囲内で連帯責任を負う。ただし、譲受人がその事情を知らなかったとき、または知ることができなかったときは、譲渡人が責任を負う。出資期限が到来しているものの、払込みがなされていない株式の譲渡については、譲受人は、必然的に取引の過程で会社の定款を閲覧しなければならないが、定款の記載事項の中には株主の払込期日が含まれているため、譲受人は、譲渡人が出資金の払込みをしていないことを知っているはずである。譲渡人は、株式を譲渡した時点ですでに法定出資義務を負っているが、譲受人の連帯責任と譲渡人の法定義務違反には同じような帰責性が認められる。

現物出資財産の実際の価額が引き受けた出資額よりも明らかに低い場合には、譲渡人は、譲渡時にすでに会社法の規定に基づく差額補填責任を負っているため、株式を譲渡したとしても当該補填責任を免れることはできず、譲受人は、現物出資財産の実際の価額が引き受けた出資額よりも明らかに低いことを知り、または知ることができたときのみ、譲渡人と連帯責任を負う必要がある[64]。

(3) 株主の出資期限早期到来制度——債権者と株主の利害調整

2013年の会社法改正以降、株主の定めた出資期限が過度に長いことから、破産していない場合における株主の出資期限を早期に到来させることができるか否かは、学説においても実務においても議論のある問題として位置付けられてきた[65]。否定的な見解としては、第一に、会社に破産原因がないのであれば、定款で定められた履行期限が到来していないにもかかわらず、株主に対し

---

64) 陳甦「持分の譲受人の出資義務規制の構築」環球法律評論2023年3号。
65) 李建偉「分割支払制度における株主出資義務の加速の研究」人民司法2015年9号。

て出資金の払込みを要求するのは、「契約厳守」のルールに違反している、第二に、期限未到来の株主に対する債権者の債権的請求権は、第三債務者の債務の履行期が到来していなければならないという「代位権」の基礎を欠いている、といったものが挙げられる。これに対して、肯定的な見解としては、第一に、契約上の権利を濫用してはならないが、過度に長い出資期限を定めるのは「権利濫用」に該当し、無効である、第二に、株主と会社との間における約定の効力は、株主と会社の間における相対的なものであり、債権者に対抗することはできないため、債権者は株主に対して払込みを要求することができる、というものが挙げられる[66]。

　会社の破産ないし清算の局面における出資期限の早期到来については、企業破産法35条と「中華人民共和国会社法の適用をめぐる若干問題に関する最高人民法院の規定（三）」第22条に関連規定が置かれており、2019年に最高人民法院が発表した「全国法院民商法審判業務会議概要」（略称：九民概要）も第6条において、二つの場合について期限の早期到来を認めている。第一に、会社が被執行者である事件において、人民法院が執行措置を尽くしたものの執行に供することのできる財産がなく、すでに破産原因を具備しているが、破産の申請をしていない場合である。第二に、会社債務の発生後に、会社株主総会決議またはその他の方式によって株主の出資期限を延長した場合。草案一審稿第48条は、出資期限の早期化について、会社が履行期の到来した債務を履行することができず、かつ、明らかに履行するための能力を欠く場合には、会社または債権者は、すでに出資を引き受けたものの払込期限の到来していない株主に対して出資金の早期払込を求める権利を有する。企業破産法第2条によれば、企業法人は、履行期の到来した債務を履行することができず、かつ、債務の全部を履行するための財産が不足しており、または明らかに債務を履行するための能力を欠く場合には、本法の定めるところにしたがい、債務の清算をする。一審稿における早期化の基準は、企業破産法における履行期の到来している債務を履行できないこと＋履行するための能力を明らかに欠いていることという基準であり、債権者が必ずしも債務者の資産状況を把握しているわけでは

66）蔣大興「株主出資義務の加速」社会科学2019年2号。

ないことに鑑みると、この基準は、履行期の到来している債務を履行できないこと＋債務を履行できるだけの資産がないことという基準よりも、債権者にとってはより立証がしやすいものである。そこで、会社法第54条は、会社が履行期の到来している債務を履行できない場合には、会社または履行期の到来している債権の債権者は、すでに出資を引き受けているものの出資期限が到来していない株主に対して、出資金の早期払込みを求める権利を有すると規定している。同条により、早期化の時点に関する基準は、破産から、破産原因を有していないものの会社が履行期の到来している債務を履行することができないことへと変更された。会社法は、株主の会社に対する出資に関する債権者の代位的請求に関して、「入庫ルール」を採用しており、株主の出資金が払い込まれた後の分配については何も定めていない。ただし、実務では、裁判所は、上記の九民概要の規定にしたがい、出資期限の到来していない株主に対しては、出資金の範囲内において、会社が履行できない債務に関して補充的賠償責任を負担するよう求めることができるとされており、いわゆる「入庫ルール」は採用されていない。これらは、いずれも一長一短があり、入庫ルールは、債権者による権利行使の積極性を向上させるのに有益であるが、会社がすでに破産要件を具備している場合には、出資期限の早期化によって個別の債権者に対する債務の履行を認めることは、破産における債権者平等の原則に反することとなる[67]。入庫ルールを採用しないことは、債権者間における平等の実現に資するが、債権者による権利行使の積極性を高めることができず、払い込まれた出資金をどのように分配するのか、破産法上の規定を遵守しなければならないのか、といった問題については裁判実務の中で探求を深めていかなければならない。

⑷　払込資本の開示効果の強化

2013年の会社法改正以降、実収資本は、もはや工商登記事項でもなければ、営業許可証の記載事項でもなく、企業情報開示暫行条例第９条及び第10条によれば、払込資本は、年次報告の内容として会社の登記機関に対して提出

67）銭玉林「株主出資の加速理論の構成」法学研究2020年６号。

しなければならず、かつ、強制的開示事項である。株主が引き受けた出資に
よって構成されている登録資本金は、会社が債権者に対して負担している責任
の基本的担保の一つにすぎないが、授権資本は、株主の取締役に対する株式資
本の発行に関する制限の一つであり、債権者保護にとってこれといった意義を
有しないだけでなく、場合によっては、債権者を誤解させるおそれもあるた
め、実収資本こそが債権者保護にかかわるものである。情報開示方法に依拠す
るためには、比較的成熟した市場メカニズム及び健全な信用制度、そして、取
締役の責任に対する追及が必要である[68]。2006年のイギリス会社法は、第437条
と第438条において、取締役会は、指定期間内に会社の年次決算及び報告書を
会社に送付しなければならず、年次決算及び報告書の開示を完了しなかった場
合は、個人犯罪を構成する旨を規定しており、罰金等の処罰についても定めて
いる。また、ドイツの株式有限会社法第399条によれば、設立人、取締役、監
査役が、会社登記のために設立報告の関連する保証の中で、株式の引受け、出
資金の払込み、現物出資及び現物受取等に関して虚偽の陳述または重要状況の
隠蔽をした場合には、3年以下の懲役または罰金に処する。さらに、日本会社
法第976条は、設立人、取締役、監査役等について、会社法の規定による開示
をせず、虚偽の陳述または事実の隠蔽をした場合には、100万円以下の罰金に
処すると定めている。

　企業情報開示暫行条例の規定内容についてみると、法律の規定にしたがって
年次報告を開示せず、または開示情報について真実の状況を隠蔽し、改ざんを
行った場合は、経営異常リスト及び重大違法企業リストに掲載し、法定代表者
の権限を制限するという処罰が定められているにすぎない。また、工商機関
は、情報開示に関しては、通報を受け、抜き打ちで事後的に検査するという方
法を採用している。企業の年次報告は、会社が自主的に作成するものであり、
商事登記機関の信用によって支えられているわけではなく、かつ、出資検査報
告書または出資証明書等を提出する必要もないため、企業の年次報告には、自
主性や任意性といった特徴がある[69]。現時点における払込資本の非開示を規律

---

68) 王文字「簡政繁権――中国大陸における分割支払制度の評価」財経法学2015年1号。
69) 劉新平＝沈冰芸「分割資本登録金制度における株主払込金額の規制研究」中国市場監督研
　　究2023年1号。

する仕組みは、会社による定期的かつ正確な払込資本情報の開示を確保するに
は不十分なものである。会社法第40条によれば、会社は、有限責任会社の株
主が引き受け、払い込んだ出資額、出資方法及び出資期日等の情報を開示しな
ければならず、開示情報が真正、正確、完全であることを保証しなければならな
ない。また、第251条によれば、会社が法の定めるところにしたがって関連情
報を開示しなかった場合または真正な関連情報を公示しなかった場合には、会
社登記機関は、是正を命じることができ、1万元以上5万元以下の罰金に処す
ることができる。情状が重いときは、5万元以上20万元以下の罰金に処す
る。直接責任を負う主管者及び他の直接責任者は、1万元以上10万元以下の
罰金に処する。

5　おわりに

　2013年の会社法改正で、登録資本金引受登記制度が実施されて以来、会社
を設立するための難易度が低下し、起業と投資に対するモチベーションが刺激
されたことで、会社の数は急速に増加した。同時に、最低登録資本制度を廃止
し、株主の引受期限を会社の定款に委ねたことで、出資能力を超えて登録資本
金を引き受けてしまい、ビジネス的合理性に欠ける出資期限を定めてしまう状
況が多発した。会社法改正は、登録資本金引受登記制度の改善、取締役会の督
促責任及び払込資本責任制度の強化、株主における出資の自由と会社資本の充
実と債権者利益の保護の調整、払込資本の開示効果と法的責任の強化に重点を
置いたものであり、会社資本の充実、債権者利益の保護、そして取引安全の維
持に資するものである。
　（本稿は、筆者個人の見解であり、筆者の所属する組織の公式の見解ではない。）

③ 監査委員会制度とその実施に関する問題点

蒋大興

1　はじめに

2　取締役会監査委員会の設置——選択型と強制型

3　監査委員会委員の選任——株主総会の権限か取締役会の権限か

4　監査委員会の権限と位置付け

5　監査委員会委員の業務執行権限——取締役会の業務決定に参加できるか

6　監査委員会が誰に対して責任を負うか

7　おわりに

1　はじめに

　中国では監査役会が有効に監督機能を果たせない状況が長く続いているため、監査役会を廃止するべきだという主張が存在している[1]。しかし、監査役会制度も進化しており、ドイツの学界では、監査役会に新たな機能を持たせることによって、世界中で普及している一層制の取締役会の長所を取り入れることができると主張する者もいる[2]。2023年12月29日に新しい中国会社法（以下「新会社法」という）が公表された。新会社法における機関設計について、立法

---

1) 趙旭東「会社法改正におけるコーポレート・ガバナンスの革新」中国法学2020年3号。甘培忠「中国上場会社のコーポレート・ガバナンスにおける監査役制度の改善について」中国法学2001年5号。史少満「中国新会社法におけるコーポレート・ガバナンスの仕組み」現代法学2007年6号。蔡偉「会社の内部監督体制のジレンマ——監査役制度をめぐる再考察」中外法学2018年6号。

2) Vgl.Börsig/Löbbe, Die gewandelte Rolle des Aufsichtsrats, in FS Hoffmann- Becking, 2013, S.131 ff, 楊大可「監査委員会は監査役会に取って代われるか——会社内部監督機関の職務という視点から」中国政法大学学報2022年5号を参照。

65

機関は従来の「二層制」を変えて、取締役会監査委員会（以下「監査委員会」という）を任意監督機関として位置づけ、一層制の監査委員会制度を取り入れた。しかし、ドナルド・C・ランゲヴォート（Donald C. Langevoort）が述べるように、「会社の機関の設計は、会社法により基準を定めて当事者の意思自治に委ねたほうがよいだろう」[3]。監査役会制度を廃止するという立法上の選択は、十分な議論を欠いている[4]。立法機関は、監査委員会の構成、その位置付け、権限行使について定めているが、「一層制」の監督制度を機能させるために監査委員会に求められる「独立性または会社経営への非関与性」という特別な要件に注意を払っていないと思われる。特に、新会社法におけるガバナンスに関する規律について、体系的な一貫性が欠けているため、監査委員会の実施にあたり多くの不都合が生じている。例えば、監査委員は取締役として、取締役の一般的な権限を有し、義務を負うのか、取締役会で議決権を行使することができるのか、取締役会の業務決定や業務執行に直接関与する場合、監査委員である取締役が監督義務を果たすことができるのか、取締役会の業務決定や業務執行に関与しないのであれば、なぜ「取締役」と呼ばれる必要があるのか、といった問題が生じる。それ以外に、選任に関しても疑問が生じる。例えば、監査委員会の委員はどのように選出されるのか、株主総会で直接選任されるのか、それとも株主総会が取締役会を選任し、取締役会が監査委員を選出するのかといった問題が挙げられる。

　後者の場合、監査委員である取締役に対する監督の実効性はどのように確保されるのか。つまり、監査委員会は取締役と経営陣両方を監督する「二重監督」を担っているのか。さらに、監査委員会が監査役会の代わりに監督職務を果たす場合、その職務のすべてを果たせることが適切か。株主代表訴訟の提訴前置手続をどのように始めるか等が問題となる。これらの問題は、取締役の職権分掌や選任方法だけでなく、「一層制」の監督制度を中国に効果的に移植または実施することができるかどうかにも密接に関わる。不適切に運用すると、

3）ドナルド・シー・レーンジボート「取締役会の性格：法律、基準、独立性と責任」、ロベルタ・ロマーノ編、羅培新訳『会社法の基礎』（北京大学出版社、2013年）247頁。

4）例えば、劉斌准教授は、監査役会制度について十分な検証が行われないまま、廃止することは不適切であると主張している。劉斌「会社の機関設計の組織法理論と改正方向」法律適用2021年7号。楊大可・前掲2）を参照。

③ 監査委員会制度とその実施に関する問題点

「南橘北枳[5]」になってしまう可能性がある。監査委員会は、監査役会による監督の効率と専門性を向上させるための補助的役割を果たすにすぎず、監督委員会の代わりに包括的に監督機能を果たすことができないと批判している学者がいる[6]。しかし、立法機関が採択した以上、これからは、「立法批判」から「改善の提案」へと、より踏み込んだ議論を進めたほうがよかろう。以上を踏まえて、本稿では、監査委員会の設置形態、委員の選任、権限・位置付け、委員による業務執行の可否、さらには「独立性・業務非関与性」といった角度から、どのように監督委員会の法的構造を正しく理解し、その制度をうまく機能させるかを議論したい。これらの議論が新会社法の適切な適用に寄与することを期待する。

2 取締役会監査委員会の設置──選択型と強制型

19世紀にコモン・ローの国において、会社という現代的組織が誕生したときから、取締役会がすでに存在していた[7]。取締役会の中にどのような内部機関が望まれるかという議論が定着するまでには、かなりの時間を要した。コーポレート・ガバナンスの進展とともに、監督機関の独立性が求められるようになった結果、監査委員会が登場した。監査委員会は、あくまで「発展途上」あるいは「未完成」の監査役会にすぎないといえよう。というのも、研究が示すように「チームの中に意見の食い違いがあればあるほど、メンバーのチームに対する信頼も損なわれるからである。逆に同僚意識が高く、互いに尊重し合う経営陣は、良い結果を導く仕事環境を整えることができる。要するに、経営陣に対立が大きければ大きいほどパフォーマンスが悪くなる。」……「取締役会は何らかの理由で自然に現役の取締役と対立する者ではなく、仲の良い者を経営陣に入れようとする。また、取締役の選任は、CEO の影響を受けることが

5）訳者による注釈：「南橘北枳」は中国の諺であり、その意味については、中国の南方で産する橘が美味しいが、中国の北方に植えると味が全く異なってしまい、同じものでも環境が変わればものも変わることを意味する。

6）楊大可・前掲2）参照。

7）ジェフリー・エン・ゴードンほか著、羅培新他訳『オックスフォードハンドブック：会社法・コーポレートガバナンス（上巻）』（上海人民出版社、2016年）318頁。

67

多い。[8]」それにもかかわらず、監査委員会は多くの国、特にコモン・ローの諸国や地域において、依然として採用されている。

新会社法は、英米法を参考にしながら、監査委員会の設置に関して会社を類型化した上で、会社類型によって、意思自治に委ねるか、強制的に設置する義務を課すというそれぞれのルールを設けた。詳細は以下の通りである。

まず、選択型について説明する。監査委員会を設置するかどうかは会社の自由であり、法令で強制されるものではない。新会社法においては、一般会社では監査委員会が任意設置機関とされている。具体的にいうと、第一に、新会社法の規定によれば、有限責任会社や株式会社は、定款の定めにより、監査役会または監査役を置かずに、取締役会の取締役で構成される監査委員会を設置することができる[9]。すなわち、通常の有限責任会社と株式会社において、監査委員会を設置するか否かは、会社の定款自治に委ねられる事項である。会社の定款は株主が共同で策定するものであることから、会社の機関をどのように設けるかは、会社の定款において株主が自ら決定するものであると推認できる。第二に、規模が小さい、あるいは株主数が少ない有限責任会社や株式会社においては、取締役会を設置せず、取締役一人を置き、その者に法律に規定された取締役会の権限と機能を行使させることができることが法律によって明確に規定されている[10]。その結果、取締役会を設置しないと決めた会社は、当然監査委員会も設置しないことになる。したがって、取締役会を設置しないことを選んだ時点で、監査委員会を設置しないことも選ぶことになる。通常の一人会社（一人有限責任会社や一人株式会社を含む）は、株主数が少ないため取締役会を設置する必要がなく、監査委員会の設置も義務付けられていない。最後に、新会社法は、通常の一人会社とは異なり、完全国有会社は株主数が少ないにもかかわらず、会社規模が大きいため、取締役会の設置を強制されている。さらに、その取締役会の半数以上を独立取締役とし、会社の従業員代表も含めなければならないと規定されている[11]。つまり、完全国有会社は監査委員会を設置する

---

8) ロベルタ・ロマーノ編、羅培新訳・前掲3）244頁。
9) 新会社法第69条、第121条。
10) 新会社法第75条、第128条。
11) 新会社法第173条第1項・第2項。

③ 監査委員会制度とその実施に関する問題点

ことができる。そうであるならば、取締役会の取締役で構成される監査委員会を設置した場合、監査役会または監査役を設置する必要がない[12]。完全国有会社においても、監査委員会を設置するかどうかは会社の定款自治事項になる。また、このような会社では会社定款の作成・変更は、出資者の職務を行う機関が決定するため、監査委員会を設置するか否かの判断も、出資者の職務を行う機関が決定することになる。

　監査委員会を設置するかどうかは会社の自由であるといっても、その決定権が会社のどの機関にあるのかという問題がある。この問題に関して、新会社法には明確に定められておらず、見解が分かれる可能性がある。例えば、新会社法において、有限責任会社の定款に次の事項を記載しなければならないと規定している。「有限責任会社の定款には、次の事項を定めなければならない。……(6)会社の機関並びにその成立方法、職権及び議事規則。[13]」「株式会社の定款には、次の事項を定めなければならない。……(7)取締役会の構成、職権及び議事規則。[14]」これらの条文は、会社の機関の設置や取締役会の構成が定款自治に委ねられると同時に、株主総会の決議事項とされるため、株主総会で決定されるべきことを意味すると解釈すべきであろう。しかし、会社の機関の設置を決定する権限は株主総会の権限として明記されておらず[15]、あえて取締役会の権限として「取締役会は次の権限を行使する：……⑦会社の内部管理組織の設置を決定する」と規定されている[16]。そうすると、監査委員会の設置について、株主総会が決定するか、それとも取締役会が決定するか、見解が必ずしも一致するとは限らない。監査委員会は、会社の定款に従って設置されるため、株主総会が決定すべき事項であると結論付けることは難しくない。しかし、同法も取締役会が「会社の内部管理機関の設置について決定する権限を有する」と明記している。ここでの「会社の内部管理機関」には、監査委員会も含まれるのか、新会社法において使われている「会社の機関」と「会社の内部管理機関」という文言の違いはどこにあるのか、これらの問題は必ずしも明確とは言

---

12) 新会社法第176条。
13) 新会社法第46条。
14) 新会社法第95条。
15) 新会社法第59条、第112条。
16) 新会社法第67条第2項、第120条。

えない。私見では、文言の一貫性という観点から、定款に記載されるべき「会社の機関」には、株主総会、取締役会、監査役会（監査委員会も含む。監査委員会は監査役会と同じレベルの機関である。）が含まれると解する。これに対して、「会社の内部管理機関」とは、取締役会と同じレベルではない下位の管理機関を指す。例えば、総経理室、営業部、財務部、M&A部、法務部、コンプライアンス部などである。そうなると、監査委員会は取締役会レベルの会社の機関であり、「会社の内部管理機関」には該当しないと理解される。したがって、会社が自らの意思で監査委員会の設置を選択する場合、これは取締役会ではなく株主総会が行うべきであり、取締役会の権限における「会社の内部管理機関」について制限的に解釈されるべきであると思われる。以上のように解することを通じて、監査委員会の設置を決める場合、異なる類型の会社の間で会社の機関の設置を決定する主体の一貫性を保つことができる。

　次に、強制型について説明する。強制型とは、監査委員会の設置が法令で義務付けられており、会社が選択する自由がないことを意味する。新会社法においては、上場会社は法令及び行政法規の規定に従い、定款に取締役会特別委員会の構成及び権限について定めなければならないと規定されている[17]。上記規定は、上場会社に対して取締役会特別委員会の設置を義務付けている一方、監査委員会が取締役会において設置しなければならない機関であるかについては規定しておらず、上記規定から上場会社が監査委員会の設置を強制されるという結論を導くことはできない。しかし、実務では、上海証券取引所や深圳証券取引所に上場している会社が特別委員会を設置しようとすれば、ほとんどの場合、監査委員会を特別委員会として設置することにする[18]。また、証券監督委員会が制定した「コーポレート・ガバナンス・コード」によれば、上場会社の取締役会は監査委員会を設置しなければならず、必要に応じて、戦略、指名、報酬、評価といった特別委員会を設置することができる。つまり、監査委員会は、上場会社の取締役会に設置しなければならない特別委員会といえる[19]。

17）新会社法第136条第2項。
18）黄秋菊「中国における上場会社の監査委員会のガバナンスに関する研究——ガバナンスに関する情報開示を視点に」東北財経大学2017年度博士論文。
19）コーポレート・ガバナンス・コード［中国証券監督管理委員会公告（〔2018〕29号）〕38条）。

コーポレート・ガバナンス・コードは行政規章ではあるが、上場会社にはそれを遵守義務がある。また、証券取引所の関連規則においても、上場会社は監査委員会の設置が義務付けられている[20]。以上を踏まえて、上場会社の取締役会が監査委員会を設置することは強制されると理解されるべきであろう。

　他の関連規範と合わせて整理すれば、中国の現行規範は、会社を類型化した上で、監査委員会の設置を義務付けるかどうかを類型別に定めるという立場を取っている。すなわち、有限責任会社、上場会社ではない株式会社、完全国有会社については、監査委員会を設置するかどうかは会社の意思自治に委ねる一方、上場会社については、監査委員会の設置は基本的に強制される。問題は、国有資本持株会社や国有資本参加会社のような非完全国有会社はどのように監査委員会を設置するかである。この問題に関しては、新会社法（2023年）には規定がない。しかし、同法第168条第1項には、「国家出資会社の組織機関について本章の規定を適用するとする。本章に規定がない場合は、本法の他の規定を適用するとする。」と規定されている。したがって、国家出資会社（国が出資する国有独資会社及び国有資本支配株式会社を含む）において監査委員会がどのように設置されるかについては、新会社法の第七章には特別の定めがないため、会社法の一般規定を適用することになる。すなわち、監査委員会の設置は会社の意思自治に委ねられ、有限責任会社及び株式会社全般に係る監査委員会設置に関する規則に従うのである。

　新会社法第68条は、「有限責任会社の取締役会の成員は、3名以上とし、その成員の中に会社の従業員代表を含むことができる。従業員が300人を超える有限責任会社については、法律に基づいて監査役会が設置され、かつ会社の従業員代表がいる場合を除き、その取締役会の構成員の中に会社の従業員代表が置かれなければならない。」と規定している。これは、従業員300人以上を持つ有限責任会社は、取締役会と監査役会を設置しなければならず、監査役会に代わって監査委員会を設置することはできないことを意味するのか。新会社法

---

20) 例えば、「上海証券取引所上場会社取締役会監査委員会の運営に関する指針」（上証発〔2013〕22号）第5条において、「監査委員会を設置する場合、上場会社は監査委員会の職務規程を制定しなければならない。職務規定には、監査委員会の構成、委員の任期・職務・権限範囲及び議事規則などが定められなければならない。」と規定されている。

では、規模が小さく、かつ株主が少ない有限責任会社や株式会社では、取締役会及び監査役会を設置しなくても良いと規定されているが[21]、従業員が300人を超える会社は規模が小さい会社に該当するのか。小規模会社に該当するとすれば、取締役会及び監査役会を設置せずともよく、さらに取締役会及び監査役会に従業員代表を置く必要もない。従業員数が300人を超える会社が小規模企業に該当しないとすれば、取締役会を設置しなければならず、取締役会に従業員代表も置く必要がある。しかし、そのような会社に監査役会が「法律に基づいて設置され」るとあるが、「法律に基づいて設置され」るとは、「法律に基づいて設置しなければならない」という意味なのか、「法律に基づいて設置してもよいし、設置しなくてもよい」という意味なのか、明確ではない。会社の意思自治を尊重するという観点から、後者の解釈が妥当であると思われるが、後者の解釈を取る場合、監査役会を置かずに、監査委員会を設置するという選択は法律上認められるのか。その場合、監査役会非設置会社では、どのようにして監査役会に従業員の代表を置くことができるのか。それは、監査役会非設置会社の監査委員会に従業員代表を置くべきであることを意味するのか。もしそうであれば、取締役会と監査委員会の両方に従業員代表が置かれる必要なのか。これでは従業員代表の設置が過度に要求されることになるのではないか。従業員参加を強化するという立法趣旨からすると、従業員300人を超えた会社は規模が小さい会社に該当すると解釈すべきではない。さらに、このような会社が監査役会の設置が義務付けられているかどうかについても、否定的な解釈を取るべきである。なぜなら、本条の「法律に基づいて設置され」るという文言は、「法律に基づいて監査役会を設置しない」ことも許容し、「法律に基づいて監査役会を設置する」場合にのみ、監査役会に従業員代表を置く必要があることを意味するからである。一方、このような会社が、法律に基づいて監査役会を設置せず、監査委員会を設置する場合、取締役会と監査委員会両方に従業員代表を置く必要があるのか。必要があるのであれば、「二重の従業員代表」という構造になってしまうのではないか？私見としては、新会社法第69条及び121条の規定も考慮に入れれば、取締役会と監査委員会両方に従業員代表を置

---

21) 新会社法第75条、第83条、第128条、第133条。

く必要はないと解釈されるべきであろう。上記の規定は、「会社の取締役会の従業員代表が監査委員会の委員になることができる」ことを強調するだけで、取締役会と監査委員会両方に従業員代表を置かなければならないことを意味するわけではない。

3 監査委員会委員の選任──株主総会の権限か取締役会の権限か

　監査委員会の委員がどのように選任されるのかに関して、新会社法に不明確な点がある。同法は、有限責任会社または株式会社が会社の定款に従い、取締役で構成される監査委員会を取締役会に設置することができると規定しているにとどまる。また、取締役会の従業員代表は、監査委員会の委員にもなれると規定している[22]。同時に、完全国有会社に関しても、取締役会に取締役で構成される監査委員会を設置できることのみが規定されている[23]。これらの規定では、監査委員会が取締役で構成されることが明確に定められているが、監査委員会の委員がどのように選任されるかは言及されていない。さらに、上場会社の場合、新会社法には監査委員会が取締役で構成されるという規定が存在しない。そうであるならば、上場会社の取締役会の監査委員会が取締役でない者で構成されることは可能かにつき理論的問題が残る。コーポレート・ガバナンス・コードによると、上場会社の特別委員会の委員はすべて取締役でなければならず、監査委員会、指名委員会及び報酬・評価委員会の半数以上が独立取締役でなければならないと規定されている。その上、独立取締役が委員会の招集者であり、しかもその招集者が会計専門家でなければならないと規定されている[24]。以上の規定を踏まえて、新会社法は、上場会社において取締役ではない者が監査委員会の委員になることができるという将来の立法改正を可能にする目的を持つのかについて、少なくとも条文上は明らかではない。いずれにせよ、一般会社に対する新会社法の規定や上場会社に対する現行規範から見れば、監査委員会は（会社類型による違いはさておき）「ミニ取締役会」として位

---

22) 新会社法第69条、第121条第1項。
23) 新会社法第176条。
24) コーポレート・ガバナンス・コード［中国証券監督管理委員会公告（〔2018〕29号）〕第38条。

置付けられており、その委員が取締役でなければならないのは明らかである。その結果、監査委員会の構成員は、株主総会決議で選任されるのか、取締役会決議で選任されるのかという問題に直面することになる。理論的には、以下の通り、いくつかの選任パターンがある。

一つ目は、株主総会決議で選任されるパターンである。取締役の選任は株主総会の権限であり、監査委員会は取締役で構成されるため、監査委員会の委員は株主総会で選任されると解される。その結果、株主総会決議で選任される取締役は、監査委員ではない取締役と監査委員である取締役に分かれることになる。では、株主総会決議で取締役の選任を決定する際に、取締役候補者が監査委員ではない取締役か監査委員である取締役かを予め特定した上、取締役の類型ごとに採決を行う必要があるか。必要がないのであれば、まず株主総会決議で取締役を選任し、またその中から監査委員になる取締役を選出するという二段階の手続きを経ることになる。後者の場合、手続的な問題がある。私見としては、今後監査委員会を設置する場合には、株主総会で取締役を選任する際に、取締役候補者を「監査委員でない取締役」と「監査委員である取締役」に分けて、それぞれの類型ごとに選任することを提案する。複数の委員会を設置しようとする会社においては、選任の効率性から、取締役選任の際に候補者（監査委員会取締役候補者、指名委員会取締役候補者、リスク管理委員会取締役候補者等）について、更なる類型化をすべきか否かを検討する必要がある。

二つ目は、取締役会決議で選任されるパターンである。すなわち、株主総会決議で取締役を選任し取締役会を構成した後、取締役会に各委員会の委員を選任してもらう。このパターンは、株主総会決議で取締役を選任する際に候補者の種類を特定する必要がなく、選任手続がわかりやすくなるメリットがある。日本では、取締役会の各委員会の委員は、取締役会の決議によって取締役の中から選任される[25]。中国では、上場会社の特別委員会の構成は、取締役会が決定しており、株主総会が決定することではない。「上海証券取引所上場会社における取締役会の監査委員会の運営に関する指針」（上証発〔2013〕22号）には、取締役会は取締役の中から委員3名以上を選任し、監査委員会を構成する

25）日本会社法第400条。

ことが明記されている[26]。特別委員会の位置付けにつき、取締役会内部の職務分掌として理解するならば、特別委員会は取締役会自身が決定すべきものであると解される。しかし、監査委員会が監査役会に代わる監督機関として位置づけられるのであれば、取締役会が監査委員会の構成を決定すると、「監督される側が監督する側を選任する」という問題が生じ、その結果、監督する側が有効に監督権を行使することは期待し難くなる。

　三つ目は、従業員らによって民主的に選任されるパターンである。従業員代表が監査委員を務める場合、当該監査委員は従業員全体によって民主的に選出されるべきであると解釈しうる。しかし、このように選出された従業員たる監査委員は取締役でもあるため、前述のような株主総会決議で取締役を選任する際の問題が生じる。すなわち、従業員らは従業員たる取締役を選出する際、監査委員でない取締役か監査委員である取締役かを明確に特定する必要があるのか、それとも指定する権限を有するか。もし従業員らが取締役候補者の類型を指定する権限を有するのであれば、従業員たる取締役を選任する際、株主総会決議で取締役を選任する際と同様にそれぞれの類型の候補者を特定する必要があることは間違いない。もし従業員大会にそのような権限がないのであれば、選任された従業員たる取締役は、取締役会決議と株主総会決議のいずれにおいて決定されるべきかという問題が生じる。株主総会決議で決められるのであれば、監査委員が従業員大会で民主的に選出される以上、従業員たる取締役の選任は株主総会の権限ではないことになる一方、取締役会決議で決められるのであれば、「監督される側が監督する側を選任する」という問題が再出する。なお、新会社法の株主総会の権限に関する規定では、株主総会は「取締役と監査役の選任・解任、取締役及び監査役の報酬に関する事項を決定する権限」を有すると明確に定められているが、旧会社法（2018年）では、株主総会は「従業員代表でない取締役と監査役の選任・解任、取締役及び監査役の報酬に関する事項を決定する権限」を有すると規定されている。つまり、従業員代表たる取締役が選任されるのは株主総会ではない。これらの条文を新会社法第68条、第76条、第130条と合わせて理解すれば、取締役会や監査役会における「従業

---

26)「上海証券取引所上場会社取締役会監査委員会の運営に関する指針」（上証発〔2013〕22号）第7条。

員代表は、従業員代表大会、従業員総会その他の形式を通じて、会社の従業員らによって民主的に選出される」と解釈することができる。もちろん、新会社法は、従業員ではない者が従業員代表になれるか、例えば、従業員代表大会や従業員総会決議で従業員でない弁護士や会計士を従業員代表に選出した上で、さらにこれらの者を監査委員会の委員に選任することができるかについては明確に制限されていない。筆者は、従業員の利益を保護するために、誰が従業員たる取締役を務めるべきか、従業員でない者から選出される必要があるかは、従業員たる取締役の選任機関に委ねるべきであると考える。

　監査委員会を含む上場会社の特別委員会委員の選任に係る慣行に照らせば、今後、非上場会社の監査委員会委員は取締役会決議で選任するパターンを取っていく可能性がある。すなわち、株主総会や従業員総会で取締役を選出し、取締役会を構成した後、取締役会は各取締役の能力やスキルに応じて各特別委員会を組成する。但し、「監督される側が監督する側を選任する」という問題を生じさせないように、特別委員会を設定する以上、取締役会が特別委員会の委員の権限行使を制限することはできないと解すべきであろう。特に、取締役会は、特別委員会の構成を変更したり、監査委員会を含め特別委員会の権限行使に意図的に制約をかけたりすることはできない。委員の権限行使が制限された場合、委員が求められる救済手段や株主総会で異議を申し立てることができるかについては、実務上の紛争を避けるために、定款を通じて事前に取り決めを行うことが望ましい。さらに、株主総会決議で取締役を選任した時や、従業員大会などで従業員代表取締役を選任する場合、選任された者が「株主」であるか「従業員」であるかに拘らずに、その人が取締役として最も有効に権限行使を行うことができるかのみに焦点を当てるべきである。もっとも、裁判所はこの見解に反対しているように見える。例えば、上海宝祥保冷有限公司対上海長翔保冷物流有限公司の判決において、上海宝山区人民法院と上海市第二中級人民法院は、有限責任会社の監査役会における従業員代表監査役は、会社の従業員としての地位を有しなければならず、その選任は旧会社法（2018年）第51条に定められた選任手続きや従業員代表の割合の規定に従わなければならないとした。そして、当該会社の株主総会において従業員代表監査役の選任決議がなされた場合、選任された監査役が従業員でなくなったとき、または選任手続も

しくは従業員代表の割合が旧会社法（2018年）第51条に反したときは、当該部分の決議は無効とするとした[27]。

4　監査委員会の権限と位置付け

コモン・ローの国々では、コーポレート・ガバナンスに関して「一層制」のモニタリングモデルをとっているため、取締役会に設置される監査委員会が監督機関として機能する。これは、取締役会の監督機能が拡張した結果であると考えられる。すなわち、取締役の権限であった業務執行権が経営陣に委ねられ、取締役会が経営陣の監督に専念するようになったということを意味する。アメリカにおける初期の制定法では、会社業務は取締役会が行うものとすると規定することが一般的であった[28]。例えば、米国デラウェア州会社法141条は、すべての会社の業務及び日常業務は、取締役会が、または取締役会の指示の下に行うものとする。米国モデル事業会社法第8.01条(b)は、会社のあらゆる権限は、取締役会により、又は取締役会の授権の下に行使されるものとし、会社の業務及び日常業務は、取締役会の指示の下に行われるものとする[29]。米国法律協会（American Law Institute）発行の『コーポレート・ガバナンスの原則：分析と提言』3.01条は、以下のように実務の状況を示している。上場会社の業務執行は、取締役会により任命された主要経営責任者により、またはその監督下で行われ、取締役会または前述の行政管理機関が3.02条に定められた取締役会の権限に従って任命する他の経営責任者または従業員により行使されるものとする[30]。これは、取締役会が有していた管理権限が経営陣に委ねられ、取締役会が経営陣を監督することに専念することを意味する。そして、上記の流れに従い、監査委員会の機能は変容し、監督機能のみを果たすようになった。それゆえ、「会社取締役規範」においては、「取締役が事業を経営することが期待され

27）上海宝翔保冷有限会社と上海長翔保冷物流有限会社の株主総会決議の有効性の確認に関する事件（最高人民法院公報2019年11号）。

28）アメリカ法律協会著、楼建波ほか訳『コーポレート・ガバナンスの原則：分析と提言（第1巻）』（法律出版社、2000年）97頁。

29）アメリカ法律協会著、楼建波ほか訳・前掲28）97頁。

30）アメリカ法律協会著、楼建波ほか訳・前掲28）97頁。

ないことは一般に受け入れられている。たとえ制定法において会社の事業と日常業務の運営は取締役会が『行う』べきであると定めていたとしても、真の管理権を有するのは経営陣であると認識されている。取締役会の権限は、この事業運営について経営陣を監督することにとどまる……重要なのは、取締役が投資家の立場から会社の事業と日常業務の管理を誠実かつ公正に監督することである」と述べられる[31]。また、ビジネス・ラウンドテーブルの声明書においても、「社外取締役、いわゆる非常勤取締役で構成される取締役会に日常業務を行ってもらうことは明らかに困難である。取締役会は、日常的に会社を効果的に管理することはできないが、会社の財務状況の監督に関して重要な役割を果たし、そしてその責任を負うことが期待できる。会社の財務状況を監督するためには、主要な事業部門の損失やキャッシュフローを含めた会社財務の現状把握と将来予測を継続的に行うことが望まれる。」と述べられている[32]。取締役会の機能は、徐々に業務執行から監督機能へと変わりつつあった。取締役会と経営陣の関係において、取締役会は独立して監督機能を果たすようになり、同時に会社の経営陣には、従来は取締役会が有していた職務執行権限が与えられるようになった。この意味において、取締役会の機能が変化するにつれて、会社の監督体制に関しては、英米法系と大陸法系は収斂していった。コモンロー諸国の取締役会は、大陸法系の諸国の監査役会のような存在になりつつあり、経営陣は、大陸法系の諸国の取締役会のように法定経営権を行使するようになりつつある。このように、監督機関の独立性という点では、両法系は同じ方向に向かっている。なお、コモンロー諸国では、取締役の中から監査委員会を設置することを通じて経営陣に対する監督を行うのに対し、大陸法系の諸国では監査役会の設置を通じて取締役会及び経営陣に対する監督を行う。このような背景から、コモンロー諸国では取締役会の業務執行機能が重視されなくなった一方で、監督機能がますます強調されてきた。例えば、取締役会の基本機能として、(1)最高経営責任者の選任と定期的な評価、必要と判断した時の解任、経営陣の報酬の決定、後継者計画の見直し、(2)会社の財務目標、主要戦略、経営計画の検討と適宜の承認、(3)経営陣への助言、(4)適切な取締役候補者の選定、

---

31) アメリカ法律協会著、楼建波ほか訳・前掲28) 97頁。
32) アメリカ法律協会著、楼建波ほか訳・前掲28) 97頁。

③ 監査委員会制度とその実施に関する問題点

(5)法令遵守体制の整備確認、という五つがあると主張されている。[33] 従って、取締役会は会社の運営について積極的に関与・指示しなくても、会社経営を監督し会社の主要事項に関する決定権を有する限り、現行法には違反しないと考えられる。米国ニュージャージー州最高裁判所は判決の中で、「取締役に日常業務を行う義務があるというより、むしろ会社の運営方針を全体的に把握する義務がある」と述べている[34]。この記述は、取締役会の業務執行権限が衰えていった過程を示している。コモンロー諸国における取締役会は大陸法系の監査役会に近づき、会社の業務執行権限が経営陣に与えられるようになった結果、両法系のコーポレートガバナンスの仕組みは似たものとなってきていると言える。それは、大陸法系がコモン・ローにおける一層制のモニタリング・モデルから学んだというよりも、むしろコモン・ローの諸国が大陸法系における独立性が高い二層制のコーポレートガバナンス体制から学んだのだといえよう。したがって、監査役会の廃止を主張し、監査委員会を擁護する学者は、「コモン・ロー諸国における監査委員会の経験」だけを意識しており、残念ながら「大陸法系諸国における『監査役会』の経験」を十分に理解していないと思われる。米国では、当初監査委員会が設置されるのは上場会社であった。監査委員会の設置は、州法によって義務付けられているものではなかった。2002年に成立したサーベンス・オクスリー法案において、上場会社の監査を規制し、上場会社の監査委員会の構成基準を定める独立した公開会社会計監視委員会（PCAOB）が設立された。ニューヨーク証券取引所（NYSE）は、上場会社に対して監査委員会の設置・維持を義務付けており、アメリカ証券取引所（AMEX）やナスダック電子証券取引所（Nasdaq）も監査委員会の設置の推奨・義務付けを行っている。現在では、上場会社における監査委員会の設置は一般的な慣行となっているといえる[35]。監査委員会を設置している会社では、監査委員会は主に会計監査を行う。例えば、米国では、すべての大規模公開会社は監査委員会を設置し、監査委員会に会計財務諸表作成手続や会社の内部統制システム、会社の外部監査人の独立性を定期的にチェックしてもらうという仕組

---

33) アメリカ法律協会著、楼建波ほか訳・前掲28）102～103頁。
34) Francis v. United Jersey Bank 87 N. J. 15, 432 A. 2 d 814 (1981).
35) アメリカ法律協会著、楼建波ほか訳・前掲28）121頁。

みになっている。このようにして、取締役会の監督機能が十分に果たされることが保証される。米国法律協会（American Law Institute）が採択した「コーポレート・ガバナンスの原則：分析と提言（Principles of Corporate Governance: Analyses and Recommendations）」の3 A. 03条では、監査委員会が果たすべき8つの機能は、基本的に外部監査人の選定、内部監査及び外部監査事項のチェック、財務会計報告の監査に関するものであるとされている[36]。これらの事項はすべて会社の会計監査事項である。以上の説明から、監査委員会は監査役会の「会計監査」のみを権限として有するため、監査役会の権限と比べると、その権限がかなり限定されていると思われる。監査委員会は監査役会のあらゆる権限を有しているわけでなく、会計監査機能の一部を果たすだけであることから、監査役会の下に設置されるべきであるという主張も理解できないわけではない[37]。

　新会社法によれば、有限責任会社と株式会社は、定款に基づき、取締役で構成される監査委員会を設置することができ、監査委員会に「監査役会の権限」を行使させることができる。この場合、監査役会または監査役は設置されない[38]。完全国有会社が、取締役会に取締役で構成される監査委員会を設置し、その監査委員会に同法に定める「監査役会の権限」を行使させる場合にも、監査役会または監査役は設置しない[39]。また、上場会社の定款には、法律や行政法規の規定に基づき、取締役会の特別委員会の構成や権限を定めなければなら

---

36) 監査委員会の権限は、(1)外部監査法人の選解任と当該監査法人が出した意見のチェック、(2)社外監査役報酬とその雇用期間と独立性のチェック、(3)上級内部監査責任者がいる場合は、その選解任、(4)社外監査役と取締役会、上級内部監査責任者（もし設置されれば）との間の会話を促進すること、(5)社外監査報告書の確認、監査報告書、関連する書類及びそれらに対して経営陣が提出した意見の審査、内部監査部が会社を全体として重要性のある報告またはその報告に対する意見の審査、(6)年度財務省表の審査、監査法人が提出した監査報告書における意見への対応、監査法人と経営陣との間に生じた紛争に対する対応、(7)外部の監査法人と内部の経営陣との会話を通じて会社の内部統制システムの整備についての判断、(8)外部の監査法人、主要経営責任者（存在すれば）が提出した会社の財務諸表を作成するための監査・会計基準、慣例に係る重大な変更及びその他の変更に対して判断すること、などが含まれるとしている。アメリカ法律協会著、楼建波ほか訳・前掲28) 134～135頁を参照。
37) 楊大可・前掲2) を参照。
38) 新会社法第69条、第121条。
39) 新会社法第176条。

ないと定められている[40]。また、上場会社が取締役会に監査役会を設置した場合、取締役会は、下記の事項につき決議する前に特別委員会において委員全体の過半数以上の賛成を得なければならない。(1)会社の財務諸表を監査する監査法人の選解任、(2)財務責任者の選解任、(3)財務報告及び会計報告の開示、(4)国務院証券監督管理機関が定めるその他の事項[41]。

　新会社法は、監査委員会の設置に関して「会社類型ごとに規制する」という立場をとっており、同法には権限の異なる2種類の監査委員会が存在する：第一に、監査役会に代わってその全ての権限を行使する監査委員会、第二に、監査役会を代行しない監査委員会である。詳細は以下の通りである。

　第一に、監査役会に代わってその全ての権限を行使する監査委員会についてである。有限責任会社や株式会社は、取締役会に監査役会に代わってその全ての権限を行使する監査委員会を設置することができる。この監査委員会が設置されれば、同時に監査役会や監査役を設置する必要はなくなり、監査委員会にそのまま監査役会の権限を行使させることができる。完全国有会社もこの監査委員会を設置することが認められる。完全国有企業ではない国有会社がどのように監査委員会を設置するかについて、新会社法に明示的な規定がないため、有限責任会社及び株式会社に関わる一般規定に準じて解釈するべきであると考えられる。ドイツにおいては、中国とは異なり、監査委員会は監査役会がその職務を遂行するために、必要に応じて設置されるものであり、監査役会の権限の一部を代行するものにすぎないと考えられている[42]。また、施天涛教授は、監査委員会を取締役会に設置するのではなく、監査委員会や財務検査委員会を監査役会に組み込むことで、監査役会の機能をより有効に発揮させることを提唱している[43]。

　このような監査委員会は監査役会と同じ権限を有する。ドイツの学界では、適切な監督は単なる監査に限定されるべきではなく、監査される対象に影響を与える能力が必要であると指摘されている。また、監査役会が適時かつ適切に

---

40) 新会社法第136条第2項。
41) 新会社法第137条。
42) ドイツ株式会社法第107条第3項。
43) 施天涛「監督委員会の機能を発揮させよう――監査役会の機能強化に関する考察」中国法律評論2020年3号。

取締役会の経営行動に介入せず、取締役会の業務を事後的に監督するだけであれば、監査役会はあまり役割を果たさない「マリオネット委員会」となってしまい、その存在意義は非常に疑わしいものとなる。[44] そのため、法律改正を通じて監査役会による取締役会への影響力は高められ、その権限も取締役会に対して質問することにまで拡大している。新会社法でも、監査役会の影響力が大幅に高められるようになった。新会社法の第78条、第79条第 2 項、第80条、第82条、第131条及び第132条に規定されている監査役会の権限は、監査委員会にも適用される。問題は、法律により監査役に与えている権限を監査委員会が行使できるかである。例えば、新会社法第79条第 1 項には、「監査役は、取締役会を傍聴し、取締役会の決議事項について質問し、又は勧告を行うことができる。」とあるが、この権限は監査委員会委員が一人でも行使できるのかが問題になる。法律上明らかではないが、監査委員会の職務を円滑に遂行するという観点からは、監査役に属する権限を「監査委員会委員」も行使することができると解するべきであろう。この解釈は、監査委員会が監査役会に代わって監督機能を果たす立法趣旨にも合致すると思われる。しかし、新会社法には、監査役会に代わって監査委員会が設置される会社において、監査役に属する権限を監査委員会委員が単独で行使することが明文で規定されていないという立法上のギャップがある。

　第二に、監査役会を代行しない監査委員会である。新会社法においては、監査役会と区別して独立して権限を行使する監査委員会も存在する。このような監査委員会は監査役会と並立して存在し、監査役会と共に会社に対する監督職務を行う。例えば、上場会社の監査委員会は監査役会を代行しない監査委員会である。新会社法では、上場会社の監査委員会は特殊な存在であり、一定の監督職務を行うものの、監査役会に代わって行動することは明文で規定されていない。また、新会社法には、上場会社の取締役会に監査委員会を設置する場合、上場会社以外の株式会社や有限責任会社に監査委員会を設置する場合のように、監査役会や監査役を置かなくてもよいという明確な規定もない。これらの規定の読み方については、二つの解釈がありうる。第一に、上場会社の監査

---

44) Wiethölter, Vgl., Interessen und Organisation der Aktiengesellschaft im americanischen and deutschen Recht, 1961. S.299 f. 楊大可・前掲 2 ）を参照。

委員会が監査役会の職務を代行することを法律が明文で定めていないため、上場会社には監査委員会の設置も強制されている。この場合、監査委員会と監査役会は併存することになり、旧会社法の「並行制」が継続する。さらに、新会社法における上場会社の組織機関についての定めにおいて、上場会社の監査委員会が監査役会の職務を代行するかどうかが定められていないため、監査委員会の権限の解釈については株式会社の一般規則を適用することになる。つまり、監査委員会を設置する場合、監査委員会が監査役会の職務を代行することになる。しかし、後者のように解釈すると、新会社法が、上場会社において監査委員会が定められる際に、なぜ一般の株式会社や有限責任会社の監査委員会とは異なるアプローチを採り、異なるルールを設けたのかが理解しがたい。この点は、立法機関や証券監督委員会などによりまだ説明されていない。少なくとも、現行法においては上場会社の監査委員会は強制的に設置される機関であるため、監査委員会と監査役会は監督機関として並行して存在することになる。将来的には、上場会社が監査役会を設置せず、監査委員会のみを設置する選択肢を採用することが可能であろうか。もし可能であれば、上場会社の監査委員会が監査役会の職務を代行することができるのか、または代行する必要があるのかについて、新会社法では明確にされていない。同法第136条は、「上場会社は独立取締役を置き、具体的な管理弁法は国務院証券監督管理機関がそれを定める。上場会社の定款には、本法第95条に定める事項のほか、法律と行政法規の規定により取締役会特別委員会の構成と権限並びに取締役、監査役、高級管理者の報酬と評価の仕組みを定めなければならない。」と規定している。上場会社の定款には、新会社法第95条に定める事項のほか、取締役会特別委員会の構成と権限、ならびに取締役、監査役、上級管理職の報酬と評価の仕組みを定めることが規定されている。新会社法第95条に定められた事項には、「監査役会の構成、権限及び議事規則」が含まれる。監査役会に関連する事項が上場会社の定款に記載しなければならない事項に該当するという意味であると解するのであれば、上場会社は監査役会を設置しなければならないと解釈される。上場会社に監査委員会が設置されている場合、監査委員会の権限は監査役会の権限とは異なるため、監査委員会の権限は上場会社ではない株式会社の監査委員会の権限とは異なるものとなるはずである。

確かに、現状における上場会社の監査委員会と監査役会の権限は全く同等ではない。新会社法は、上場会社の取締役会監査委員会が監査役会の権限を行使することを規定していないが、監査委員会の権限、特に会計監査に関する権限については特別な規定を設けている[45]。これらの権限は、基本的にコモン・ロー諸国における監査委員会に与えられる権限と同じである。例えば、コーポレート・ガバナンス・コードでは、監査委員会の主な職務として以下の五つが挙げられている：(1)外部監査業務の監督及び評価、並びに外部監査法人の選解任について勧告を行うこと、(2)内部監査業務の監督及び評価、並びに内部監査と外部監査との調整、(3)会社財務情報の監査及び開示、(4)会社内部統制システムの監督及び評価、(5)法令、定款及び取締役会に委ねられた他の事項[46]。また、「上海証券取引所上場会社取締役会監査委員会の運営に関する指針」（上証発〔2013〕22号）第13条には、監査委員会の職務として次のように規定されている：「監査委員会の職務には、(1)外部監査法人の業務の監督及び評価[47]、(2)内部監査の業務の指導[48]、(3)上場会社の財務報告書の監査とそれに対する意見の表明[49]、(4)内部統制の有効性の評価[50]、(5)経営陣、内部監査部門その他の関連部門と外部監査人とのコミュニケーション[51]、(6)会社の取締役会から委ねられ、または関連法令で規定されているその他の事項」。前述の規定をみると、監査委員会の権限は、コモン・ロー諸国の監査委員会の権限とほぼ同じであり、これは英米法から学んだ結果である。しかし、監査委員会の権限は、主に会計監査に重点を置いているのに対し、監査役会の権限には、会計監査だけでなく、業務執行や訴訟についての監督なども含まれる。その意味では、監査委員会の

45）新会社法第137条。
46）コーポレート・ガバナンス・コード［中国証券監督管理委員会公告（〔2018〕29号）］第39条。
47）「上海証券取引所上場会社取締役会監査委員会の運営に関する指針」（上証発〔2013〕22号）第14条。
48）「上海証券取引所上場会社取締役会監査委員会の運営に関する指針」（上証発〔2013〕22号）第15条。
49）「上海証券取引所上場会社取締役会監査委員会の運営に関する指針」（上証発〔2013〕22号）第16条。
50）「上海証券取引所上場会社取締役会監査委員会の運営に関する指針」（上証発〔2013〕22号）第17条。
51）「上海証券取引所上場会社取締役会監査委員会の運営に関する指針」（上証発〔2013〕22号）第18条。

職務は監査役会の職務よりもかなり狭い。

　今後、上場会社が監督体制を一つのみ設置することは可能だろうか。例えば、取締役会の中に監査役会の権限を行使する監査委員会を設置するのみとすることは可能か、あるいは監査委員会を設置せず、監査役会のみを設置することは可能であろうか。新会社法における上場会社の組織機関に関する規定から明確な結論を導くことはできない。しかし、学界では、上場会社は監査役会を設置する必要はないが、監査委員会を設置する必要があると主張する学者がいる[52]。もっとも、この主張に関して、新会社法には直接の根拠がないと思われる。私見としては、コーポレート・ガバナンスの第一の要素は、会社の意思自治であるため、上場会社であってもガバナンスのスタイルを選択することが認められるべきである。すなわち、上場会社が監査役会を設置せずに取締役会内に監査委員会のみを設置することを選択した場合は、肯定的に解釈するのが適当であろう。そのため、将来的には監査委員会が監査役会に代わって監督を行うことが求められるようになり、監査委員会の権限が会社の類型によって異なるという仕組みは採用されなくなるであろう。しかし、新会社法において上場会社の監督機関の設置については曖昧な点が多く、監査委員会が過度に強調され、監査役会とのバランスが崩れているのは明らかである。コーポレート・ガバナンスの歴史を見れば、監査委員会の登場は「監督機関の独立性」が求められるようになった結果に過ぎず、独立性の高い監督委員会に比べれば完全体ではなく、「発展途上」段階における機関にすぎないと考えられる。その完全体は、大陸法系に発展した監査役会のようなものである。したがって、監督機関間の競争を促進するために、立法者は監査委員会と監査役会に対してより中立的な立場を取っていくべきである[53]。

52）劉俊海「会社自治に基づく会社の監督体制の革新について——会社法改正案における『選択制』に関する評価」中国社会科学院大学研究紀要2023年4号。
53）劉俊海・前掲52）を参照。

5　監査委員会委員の業務執行権限──取締役会の業務決定に参加できるか

　その他の重要な問題に、監査委員会の委員が取締役である場合、その委員が取締役会に出席し、議決権を行使することができるか、またはその義務があるかという点がある。上場会社の取締役会に設置される特別委員会は、取締役で構成されるため、その委員は取締役会に出席し、取締役会の決議事項について議決権を有する。しかし、監査役会に代わって監督を行う監査委員会が設置された場合、監査委員会の委員が取締役会に出席し、議決権を行使できるかについては疑問の余地がある。

　コモン・ロー諸国において、取締役会の構成について法律で明確に定められないのが一般的であるが、例外も存在する。例えば、カナダの事業会社法第97条第2項やオンタリオ州の事業会社法第120条第2項では、公開会社には2名以上の社外取締役を置かなければならないと定めている。さらに、コモン・ロー諸国においても、設置される社外取締役の数は増加の傾向にある。[54] 例えば、1985年、米国の Korn Ferry 社が行った社外取締役の割合に係る調査によれば、社外取締役の平均人数は8名、社内取締役の平均人数は5名である。[55] 取締役会の構成については法律上明確に定められていないが、監査委員会については「経営に関与しておらず、委員として独立して判断を行うことを妨げるような関係を持たない取締役のみで構成される」ことが求められている。[56] ビジネス・ラウンドテーブルの声明書も、監査委員会が経営に関与していない取締役のみで構成されるべきという立場を示している。[57] それ以外に、ビジネス・ラウンドテーブルが出した「コーポレート・ガバナンスと米国の競争力」という報告や「会社役員規範」、「委員会概要報告書」にも同様の見解が示されている。アメリカにおいては、監査委員に対して独立性を要求することがコン

54）アメリカ法律協会著、楼建波ほか訳・前掲28）129～133頁。
55）Korn/Ferry, Board of Directors 5, 15 (1911)。アメリカ法律協会著、楼建波ほか訳・前掲28）132頁を参照。
56）アメリカ法律協会著、楼建波ほか訳・前掲28）120頁。
57）アメリカ法律協会著、楼建波ほか訳・前掲28）121頁。

センサスとなっている。大規模公開会社の取締役会においては、取締役の過半数が、その他の公開会社の取締役会では取締役のうち3名以上が、会社の経営陣と利害関係を持たない社外取締役であるべきとされている。小規模の上場会社においても、監査委員会は少なくとも取締役3名で構成される必要があり、これらの取締役は上場会社に勤めておらず、過去2年以内にも勤めたことがなく、かつ過半数以上が会社の経営陣と利害関係を持たないことが条件とされている。[58] 日本の会社法においても、委員会の委員は、委員会を設置する会社またはその子会社の業務執行役や業務執行取締役を兼ねてはならないと規定されている。[59]

これに対して、中国では、監査委員会が取締役会の業務決定に参加できるかについては、状況に応じて解釈や対応が必要である。

まず、監査役会に代わって監督を行う監査委員会の委員は、取締役会の業務決定に参加してはならない。監査委員会の委員が取締役会の権限も行使することになれば、その監督の実効性が損なわれる恐れがあるため、監査委員は取締役会の業務執行から隔離され、独立性を維持し、取締役会の業務決定に関与しないようにしなければならない。そうでなければ、以下の権限を適切に行使することが困難となる。第一に、監査委員会は、法律に基づき、取締役の職務執行を監督し、法律、行政法規、定款または株主総会の決議に違反した取締役の解任を提言しなければならないと規定されている。[60] 監査委員である取締役が取締役会の決議に加わる場合、自らの職務遂行上の行動をどのように監督できるのかが問題となる。第二に、監査委員自身が関与した決議が法令、行政規則、定款、または株主総会の決議に反した場合、どのように自身の解任を提言するのか。また、これらの権限は、利害関係のない他の監査委員に行使してもらうべきであるか。さらに、取締役が会社の利益を害した場合、監査役会にはその行為を是正する義務があるが、監査委員が取締役会の業務決定に参加し、その決議が会社の利益を害する場合、監査委員はどのように是正できるのか、最後に他の利害関係のない監査委員に上記の権限を行使してもらうべきか、と

---

58) アメリカ法律協会著、楼建波ほか訳・前掲28) 128頁、134頁。
59) 日本会社法第400条第4項。
60) 新会社法第78条。

87

いった疑問が生じる。第三に、法律では、監査役会は会社の利益を害する取締役に対して提訴できると規定されているが[61]、かかる提訴権限も行使しにくい。株主が取締役に対して代表訴訟を提起する場合、提訴の前置手続はどのように始まるか。監査委員が取締役会の経営決定に関与し、その取締役会決議が会社の利益を害した場合、監査委員会はその監査委員でもある取締役に対してどのように訴訟を提起するのか。株主が代表訴訟を提起する場合、監査委員会に対してどのように訴訟提起を請求するのか。また、監査委員会の全員が決議に参加し、賛成票を投じ、その決議が会社の利益を害した場合、前置手続は免除されるべきであるか。新会社法は、監査委員会の導入にあたり、株主代表訴訟の前置手続につき対応していない。コモン・ローの国々では、株主からの訴訟提起の請求があった場合、特別訴訟委員会を設置するのが一般的である。特別訴訟委員会が、訴訟を提起するかどうかを判断するのである[62]。このようにして、監査委員が業務執行に関与することによる利益相反を回避することができ、代表訴訟を提起するかどうかを判断することができる。第四に、監査役会は取締役に対して職務執行の報告を求めることができると規定されている。取締役は報告を請求されたときに、監査役会に適切な報告を提出しなければならない。監査委員が取締役として業務執行に関与している場合、監査委員会はどのように職務執行報告を求めることができるのか。また、どのように業務執行の監督を行うのか。業務執行に関与している監査委員は監督業務から回避すべきか。もし回避すべきなのであれば、取締役全員が監督義務から回避することとなるはずである。このとき、監査委員会は監督権限をどのように行使するのだろうか。

　監査委員が監査役会に代わって監督を行う場合、監査委員である取締役が取締役会の意思決定にも参加することで、実際に監督する側と監督される側の間に利益相反が生じ、監査委員会が監査役会に代わって有効な監督を行うことができなくなる。内部監査であれ外部監査であれ、効果的な監査は独立した立場

61）新会社法（2023年）第78条。
62）しかし、この仕組みは実際にはあまり利用されておらず、一部の学者は、特別委員会は取締役に対する株主による訴権行使の妨害になる恐れがあると指摘している。ロベルタ・ロマーノ編、羅培新訳・前掲３）291~292頁。

から行われなければならない[63]。新会社法においても、取締役が同時に監査役を兼任することはできないと規定されている[64]。したがって、監査委員会が監査役会の権限を行使して取締役を監督する場合、論理的には「取締役は監査委員会の委員を兼ねることはできない」。そうでなければ、「監督される側が監督委員を兼ねる」ことになり、新会社法の規定と抵触する。かかる抵触を避けるためには、監査委員である取締役を、業務執行取締役と区別するべきである。原則として監査委員会を設置する場合、監査委員である取締役は取締役会の業務執行に関与してはならない。このようにして、業務執行取締役と非業務執行取締役を区別する。監査委員である取締役は非業務執行取締役とし、取締役会に参加することはできるが、業務執行を行わず、取締役会の業務執行に関して議決権を行使しないとする一方で、監査委員である取締役は取締役会に出席するのではなく、業務執行を監督するために、傍聴の形で参加し、議決権を行使しないとするべきである。新会社法には、監査委員である取締役がどのように取締役会に参加し、どのように取締役として権利を行使するかについて、取締役を区別した上での規律は設けられていない。これは、コモン・ロー諸国の制度を学んだ際に、形式だけを学び本質を理解せず、制度全般の導入ができなかった結果である。

　新会社法第121条第2項は、監査委員会の委員の過半数が、取締役以外のその他の職務を兼任してはならず、かつ、会社との間に自らの独立・客観的判断に影響する恐れがある、いかなる関係も存在してはならないことを強調する。この規定は、「米国コーポレート・ガバナンス原則：分析と提言」の3A.01条と3A.02条の影響を受けている可能性があるが、その規定自体にも問題がある。米国では、監査委員会は会社の取締役ではなく経営陣を監督するために設けられている。そのため、監査委員会委員が経営陣と「利害関係」を持つかどうかが重視される。一方、中国では、監査委員会は監査役会に代わって取締役と経営陣の両方を監督する義務を負うため、監査委員会委員は取締役及び経営陣と利害関係を有してはならず、独立性が求められている。しかし、「監査委

---

63) Kathryn Hollingsworth, Fidelma White & Ian Harden, Audit, Accountability and Independence: Role of Audit Commission, Vol.18, p. 78 (1998).
64) 新会社法第76条第4項、第130条第4項。

員会委員の半数以上が取締役以外のその他の職務を兼任してはならない」という規定は、残りの「半数未満」の取締役は他の役職を兼任することができると解釈される可能性がある。この場合、残りの取締役が監査委員を兼任した場合、会社の業務執行に関与すると同時に、会社の業務執行を監督することになる結果、「監督される側が自分を監督する」というジレンマが生じる。さらに、新会社法121条2項にいう「会社との間に自らの独立・客観的判断に影響する恐れがある、いかなる関係」とは一体何を意味するかについても疑問が残る。第一に、会社の業務執行に関与することがここにいう「関係」に該当するかどうかである。第二に、ここにいう「関係」を有してはいけないのが全ての監査委員か、それとも監査委員の過半数に限られるのかも条文では明確でない。「業務執行関係」が上記の「関係」に該当するのであれば、監査委員が会社の取締役会の業務執行に関与してはならないと解すべきであろう。すなわち、監査委員全員が会社の業務執行に関与してはならないことになる。しかし、この解釈は明らかに条文の文言に反している。なぜなら、新会社法第121条第2項の文言からは、監査委員会の「過半数」が「会社との間に自らの独立・客観的判断に影響する恐れがある、いかなる関係」も有してはならず、残りの部分は業務執行に関与することが禁止されていないと理解される。しかし、この解釈は前述の「業務執行」の解釈と抵触する。すなわち、すべての監査委員に独立性を要求するのではなく、一部の監査委員にのみ業務執行を禁止し、独立性を要求する理由はどこに求められるのであろうか。さらに、監査委員には会社の業務に参加する従業員代表が含まれるため、解釈上別の問題も生じる。すなわち、監査役会の場合、監査役が取締役及び執行役を兼任することを禁止することで、監査役会と監査対象者との分離を図り、監督の実効性を確保している。これに対して、監査委員全員が業務執行に関与できないのであれば、なぜ取締役としての地位を維持する必要があるのか、完全に独立した監督機関の方が合理的で効果的ではないのかといった問題が生じる。これらの問題が生じる点において、監査役会とは全く異なる。

また、監査役会の権限の一部しか行使しない監査委員会も、実際には会社の業務執行に深く関与している。例えば、上場会社で監査委員を務める取締役が、取締役会の意思決定や業務執行に関与すること自体は禁じられていない。

独立取締役であっても、上場会社の取締役会に出席し、取締役会の業務決定に議決権を有するほか、特定の取引についても議決権が与えられる。このような会社においては、監査委員会が監査役会の代わりとして機能せず、取締役会の意思決定に深く関与していることがわかる。監査役会を設置している上場会社では、上場会社の監督体制の運営に影響を与えないが、あくまで上場会社の取締役会の中に、会計監査を行う別個の機関が設置されるに過ぎない。このような上場会社においては、監査委員会は、監査役会の全ての権限を行使するのではなく、会計監査のみを行う。この場合の監査委員たる取締役（独立取締役を含む）が取締役会の業務執行の意思決定に参加しても、監査役会によって監督されるため、支障が生じることはないと思われる。しかし、上場会社が監査役会を設置せず、監査役会の権限を代行する取締役会監査委員会のみを設置することを選択した場合、「監督される側が監督者を兼ねる」という問題は再び浮上する可能性がある。

　以上の問題意識から、新会社法において、監査委員でもある取締役が取締役会の意思決定に参加できるかどうかを明確にする必要がある。監督の実効性を確保するためには、監査委員である取締役が業務執行に関与することは原則として禁止されるべきであり、新会社法第121条をさらに改正する必要がある。すなわち、第121条において、取締役が監査委員になる場合、業務執行への関与を一切禁じるとともに、この規律は有限責任会社にも適用されるものとするべきである。もちろん、従業員代表が監査委員になった場合、会社の業務執行から離れなければならないのかについてはまだ議論の余地がある。この点については、従業員が管理職ではなく通常の業務に従事し、業務執行権限を持たないのであれば、別に従業員に従事する業務から離れさせる必要はないと解釈すべきであろう。なぜなら、監査委員会が監督する業務執行とは、基本的に取締役や執行役といった高級管理職による業務執行であり、会社の従業員の「業務執行」は含まれていないと考えられるからである。これが「コーポレート・ガバナンス」と「企業経営」の違いといえる。

6 監査委員会が誰に対して責任を負うか

新会社法には、取締役会の監査委員会が誰に対して責任を負うのかという重要な問題についても多くの不明点が存在する。この点に関しては、株主総会に対する責任を負うパターンと、取締役会に対する責任を負うパターンが考えられる。

まず、株主総会に対して責任を負うパターンである。監査役会の職務を代行する取締役会監査委員会は、監査役会の代替として位置付けられているため、監査役会の義務を負うと考えられる。新会社法第59条に、株主総会は「監査役会の報告を審議し、承認する」と定められている。この条文から、監査役会の代わりに監査を行う取締役会監査委員会は、株主総会に報告を提出し、株主総会に対して責任を負うと解される。そうであれば、同条は「株主総会の権限」に関して「監査役会の報告を審議し、承認する」から「監査役会または監査委員会の報告を審議し、承認する」に改正すべきである。かかる改正により、株主総会が「取締役会の報告を審議し、承認する」とされている部分につき、取締役会の下に置かれる監査委員会が取締役会に対して監査報告を提出し、取締役会がその監査報告を株主総会に提出するべき点を明確にすることができる。取締役が監査委員会の報告を株主総会に提出する解釈の余地を残すのであれば、監督される側が監査報告を提出するという構造的な問題が再び生じる。したがって、新会社法の適用と解釈は、以上の問題が生じないような方向で行われるべきである。

次に、取締役会に対する責任を負うパターンである。監査役会を代行しない監査委員会は、監査役会の代替として位置付けられておらず、会計監査のみを行う。このような監査委員会は取締役会に対して責任を負うと解すべきであろう。上場会社で監査委員会が設置されている場合、取締役会監査委員会は株主総会に直接報告するのではなく、取締役会に報告するのがほとんどである。例えば、コーポレート・ガバナンス・コード第38条は、「上場会社の取締役会は、監査委員会を設置しなければならず、必要に応じて、戦略、指名、報酬及び評価等の関連する特別委員会を設置することができる。特別委員会は取締役

会に対して責任を負い、定款及び取締役会に委ねられた職務を遂行するものとする。特別委員会は取締役会に対して提案を提出し、その提案を取締役会で審議するものとする」と規定している。また、「上海証券取引所上場会社取締役会監査委員会の運営に関する指針」（上証発〔2013〕22号）第3条は、監査委員会は取締役会の下に設置された特別委員会であり、取締役会に対して責任を負い、監査報告を提出すると規定している。同指針の第19条は、監査委員会はその職務を果たすために必要と考える措置について勧告を行わなければならないと規定している。第29条は、監査委員会の審議事項は書面をもって取締役会に提出しなければならないと規定している。これらの規定から、上場会社の監査委員会は取締役会に対して責任を負い、その業務執行状況について報告することがわかる。

　上記の2つのパターンが併存することになったのは、監査委員会制度を導入する際に、その仕組みを体系的に検討しなかったことが原因である。上場会社の場合、監査役会を維持しながら独立取締役制度も導入したため、監査委員会を取り入れた初期の段階では二重監査体制が存在するのは不自然ではない。とはいえ、新会社法の場合、監査委員会を監査役会の代替として導入しようとしたものの、上場会社の制度や関連制度との接点を十分に考慮しなかったため、このような二重監督体制となってしまったわけである。今後、上場会社の取締役会における監査委員会がどのように発展していくのか、強制型を採用するのか、選択型を採用するのかは、実務の状況を見ながら制度を整えていく必要がある。

7　おわりに

　コーポレート・ガバナンスの重要な特徴は、それが所在国の法制度、特に所有権、支配権、または監督スタイルと密接に関連しており、国によって異なる点である。したがって、グローバル化が進み、コーポレート・ガバナンスは同じ方向に発展しているものの、そのスピードや程度は所在国の状況に影響されるため、国によって異なる可能性がある。効率性の観点から見ると、一国の制度はさまざまな関連制度と密接に結びついているため、世界の潮流に追従して

コーポレート・ガバナンスの仕組みを変更しようとすると、企業の価値や国際的競争力を低下させる可能性が高い。また、現在のコーポレート・ガバナンスの仕組みにはレントシーキングという問題が存在し、レントを得られる者がこの仕組みを維持するインセンティブを持つと言える[65]。本稿では、まず新会社法が選択型でコモン・ロー諸国の監査委員会制度を部分的に導入する一方で、中国の上場会社にすでに導入されている取締役会監査委員会制度との一貫性を十分に考慮しなかったため、監査役会に代わって監督を行う監査委員会と、監査役会とは独立して会計監査を行う監督委員会という「二つの監査委員会」が並存することになった点を指摘した。この状況が「一時的な不調和」であるのか「持続的な制度的取り決め」であるのかについて、立法者の立場は明確ではない。しかし、現行の仕組みは、間違いなく監査委員会設置の方法や、委員の選任、権限行使、業務執行などの面で衝突が生じている。これは、我が国の会社の内部統制システムに不確実性をもたらす一方で、立法側の躊躇も反映している。現行法では、立法側は監査委員会がより優れた監督機関であるという前提のもとで監査委員会制度を導入しているが、監査委員の選任、業務執行権限、独立性などに関する多くの問題が十分に検討されていない。その結果、新会社法に導入された監査委員会制度は中途半端なものとなってしまった。新会社法の施行に際して、「二つの監査委員会」が立法機関によって意図的に設計されたのかについて、さらに議論が必要である。意図的に設置したのでないならば、監査役会の権限の一部しか行使しない上場会社の監査委員会は、どのように監査役会に代わって監督を行う監査委員会へと移行するかが問題になる。さらに、「二つの監査委員会」を並存させることが立法側の意図であるならば、将来的にはどのように両者の違いを明確にし、調整していくのかも考慮する必要がある。また、なぜ上場会社が別扱いされ、機能が重複する複数の監督機関が設置されるのかについても、さらなる検討が望まれている。

　歴史的な観点から見ると、コーポレート・ガバナンスの仕組みに関して、コモン・ロー諸国の「一層制」と大陸法系諸国の「二層制」が常に競り合っており、勝敗がすでに決しているわけではない。「一層制」を採用すると、監督さ

65）ジェフリー・エン・ゴードンほか著、羅培新他訳・前掲7）32〜33頁。

れる側と監督側が同じ場で職務を遂行でき、最高経営責任者（CEO）の行動を間近で監督しやすくなるが、一定の限界も存在する。すなわち、取締役会はその構成員の独立性を常に求めるが、独立性が過度に求められると、会社の業務について十分な情報を得ることが難しくなる。「厳しい監督を受けると、最高経営責任者は独立取締役に対して、どの情報を伝え、どの情報を伝えないかを慎重に考えなければならなくなる」[66]。そうなれば、情報不足のために監督機能が十分に果たせなくなるおそれがある。これが「一層制」の構造的な問題である。「二層制」は、監督する側と監督される側を異なる立場に置くため、構造的には独立性が高く、また、監査役が取締役会に参加する限り、経営陣を近くで監督することもできる。したがって、監査役会の方が監督機関としてより適切かつ効率的に機能する可能性が高い。経済協力開発機構（OECD）のデータによれば、一層制を採用している国が最も多い（19か国・地域）が、二層制を採用している国も決して少なくはない（10か国・地域）。さらに、一層制と二層制の選択権を与え、中間的な監督体制を採用する国も増えている。EUにおける会社（Societas Europaea, SE）の展開を考慮すると、合計で12か国・地域がその中間的な体制を採用している。加えて、イタリア、日本、ポルトガルには他のバリエーションも存在する[67]。

　ここ数十年、アメリカの企業は他の大陸法系の国々に比べてパフォーマンスが良いように見えてきたが、それがコーポレート・ガバナンスの違いによるものとは一概には言えない。各国の経済状況は、政治、経済、文化、国際関係、さらには軍事力や国の元首など、様々な要因によって左右されるため、コーポレート・ガバナンスの仕組みと経済状況との間に直接的な因果関係はない。一層制のアメリカでも、二層制のドイツやフランスでも、また「選択制」の日本でも、成功した企業と失敗した企業が存在する。つまり、一層制が優れているという軽率な前提に基づいて法改正を行い、その制度を包括的に導入することが実効性を持つかどうかは今後の検討課題となる。いずれにせよ、一層制と二層制を全体として包括的に導入するのであれば、最優先の課題は関連制度との

66）ロベルタ・ロマーノ編、羅培新訳・前掲3）244頁。
67）OECD2017 Corporate Governance Facebook, p. 93, 101-105. ジェフリー・エン・ゴードンほか著、羅培新他訳・前掲7）47頁。

調整である。新会社法における監査委員会制度はまだ未完成であり、これを我が国において効果的かつ円滑に機能させるためには、体系的な調整が必要である。コーポレート・ガバナンスの仕組みについて、世界中の国々は互いに学び合っている。大陸法系の国々がコモン・ローの制度から学ぶことはよくあることで、特に近年の日本や韓国の改革にはその印象が強い。コモン・ローの国々が取締役会監査委員会や独立取締役の導入を進めているのは、ドイツから学んでいるためであると言える。つまり、もともと設置されていなかった監督機関が徐々に独立性を持つようになり、大陸法系の制度に近づいていると言える。監査委員会は、コモン・ロー諸国における取締役会の職務分掌の産物であり、取締役会が業務執行を監督する監督者と業務執行に専念する経営陣に分かれた結果[68]、取締役会の監督機能が重要視されるようになり、最終的にはこの取締役会が大陸法系の監査役会と同等の存在となり、経営陣が大陸法系の取締役の職務を担うことになる。これは別の意味でのコーポレート・ガバナンスの収斂である。「なぜ過度に独立性が求められると取締役会の実効性が損なわれるのかというと、これは取締役が積極的に監督を行うほど、他の業務に対して積極的に関与することが期待できなくなるからである。」と懸念する学者もいる[69]。

　要するに、コーポレート・ガバナンスとは、当事者の自由な交渉や経験の結果である。政治や経済・文化などがコーポレート・ガバナンスの形態に影響を与えるため、どのようなコーポレート・ガバナンスの仕組みを採用するかは、基本的に投資者自身が決定すべきである。立法機関による介入は、私的自治が機能しない場合や公益に反する場合などに限定されるべきである。監査委員会制度を導入するのであれば、監査委員の選任、権限行使、独立性など、制度全体を整備する必要がある。現行法上の監査委員会が実質的には「未熟な」監査役会であり、あるいは「独立性が足りない」初期段階の監査役会に過ぎない。監査委員会制度の変遷は、会社監督機関が業務執行機関と独立して発展してきたことを示している。また、独立性の重要性も見られる。我が国にとって、どのような監督体制が相応しいかは、会社自身で判断する方がより望ましいと思われる。しいて立法で規律するとしたら、監査委員会よりも独立監査役会を設

68）ロベルタ・ロマーノ編、羅培新訳・前掲3）245頁。
69）ロベルタ・ロマーノ編、羅培新訳・前掲3）245頁。

置するとした方が実効的に監督が行えるだろうというのが私見である。

4 法人格否認の制度変遷と将来の展望

葛偉軍

1	はじめに
2	法人格否認の法理の立法の進展
3	逃避の原則と隠蔽の原則の区別
4	逆方向の法人格否認の存廃
5	規則の評価と将来の展望
6	おわりに

1 はじめに

　法人格否認とは、特定の状況下において法律または裁判所が取ることのできる措置を指す。法律は通常、会社の独立した人格と株主の有限責任を保護するが、特定の状況下において、会社の法人格を維持し続けることが債権者の利益を違法に侵害し、あるいは法の正義と公正に影響を及ぼす場合、会社の法人格を否認し、株主または経営者が会社の債務について直接責任を負うようにすることができる。その意味は完全には明確ではなく、このような責任は会社の独立した人格を無視するものではなく、むしろ会社責任の上に個人責任を負わせるものであると主張する学者もいる[1]。

　2005年会社法（以下「旧会社法」という）の第20条は、法人格否認の法理を導入したものと解される。2019年の最高裁判所の「民商事裁判に関する全国裁判所会議事録」（以下「九民会議議事録」という）の第二部分（会社紛争事件の

---

1) Sealy, L S (1996), Cases and Materials in Company Law (6th ed), Butterworths, p 55.

審理に関するもの）の第10条から第13条は、法人格否認についてさらに具体的な解釈を与えており、このような事件の審理を裁判所にとって大きな指導的なものとする意義がある。2023年会社法（以下「新会社法」という）の第23条は、法人格否認の適用範囲を拡大した。法人格否認の法理は、これまでに会社法の研究者によって注目され、多数の文献が形成されている[2]。しかしながら、このような問題、すなわちこの規則が中国の立法の進化、逆方向の法人格否認の存廃、及びこの規則の将来的な発展に関してもたらす課題は、依然として進んで検討される価値がある。

2　法人格否認の法理の立法の進展

⑴　立法の状況

1994年、最高裁判所の「企業による他企業の経営中止・閉鎖後の民事責任問題に関する回答」では、法人格の否認を最低資本金の要件と関連づけ、株主が実際に払い込んだ出資金が法律で定める最低資本金の要件を満たしていることを法人格否認の条件とした。株主が実際に出資した金額が最低資本要件を満たしているが登記資本額を下回る場合、株主は差額の責任を負うだけであるが、株主が実際に出資した金額が最低資本要件を下回る場合、会社の法人格は否認され、その民事責任は株主が負うことになる[3]。この規定は非常に厳格で

2）朱慈蘊「企業法人格否認の法理と企業の社会責任」法学研究1998年第5号、孟勤国＝張素華「企業法人格否認の理論と株主の有限責任」中国法学2004年第3号、金剣鋒「企業法人格否認の理論及びその中国における実践」中国法学2005年第2号、朱慈蘊「我が国の＜会社法＞における企業の法人格否認ルールの確立すべきである」法律適用2005年第3号、鄭永寛「法人格権否定論」現代法学2005年第3号、劉俊海「企業の法人格否認の制度の司法実践への適用に関する研究」法律適用2011年第8号、黄輝「中国の企業法人格否認制度の実証研究」法学研究2012年第1号、高旭軍『企業法人格否認の制度』における『法人格否認』について」比較法研究2012年第6号、胡改蓉『『資本顕著不足』状況下の企業法人格否認の制度の適用」法学評論2015年第3号、薛波「企業法人格否認の制度の『入典』の正当性疑問──兼ねて『民法総則』の『法人章』の立法技術を評価する」法律科学2018年第4号。

3）その回答書によると、第一に、企業が設立した他の企業が企業法人の営業許可を取得し、実際企業法人条件を備えている場合、企業の法人格は否認されない。第二に、企業によって運営される他の企業が企業法人の営業許可を受け、企業に実際に投資された自己資金

不公平であると考えられる[4]。その後、最低資本金規制が撤廃されたことで、この制度は自然と廃止されたことになった。

2003年に最高裁が発表した「企業改編に関連する民事紛争の審理に関する若干の問題についての規定」（「企業改編司法解釈」）第35条に基づくと、企業の株式取得による支配を実現する場合、被支配企業の債務は依然として被支配企業が負担するものとされる。しかしながら、支配会社が資本金を抜き取ったり、債務を逃れたりして、被支配会社が債務を返済できなくなった場合、被支配会社の債務は支配会社が負担する必要がある。この条文の適用条件は、会社の独立性の濫用や株主の有限責任には触れず、単に会社と支配会社の間の資金のやり取りに関連している。行為上は資本金を抜き取ったり、債務を逃れたりすることに限定され、結果として会社が債務を返済できなくなる場合、その債務は支配会社が負担する。

前述規定は、2011年の最高裁判所による「中華人民共和国会社法の適用に関する若干の問題についての規定（三）」（以下「会社法司法解釈三」という）の第14条により改正された。株主が出資金を不正回収する場合、会社の債権者は、出資金が不正回収された株主に対し、出資金及び利息の範囲内で会社の債務が清算されない部分について補充責任を負うよう要求することができるとされた。また、他の株主、取締役、高級管理職、または実質的な支配者が出資金の不正回収に協力した場合、連帯責任を負うことになるとされた。これにより、株主は出資金を不正回収した場合でも、直接的に会社の債務を負わず、出

が登録された資金に一致しないが、法律上の最低限度額に達しており、企業法人の他の条件を有している場合、その企業の法人格は否認されない。債権者にとって、企業は、自己資金と登録された資金との差額を負担しなければならない。第三に、企業が企業法人として営業許可を受けたが、自己資金を投資していない場合、自己資金を法定最低限度額まで投資した場合、または企業法人のその他の条件を有していない場合、法人格を有していないとみなされ、その民事責任は、企業を開始した企業法人が負担する。

4）最低資本金要件が3万ドルで、会社の登録資本金が5万ドルだとする。株主が実際に29,000元を支払った場合、法人格を否認しなければならず、実際に31,000元を支払った場合、否認されることはなく、株主は残りの19,000元を支払うだけでよいが、株主が実際に2,000元しか支払わない2種類の状況は、全く異なる結末を導くことになる。前者の株主は、会社の債務について連帯責任を負わなければならず、引受金額の範囲をはるかに超える責任を負う可能性があるのに対し、後者の株主は は有限責任によって保護されています。この例では、実際の出資額の差は数ドルの範囲でも縮められるのに、株主は全く異なる結果を負担させられる、この合理性は何なのだろうか。

資金及び利息の範囲内での補充責任のみを負うことになる。

旧会社法第20条第3項は、会社の法人格の独立性及び株主の有限責任を濫用して債務を免れ、会社の債権者の利益を著しく害した株主は、連帯して会社の債務について責任を負うと規定している。学者の指摘によると、会社法人制度は資本市場の発展を促進するが、実際には、会社の独立した人格と株主の有限責任を悪用する株主が実に多く、例えば、ペーパーカンパニーの設立、会社の資本金の不足、会社のリスクの外部化などの問題がある。このような現象は、債権者の利益を損ない、会社、株主、債権者の間のバランスを崩すものであり、法人格否認の法理の導入により、この不均衡を是正することができる[5]。

法人格否認の訴訟においては、原告の範囲は会社の債権者に限定され、被告は会社及びその株主である。原告が勝訴するためには、以下の点を証明する必要がある。すなわち、⑴株主が会社法人の独立地位と株主の有限責任を濫用し、債務を回避した行為を行ったこと、⑵債権者の利益が通常の損害ではなく、重大な損害を受けたこと、⑶株主の濫用行為と債権者の損害との間に合理的な因果関係が存在することである[6]。一人有限会社の法人格否認の法理は、旧会社法第63条に規定されており、一人有限会社の株主は、会社の財産が株主自身の財産から独立していることを証明できない場合、会社の債務について連帯して責任を負うという立証責任の転換を採用している。

2019年の最高裁の「九民会議議事録」は、さらに、法人格否認の法理は会社の独立した人格の例外に過ぎないことを明確にした。この規則を濫用し、会社の独立した人格を安易に否定すべきではないが、そのうえで、使用と不使用の関係を均衡させ、必要な場合に使用すべきである。この法理は、会社の独立した人格を完全に否定するものではなく、あくまで個別の場面においてのみ否定するものである。「九民会議議事録」には合計四つの条項があり、そのうちの三つは人格の混同、過度の支配・統制、資本不足などの具体的な「濫用」の類型について、一つは訴訟当事者の地位に関連している。

5）朱慈蘊「我が国の＜会社法＞における企業の法人格否認ルールの確立すべきである」法律適用2005年第3号11-13頁。

6）劉俊海「企業の法人格否認の制度の司法実践への適用に関する研究」法律適用2011年第8号17頁。

101

(2)　三つのレベル

　法人格否認の法理の内容については、三つの異なるレベルの解釈がある。第一に、株主またはその他の者が会社の債務に対して個人的に責任を負うことを意味する。他の者とは、実質的な支配者、取締役、監督者、従業員、その他あらゆる者である。個人責任には、連帯責任と補充責任がある。

　第二に、順方向の否認と逆方向の否認といった状況が含まれ、原告は会社の債権者に限定されず、株主の債権者も法人格否認を請求することができるが、法人格否認の理由は最も狭義の解釈と同様であり、主に会社が債務を回避するための道具として利用されているというものである。

　第三に、最も狭義の解釈は、旧会社法第20条第3項に基づき、原告は会社の債権者に限定され、被告は株主であり、適用条件は会社法人の独立地位と株主の有限責任を濫用し、会社の債権者の利益を厳重に損なうことであり、その結果、当該株主は会社の債務を連帯して負うことになる。

　最も狭義の解釈に従えば、法人格否認の法理は他の類似の制度と区別されるべきである。株主が会社の債務に対して個人的に責任を負う状況は、必ずしも法人格否認に包まれている状況ではなく、他の状況であることの方が多い。

　まず、例えば担保、代理、信託といった法制度的な取決めについて、その適用される効果は法人格否認の法理に類似しているにもかかわらず、その特徴、運営機能、責任の性質といった点で全く異なる。担保の場合、株主は会社の債務について債権者に担保を提供する。株主は担保人であり、会社が債権者に債務を返済しない場合、株主は担保に基づいて会社の債権者に対して責任を負うべきである。代理の場合、会社は株主の代理人であり、会社の行動の結果は代理人が負担すべきであり、外部に債務がある場合、それは会社の債務ではなく、株主の債務である[7]。信託の場合、会社は資産を株主に譲渡し、株主は受託者として、会社またはその指定した受益者の利益のために資産を管理する。資産運用の結果発生した債務について、受託者である株主が責任を負う。

7）区別しなければ、代理を法人格否認の一つと混同してしまいがちである。例えば、石静遐「親会社の債務超過子会社に対する債務責任──『法人格否認の法理』理論に関する一考察」法学評論1998年第3号54-55頁。

また、株主が会社の債務に対し連帯責任または補充責任を負う場合は、必ずしも法人格否認の適用場面でない。

第一に、法人格否認と株主が債権者に対する補充責任（「会社法司法解釈三」第13条及び第14条）は[8]、二つの異なる性質の責任である。

一つ目は、責任を負う主体が異なることである。前者は主に積極的な株主であり、実際に出資を行ったかどうかにかかわらず、消極的な株主は含まれない。後者は主に出資義務を履行していない、または全面的に履行していない株主であり、または出資金を不正回収した株主、出資金の不正回収を助けた株主を指す。当該株主は会社を支配しているかどうか、大株主であるかどうかを問わない。二つ目は、適用条件が異なることである。前者は主に独立した地位と有限責任を濫用し、債権者に重大な損害を与えた場合を指し（その意味は不明）、後者は主に出資義務を履行せず、または完全に履行せず、かつ会社の債務が弁済できない場合[9]、または出資金を不正回収した場合、または出資金の不正回収を協力した場合を指す。三つ目は、責任の性質が異なることである。前者は会社の債務に連帯して責任を負うものであり、後者は出資の本金及び利息を支払わない範囲内、または出資の本金及び利息を不正回収した範囲内で会社の債務が弁済できない部分に対して補充責任を負うものである。したがって、前者の責任範囲はより広く、その本質は株主の有限責任の否定であり、株主は払込範囲を超える責任を負う可能性があるといえる。

第二に、清算義務者としての株主の会社債権者に対する責任は、法人格否認ではない。清算義務者の責任は、具体的な行動の表現とその結果の重大さに応

8）「会社法司法解釈三」の第18条は、株主による会社の債権者に対する補充責任を扱っている。この条文によれば、有限会社の株主が出資義務を履行せず、または完全に履行することなく持分を譲渡し、譲受人がそのことを知り、または知るべきであった場合、会社の債権者は、未履行の出資義務に係る元利金の限度で株主の責任を追及し、同時に譲受人の連帯責任を追及するよう請求することができる。

9）第一に、補充責任の本質的な特徴は、主責任者が負う責任の不十分さを補充することであること、第二に、利益の衡量を通じて、会社と株主が責任の優先順位と判断できること、第三に、これは、例えば、一般保証人の先訴の抗弁権など、中国における長年の立法慣行と一致していること、第4に、多くの地方規範的見解も同様であることから、弁済できない場合、株主の先訴の抗弁権を通じて判断する必要がある。したがって、弁済できない場合とは、強制執行の申請後、会社が確かに弁済できないと理解すべきである。梁上上「無資本株主の会社債権者に対する補充責任」中外法学2015年第3号658-660頁参照。

じて、生じた損害の範囲内で会社の債務に対し責任を負う場合もあれば、会社の債務に対し連帯責任を負う場合もある（「会社法司法解釈二」第18条から第20条まで）。清算義務者の積極的または消極的な行動は、清算責任と清算賠償責任という二つの性質の責任を生じさせる可能性があり、清算賠償責任は財産的責任であるのに対し、清算責任は行動的責任である。清算義務者は、清算義務の不履行が会社に財産的損害を与えていない場合には、清算賠償責任を負わない。この点は、利益パターンにおいて法人格否認と異なるものであり、清算義務人の連帯責任の法理的根拠は法人格の否認にあるとはいえない[10]。

第三に、株主は責任を負うが、法人格否認の法理に該当しない他の場合もある。例えば、旧会社法第22条によれば、会社が解散した場合、出資金を支払っていない株主、及び会社設立時の他の株主または発起人は、未払い出資金の限度で会社の債務について連帯賠償責任を負う。「会社法司法解釈三」第5条によると、発起人が会社設立の責務を履行することによって他人に損害を与えた場合、会社が設立されないとき、被害者は全ての発起人に対し連帯賠償責任を求めることができる。

また、法人格否認と混同されやすい状況がいくつもあり、選別する必要がある。

第一に、衡平的観点からの債権劣後（Equitable Subordination）原則である。この原則によれば、支配株主の会社に対する債権は、会社の他の株主及び普通債権者の債権の後に弁済されるべきである[11]。支配株主は支配地位を利用して自らを会社の担保債権者に変え、他の株主や一般債権者よりも優越的な債権者の地位を獲得しようとする。このような状況を回避し、公正と正義を維持する

---

10) 高永週「清算義務者の連帯責任の法理——最高裁指導事例第9号の検討」中南大学研究（社会科学版）第20巻第5号130-131頁。

11) 沙港会社対開天会社による分配計画執行の異議（最高裁が2015年に公表した典型的な4つの事件のうちの一つ）は、債権劣後原則を参考にした中国初の事例と見なされている。この事件の当事者間の主要な争点は、出資不実な株主が会社外部の債権者に対する出資不実の責任を負い、その責任に基づき資金が差し押さえられた後、その株主が会社に対する債権と外部債権者との間で差し押さえられた資金の分配を請求できるかどうかである。出資不実な問題の株主が会社に対する債権と外部債権者との間で同等の弁済順位にあると認めると、それは会社外部の債権者にとって不公平な結果をもたらし、また出資不実な株主に対して会社法が科す法的責任に矛盾する。したがって、この事件では、出資不実な株主が同等の弁済順位で受け取る主張は最終的に否定された。

ために、債権劣後原則が発展した。この原則は、「衡平」を先に考慮し、「劣後」を後に置く。つまり、まず支配株主の不公平な行為の有無を検討し、その後、一般債権者に劣後して債権の弁済を受けることにした。これにより、支配株主が債権者の利益を損なうことを効果的に抑制できる[12]。しかし、会社の債権者が債権劣後原則を利用して弁済順位を変更し、不利な結果を回避することができるが、これは支配株主が会社の債務に直接責任を負うこととは根本的に異なる。債権劣後原則は、本質的には会社の債権の弁済順位に関するものであり、会社のヴィークルを利用して債務を逃れる問題にかかわらない。この原則は、その債権の存在を否定するものではなく、法人格否認に関する徹底度という点において、依然として一定の保留が付されている[13]。

　第二に、詐害的譲渡/取消権である。中国の民法典は債権者の取消権を規定し、企業破産法は破産取消権を規定している。アメリカの統一詐害的譲渡法は、詐害を事実的詐害と推定的詐害の二つに分類している。事実的詐害については、債務者の主観的意図を検討し、債務者の第三者に財産を譲渡する目的が債権者を故意に詐害することである場合、債権者は裁判所にその取引の取消を請求することができる。推定的詐害については、債務者が故意に詐害の意図があるかどうかを検討せず、譲渡により債務者の財産が実質的に減少した場合や、債務者が財産の譲渡に対して合理的な対価を受け取っていない場合、債務者が詐害を行ったと推定され、債権者は裁判所にその取引の取消を請求することができる[14]。取引が取り消された場合、第三者は債務者に対して譲渡された財産を返還しなければならない。債務者が会社であり、株主が第三者である場

---

12) 胡田野「会社資本制度変更後の債権者保護の道」法律適用2014年第7号38頁。
13) 朱慈蘊「親子会社における会社法人格否認の法理の適用」法学1998年第5号45-46頁。
14) アメリカ法において、債務者の詐害的譲渡は、純粋/事実的詐害と推定的詐害に分類される。純粋/事実的詐害は、債務者が財産を譲渡したり義務を負ったりする際に、債務者が実際に債権者を妨害、遅延、詐害する意図を持っている場合を指す。推定的詐害は、債務者の主観的な詐害の意図を考慮せず、次の二つの状況がある場合に適用される。(1)債務者が特定の業務や取引を行うか、行おうとするとき、その残余資産が（その業務や取引に関連して）著しく減少することが不合理である場合、(2)債務者が（債務の弁済時に）支払能力を超える債務を故意に生じさせるか、または当該債務の発生が合理的な証拠がある場合には、債務者が財産の譲渡や義務の引き受けに対して合理的かつ相当な対価を受け取らなかったとき、詐害的譲渡と推定される。王海明「アメリカ＜統一欺詐の転譲法＞一瞥及びその借鑑」環球法律評論2007年第2号77-78頁。

合、会社から株主への財産譲渡は故意の詐害または擬制の詐害とみなされる可能性がある。会社の債権者によって取り消された場合、株主は受け取った財産を会社に返還する必要がある。これは法人格否認の適用場面でない。

3 逃避の原則と隠蔽の原則の区別

(1) 法人格否認と会社の正義の関係

英国において、大型と分散的な会社を体系的に分析した最初の判例は、Adams v Cape Industries plc[15]事件であり、裁判所は、法人格の否認は故意かつ不誠実な目的のためにのみ認められ、正義の理由だけでは否認することができないと判示した。

会社正義は、正義と会社法の具体的な制度との間の架け橋であり、会社法を立法する際に従うべき指針であり、会社法を解釈する際の基礎であり、裁判官が司法実務において利害関係者の行動を評価する際の基準である。会社正義は、会社法の分野において、様々な具体的な法規定の中に分解された基本原則として示されている。会社正義と会社自治などの原則は、会社法の領域において相互に均衡を取り、会社法の目標を達成するために、各種の原則の衝突を均衡させることによって機能する[16]。それゆえ、会社正義は会社法の規則における正義理論の具現化であり、従来の会社法の理念に一定の修正を加えることができる。それは会社法の固有の規則として発展するか、または会社法の一般的な規則の例外として現れることがあり、そのような役割を果たす。

法人格否認の法理は、会社正義の表れの一つである[17]。株主の有限責任と会社の独立人格は、会社のベールを構成する。株主と債権者の間には法律関係はないが、利害関係はある。すなわち、株主は何らかの手段によって債権者の権利実現に影響を与えることができる。株主が会社から利益を得る場合、有限責任を濫用して会社債権者の利益を害すれば、株主は出資額の範囲内でのみ責任

---

15) ［1990］Ch 433.
16) 梁上上「企業の正義について」現代法学2017年第 1 号59-60頁。
17) 金剣鋒「企業法人格否認の理論及びその中国における実践」中国法学2005年第 2 号117頁。

を負うことになり、株主の権利と責任のバランスが明らかに崩れ、不公平が生じる。法人格否認の法理は、有限責任を効果的に規制・抑制し、有限責任によってもたらされる弊害を調整することができる[18]。会社は営利を目的とする法人であり、会社法が会社の権利と義務を定める際には、株主の投資意欲の促進と債権者の権益の保護との間のバランスを考慮すべきであり、これは会社正義の内容に属する。法人格否認は、実体的正義の原則を体現するものである[19]。これは事後的な規制手段である。法人格否認の法理と実体法は互いに補完し合うため、どちらか一方の法律を適用するだけでは達成できない効果が得られる[20]。例えば、株主が会社を操る際に大規模な侵害が発生した場合、製品責任法や権利侵害法と連携して、当該株主に適切な責任を負わせることができ、公平な正義の価値目標を達成することができる。

会社の正義は、法人格否認で実現できるが、会社の正義は、法人格否認の判断基準として安易に用いることはできない。会社正義の視点・立場は重要である。異なる視点に立てば、会社正義の理解も異なる。例えば、会社自身、利害関係者、規制当局、仲介者、裁判所・仲裁機構など、それぞれの立場から会社正義の解釈が異なることがある。

⑵　二つの原則の区別

法人格否認の法理の根拠は、主に権利濫用の概念にある。これは市民法から発展したルールであり、濫用、詐欺、不正行為、法的義務逃れの場合に、法人格否認の法理を認めている。英国法にはこのような一般的な原則がない。しかし、同じ効果を持ついくつかの具体的な原則がある。その一つは、法律は、大多数の人々が取引において誠実であるという大前提に基づいて、その間の法的関係を定義するという原則である。もし誠実でなければ、同じ関係は適用されない。この原則は次のように述べられている。この国のいかなる裁判所も、詐欺的行為から利益を得ることを認めない。詐欺によって得られたとしても、その存在が認められない判決や命令は存在しない。詐欺はすべての事項を破壊す

---

18) 汤春来「企業正義の制度的認証と革新」法学2003年第 3 号89-91頁。
19) 梁上上「企業の正義について」現代法学2017年第 1 号60-62頁。
20) 朱慈蘊「企業法人格否認の法理と企業の社会責任」法学研究1998年第 5 号86頁。

る。裁判所は詐欺を主張する際は慎重であるべきであり、それが明確に要求され、かつ証明された場合にのみ、裁定、契約、及びすべての取引を無効にする[21]。

Ben Hashem v. Al Shayif 事件[22] において、家事部の Munby 裁判官は六つの原則を示した。①会社の所有権や支配は、法人格否認の法理を正当化するのに十分ではない。②裁判所は、たとえ会社における第三者の利益が欠けていたとしても、正義がそれを要求していると考えるだけでは法人格否認はできない。③会社の法人格は、何らかの違法行為があった場合に否認することができる。④不正行為は、「責任を回避または隠蔽するために会社組織を利用したことに関連する」ものでなければならない。⑤法人格否認の法理を正当化するためには、「不正行為者による会社の支配と、不正行為を隠蔽するための道具または仮面として会社を利用した不適切な行為」がなければならない。⑥会社は、当初はいかなる詐欺的な目的とは無関係であったとしても、関連する取引の時点で詐欺的な目的のために利用されていれば、「仮面」となりうる[23]。

Petrodel Resources Ltd v Pres[24] 事件は、法人格否認に関する近年で最も重要な英国法判例とされている。この事件では、夫婦が離婚し、妻が財産分割を求めた。夫の実質的な支配下にある会社名義で登記された既存の不動産が多数あった。妻は、法人格否認の法理により、その不動産は夫の所有物とみなされ、夫婦の共同所有となると主張し、分割を求めた。裁判所は最終的に妻の主張を退け、財産は夫を受益者とする信託の中に存在し、妻は法人格否認の法理を主張することはできないが、信託における夫の受益権の分割を主張することはできるとした。

Sumption 裁判官は上記の重要な判例で、二つの原則、すなわち隠蔽の原則と逃避の原則を区別した。隠蔽の原則は、法的には平凡であり、法人格否認に全く関係しない。実際の行為者の身元を隠すために、一つまたは複数の会社が介入されても、会社は実際の行為者を識別することができ、彼らの身元が法的

---

21) Lazarus Estates Ltd v Beasley［1956］1QB 702, 712 per Denning LJ.
22) ［2009］1 FLR 115.
23) ［2009］1 FLR 115, paras 159-164.
24) Petrodel Resources Ltd v Prest［2013］2 AC 415.

に関連していると仮定される。これらのケースでは、裁判所は「法人格」を否認するのではなく、単にその背後にある事実、つまり会社の構造が隠されているかを探る。一方、逃避の原則は異なる。会社の支配者が法的権利を持ち、その権利が会社の参加とは独立して存在し、かつ会社が介入されている場合、会社の独立した法人格がその権利を無効にするか、またはその執行を阻害する場合、裁判所は法人格を否認することができる。多くのケースはこの二つのカテゴリーに分類されるが、両者間の違いが重要となる場合もある[25]。

Sumption 裁判官は、過去数十年にわたる法人格否認の重要な判例を分析し、次のように指摘している。「私は、次のような状況では、英国法の限定原則が適用されると考えている。すなわち、ある者が既存の法的義務または責任を負い、または既存の法的制約に制約されており、その者が支配する会社の介入によって、その義務または責任または制約を故意に回避し、またはその執行を故意に妨害する場合である。このような場合、裁判所は、会社またはその支配者が会社の独立した法人格を通じて得ることができる利点を剥奪するためにのみ、法人格を否認することができる。この原則は、限定原則として正当に表現される可能性がある。その理由については、ほぼすべてのテストを満たすケースにおいて、事実が実際に会社とその支配者の間の法的関係を露呈し、その関係により法人格否認の必要性がないことが明らかになるからである。私は、法人格否認の必要性がない場合、法人格否認は適切ではないと考えている。なぜなら、その基礎には緊急の公共政策が存在せず、法人格否認が合理的であることを証明する必要がないからである。」[26]。

25）Petrodel Resources Ltd v Prest [2013] 2AC 415, 484 per Sumption LJ. 二つの原則に関するさらなる議論については、Rian Matthews (2013), Clarification of the Doctrine of Piercing the Corporate Veil, 28(12) J.I.B.L.R. 516; Edwin C. Mujih (2016), Piercing the Corporate Veil as a Remedy of Last Resort After Prest v Petrodel Resources Ltd: Inching Towards Abolition?, 37(2) Com. Law. 39; Edwin C. Mujih (2017), Piercing the Corporate Veil: Where is the Reverse Gear?, 133(Apr) L. Q. R. 322; Gregory Allan (2018), To Pierce or Not to Pierce? A Doctrinal Reappraisal of Judicial Responses to Improper Exploitation of the Corporate Form, 7 J. B. L. 559; Hamiisi Junior Nsubuga (2020), The Road to Prest v Petrodel: An Analysis of the UK Judicial Approach to the Corporate Veil - Part 2 : Post Prest, 31(11) I.C.C.L.R. 597. を参照。

26）Petrodel Resources Ltd v Prest [2013] 2 AC 415, 488 per Sumption LJ.

⑶　二つの原則の適用──事業環境白書を例に

　世界銀行の「グローバル事業環境白書」における複数の指標の中で、「一般
投資家の保護」の指標は、情報開示の度合い、企業の透明性の指標、取締役の
責任の指標、株主の権利の指標、訴訟容易性の指標、所有権と経営支配の指標
など六つの下位指標を評価することにより、一般投資家の権益の保護の程度を
測定するものである。この指標では、中国の2020年の世界ランキングは28位
で、スコアは72点（100点満点）であり、そのうち低いのは、取締役の責任指
数４点（10点満点）、訴訟容易性指数５点（10点満点）である。その他の各項目
では、情報開示の度合いが10点満点で最も良く、次いで株主の権利指数が５
点（６点満点）、所有権と支配指数が６点（７点満点）、企業の透明性指数が６
点（７点満点）と、いずれも満点より１点低い[27]。

　事業環境白書のケースデザインによると、ジェームズは買い手と売り手の両
方を支配し、両社の大株主であるとした。原告は買い手の会社の他の株主／少
数株主であり、被告はジェームズ、買い手の会社の総経理、及び取引を承認し
た取締役である。具体的な取引は、買い手が資産の10％をもって、売り手の
トラック一式を、市場価格を上回る価格で購入するというものである。売り手
が資産を安い価格で買い手に譲渡し、その資産が買い手とその背後にいる大株
主に渡ることになれば、売り手の債権者に不利益をもたらす偽装配当となる可
能性がある。また、この例では、買い手の売り手に対する過払い金は、買い手
の会社の他の株主の権利を害する買い手から売り手への資産の流れを構成する。

　取締役の責任指標に関しては、二つの判断基準がある。一つ目は、少数株主
が取締役を提訴する能力があり、利害関係のある取締役が関連取引に対して責
任を負うことができる。そして、二つ目は、利用可能な法的救済措置（損害賠
償、利益返還、取締役の資格剥奪、取引の取消し）である。中国にとって、減点

27）2019年10月24日、世界銀行は「グローバル事業環境白書（2020）」を発表した。中国のビ
　ジネス環境の世界ランキングは、前年の46位から31位に上昇し、世界トップ40に入り、二
　年連続で事業環境の最適化で最も改善した世界のトップ10に含まれた。また、契約執行で
　５位、倒産処理で51位（前年より10位上昇）、一般投資家保護で28位（過去五年間の順位は
　それぞれ132位、134位、123位、119位、64位）となった。

されたのは、①他の株主が他の取締役に損害賠償責任を負わせることができるかどうか、②他の株主が勝訴した場合、ジェームズが買い手の会社に損失を賠償する必要があるか、③他の株主が勝訴した場合、ジェームズの取締役資格が剥奪されるかどうか、④他の株主が勝訴した場合、裁判所が取引を取り消すことができるかどうかという四箇所である。この場合、他の株主、すなわち少数株主は、大株主であるジェームズと売り手が買い手に財産を返還したり、買い手の損失を補償したりできるように、法人格否認を主張できるであろうか？法人格否認の法理は、会社の債権者が訴える場合にのみ適用され、会社の株主は除外されるため、現行の枠組みでは少数株主は主張することができない。

　ジェームズは買い手の会社に損失を賠償すべきである。ジェームズは最終的に利益を受け取り、買い手の会社のためにそれを保有した人物とみなされるべきであり、それに応じて利益を返還する義務がある。子会社間の利益の移転、低価格による譲渡、または高価格による購入は、その背後にある支配株主への偽装配当に該当する可能性がある。ジェームズの行動は買い手の利益を侵害した。

　現行の会社法の規定を置き去りにして、法理上、法人格を否認してジェームズと買い手の会社を同一の者とみなすことはできるか。法人格否認の法理を適用する場合、ジェームズは単に支配権を持っているだけでは不十分であり、詐欺、過度の支配、または混同などの要素を満たさなければならない。すなわち、買い手の会社の設立がジェームズの債務を逃れるために行われたとみなされる場合にのみ、法人格を否認することができる（逃避の原則）。しかし、本事例では、明らかに買い手の会社の設立にはそのような目的がない。ジェームズは単に支配地位を利用して、買い手の会社の資産を自身の手に移した。したがって、法人格否認の必要はなく、隠蔽の原則が適用され、ジェームズが得た利益を買い手の会社に返還するよう要求されればよい。

4 逆方向の法人格否認の存廃

(1) 学界の通説

　国内の学者たちは、一般的に、逆方向の法人格否認は、特定の状況において、株主の債権者が、株主の債務に対して会社に連帯責任を負わせることを指すものと考える。このような状況は通常、株主が意図的に「痩せた父（株主）、太った子（会社）」状況が形成する際に発生した。つまり、株主が法人格を濫用して責任を回避するために、自身の財産を故意に会社に移転した場合、裁判所はその会社に対し、株主の債権者に対して責任を負わせることができるが、それは株主から無償で受け取った財産に限定されるべきである[28]。

　逆方向の法人格否認と順方向の場合の違いは、責任の流れが異なる点にあり、株主の個人的債務を免れるために株主から会社へ財産を移転することを規制するものであり、法理自体には違いはない。逆方向の法人格否認の法理を適用することは厳格に制限されるべきであり、親会社の債権者を保護すると同時に、子会社の善意の債権者の正当な権利を害することはできない[29]。

　逆方向の法人格否認の法理の実質的な基準は利益の衡量である。逆方向の法人格否認の法理の適用によるプラスの効果が、会社の善意の株主及び第三者に対するマイナスの効果を上回るようにするためには、会社の債権者及びその他の関係者の利益を調整し、会社の債権者、善意の株主、株主の債権者の順に弁済を行うべきである。会社の財産は会社の債務を解決するために優先されるべきであり、逆方向の法人格否認は最終的な救済措置であるため、株主債権者は序列の最下位に位置する。善意の株主を救済するために、株式買取請求権を設定することによって、株主の利益を保護することができる[30]。

　逆方向の法人格否認の法理は、株主の債権者に提供される救済手段であり、

28）劉俊海「企業の法人格否認の制度の司法実践への適用に関する研究」法律適用2011年第8号22頁。

29）陳林＝賈宏斌「逆方向の法人格否認──会社法人格否認規定の拡大適用」人民の司法2010年第14号88頁。

30）杜麒麟「逆方向の法人格否認の制度構築と適用」法学評論2016年第6巻第6号168-170頁。

株主からの弁済を得られないことを前提としている。そのため、逆方向の法人格否認の法理における法的関係は、会社と株主の債権者の間の関係であり、これは株主の弁済責任が消滅することを意味するわけではない。株主と会社は引き続き連帯弁済責任を負うが、客観的には、株主が負担できない債務責任は会社が負担することになる[31]。

(2) 司法機関の態度

「企業再編に関する司法解釈」第6条は、企業がその財産の一部及びそれに対応する債務を持って、他人と新会社を設立する場合、債権者が債務の譲渡を認めたときは、新会社が民事責任を負担するものとし、又は債権者が通知されず、かつ債権者が債務の譲渡を認めないときは、元の企業が民事責任を負担するものと規定している。元の企業がその債務を弁済することができず、債権者がこれに関して新たに設立された会社に対して債権を主張する場合、新たに設立された会社は、元の企業と連帯して、受領した財産の範囲内で民事責任を負担する。第7条は、企業がその優良な財産を利用して他人と新会社を設立し、元の企業に債務を残した場合において、債権者が新会社と元の企業を共同被告として訴訟を提起して債権を主張するときは、新会社は、その受けた財産の範囲内において、元の企業と連帯して責任を負うと規定している。この二つの規定は、逆方向の法人格否認の法理の立法の原型であるといわれる。

『九民会議議事録』の意見募集稿には、逆方向の法人格否認の条項があった。意見募集稿第29条によると、旧会社法第20条第3項は、会社の株主が会社の債務について連帯責任を負う状況を規定している。裁判実務において、会社の株主が会社の法人としての独立的地位を濫用し、自己の債務を免れるために会社に資産を譲渡し、株主の債権者の利益を著しく害するという特別の状況があり、株主の債権者が会社に対して株主の債務について連帯責任を負うよう請求する場合、裁判所は旧会社法第20条第3項の規定に基づき、債権者の請求を支持することができる。しかし、その後に公布された正式稿では、この規定は削除された。

---

31) 林承鐸＝胡兵「外部人による逆方向の法人格否認の構成要素に関する研究」武漢理工大学紀要（社会科学編）2016年第5巻第5号920-921頁。

沈陽恵天熱電株式会社対沈陽市第二市政建設工程有限会社建設工事契約紛争
控訴事件（以下「恵天会社事件」[32]という）では、恵天会社は新東方会社の51％
の株式を所有していた。市立第二建設会社と恵天会社は、恵天会社を注文者、
市立第二建設公司を請負業者として、建築工事に関する複数の建設契約を締結
した。しかし、一部の契約書は恵天社が署名し、新東方会社が捺印した。双方
の意思確認の文書には、新東方会社が第二建設社に工事代金を支払う義務があ
るとも書かれていた。裁判所は、新東方会社と恵天会社は人事、経営管理、資
金面で人格が混同していたと判断した。本件では、契約の締結、履行、決済に
新東方会社の独立の意思表示が反映されておらず、同社の事業活動はすでに異
常な状態にあり、恵天会社との間で人事、経営管理、資金が混同していること
から、新東方会社の法人格が恵天会社の分身に変質していることが示された。
この事件は、一定の条件の下で、法律が会社と株主を一体として扱い、会社が
株主の債務に対して責任を負うことを意味する、逆方向の法人格否認の法理を
確認するものである。

　しかし、中国工商銀行撫順支店と撫順アルミ有限会社、撫順アルミ廠、撫順
新撫鉄有限会社との間の貸付契約紛争上告事件（以下「撫順アルミ廠事件」[33]と
いう）において、最高裁判所は、親会社は法律に従って責任を追及することが
でき、親会社が履行不能に陥った場合には、親会社の債務弁済のために子会社
の株式を評価し、競売等にかけることができるとして、逆方向の法人格否認の
法理を主張しない立場を明らかにした。親会社が債務を履行できない場合、執
行手続において、子会社の株式を親会社の債務返済のために換価・競売するこ
とができる。

　本件では、債務者である撫順アルミニウム工場は、債権者である撫順工商銀
行から8,510万人民元を借り入れた。債務者は、登録資本金5億元の全額出資
子会社であるアルミニウム会社を設立した。その後、債務者はアルミニウム会
社の全株式を5億元でチャルコに譲渡した。債権者は債務者への返済を求めて

32）遼寧省瀋陽市中級人民法院（2010年）瀋民二終字第264号民事判決書（「人民司法・事例」
　　2010年第14号）
33）呉慶宝『会社法に関する最高裁判所の指導判例権威評釈』（中国法律出版社、2010年）の
　　ケース18（逆方向の法人格否認の法理の適用可否）。

114

裁判所に提訴し、訴訟の過程でアルミニウム会社を被告に加え、ローンの返済について連帯責任を負うよう申請した。裁判所は、紛争の焦点は、アルミニウム会社設立のために5億元を拠出した撫順アルミニウム工場が、拠出者である撫順アルミニウム工場の債務に対して連帯責任を負うか否かであるとした。「企業再編司法解釈」第7条の新設会社と元の企業が連帯責任を負う法的根拠は、当事者が悪意を持って債務を回避することである。当該当事者が企業再編を利用して債務を回避したことを証明する十分な証拠がある場合にのみ、この規定を適用する。しかし、第7条は企業の通常の投資を制限するものではない。中国の全民所有制企業は、外部投資を行う権利を有する。企業が株式投資を行った後、元の企業の資産価値は減少せず、資本金も変化しないが、企業の財産の一部だけが元の形態を変え、新しく設立された会社における企業の株式保有という形で現れる。新会社における企業の株式は、企業の責任財産として、企業の他の財産と同様に、対外債務の返済に使用することができる。従って、企業が株式投資を行って出資した後、出資者に債務返済問題が発生した場合、訴訟において第7条に基づいて、新会社と出資企業を共同被告として連帯責任を負わせることはできない。

(3) 逆方向の法人格否認の法理の明確化

逆方向の法人格否認は二つのカテゴリーに分けられる。一つは内部者による逆方向の法人格否認であり、これは、支配株主または支配的地位を有する他の内部者が法人格否認を肯定することにより、会社の第三者に対する訴訟において内部者に有利な主張をすること、または内部者の財産に対して第三者が提起した訴訟において会社の財産を保護下に置くことを指す。もう一つは外部人による逆方向の法人格否認であり、これは、第三者が会社の内部者に対して法人格否認を主張し、会社の財産に対する権利を主張する訴訟を提起するものである。内部者による逆方向の法人格否認と外部人による逆方向の法人格否認の主な違いは、法人格否認を主張する主体の相対的な位置とその相手方である。内部者による逆方向の法人格否認では、支配的な地位にある会社の内部者が否認を主張し、第三者が反対する。一方、外部人による逆方向の法人格否認では、

第三者が否認を主張し、内部者や会社が反対する[34]。

　内部者による逆方向の否認を判断する際に、裁判所が考慮すべき要素には、以下のものが含まれる。①逆方向の否認を許可することによって、会社の債権者または債務者の合理的な期待を裏切る程度、または会社の債権者または債務者に不安を与える先例を確立する程度、②逆方向の否認によって受ける負の影響を受ける会社の債権者または債務者が、会社の独立した法的地位を合理的に信頼する程度、③逆方向の否認を許可することによって提供される（成文法及びコモン・ローで表現される）公共の便利の程度、④逆方向の否認による負の影響を受ける会社の債権者または債務者が行った不当な行為（があれば）の範囲と深刻さ、⑤逆方向の否認を求める当事者が（エクイティ的な救済を妨げるに足る）不当行為に個人的責任を負う可能性である[35]。

　外部人による逆方向の否認を判断する際に、裁判所が考慮すべき要素には、以下のものが含まれる。①逆方向の否認を許可することによって、（逆方向の否認を引き起こす内部者の行為に責任を負わない）任意の影響を受ける株主の合理的な期待を損なう程度、②法的主体性を否定し、逆方向の否認の訴えが対象の内部者に対する支配とコントロールの程度、③逆方向の否認を主張する人の主張する被害と、法的主体性を持つ会社が内部者に対する支配とコントロールに関連する程度、またはその人が内部者と会社の間の独立した地位に合理的に依存する程度、④逆方向の否認を許可することによって提供される（成文法及びコモン・ローで表現される）公共の便利の程度、⑤法的主体性を否定しようとする会社が実施した不当な行為（があれば）の範囲と深刻さ、⑥逆方向の否認を求める人自身が犯した（エクイティ的な救済を妨げるに足る）不当行為の可能性である[36]。

　株主の債権者が、株主の債務について会社の財産に責任を負わせるという主張の本質は、株主と会社の間の財産及び利益の移転にかかわる。会社が株主の

34）Gregory S. Crespi（1990）, The Reverse Pierce Doctrine: Applying Appropriate Standards, 16 J. Corp. L. 33, p 37.

35）Gregory S. Crespi（1990）, The Reverse Pierce Doctrine: Applying Appropriate Standards, 16 J. Corp. L. 33, pp 54-55.

36）Gregory S. Crespi（1990）, The Reverse Pierce Doctrine: Applying Appropriate Standards, 16 J. Corp. L. 33, p 68.

債務に対してどのような責任を負うかについては、異なる場面を区別する必要があるかもしれない。

　第一に、株主が正常な営業過程において、自らの財産を出資として対外的に投資し、会社の株式を取得する場合、理論上、株主は対価としてその会社の株式を取得したことになる。この対価は株主の責任財産に組み入れられ、株主はそれを自身の債務の弁済に使用することができる。株主と会社はそれぞれ独立した人格を有しており、株主の債権者が会社に対して直接その財産で株主の債務を弁済するよう要求することはできない。そうした場合、株主は出資を不正回収することになる。これは撫順アルミニウム工場事件の考え方でもある。

　第二に、株主が自らの財産を会社に譲渡する場合、それは株主と会社の間の取引であり、株式投資とは関係がない。この場合、その取引が善意であるかどうか、株主が取得した対価が合理的であるかどうかを検討する必要がある。もし株主が債権者を欺く悪意で会社に財産を譲渡した場合、あるいは合理的な対価を受け取らずに譲渡した場合、債権者の利益が損なわれることになるため、民法典の取消権の規定を適用すべきである。これは、アメリカ法における詐害的譲渡に類似しており、株主の債権者はその取引の取消しを求める権利を有し、会社は受け取った財産を株主に返還し、最終的に株主の債権者への弁済に用いられることになる。

　第三に、株主と会社の間で営業譲渡が発生した場合、すなわち株主が自らの営業を会社に譲渡した場合、状況は異なるであろうか。主観的な意味における営業は、営業活動を指し、客観的な意味における営業は、営業財産を指す。営業財産はさらに、積極財産と消極財産に分かれる[37]。営業譲渡における営業とは、営業活動における物、権利、技術秘密、営業上の信用、顧客関係などが一体となって有機的な全体を構成し、一定の営業目的を達成するためのものであり、財産の有機的な統合能力として組織化されたものである。営業譲渡が財産譲渡と異なるのは、後者が一般的な意味での資産の譲渡であり債務を含まないのに対し、前者は営業債務によって形成された財産を含む点である。営業譲渡における債務に対する司法上のアプローチは、「債務は目的物に付随する」原

---

37) 劉文科「ビジネス：商法における特別な対象」政法論壇2010年第5号145頁。

則を適用すること、すなわち、受け取った財産の範囲内で譲受人が引き受けることである。これは、譲渡人と譲受人が債務の移転について別段の合意をするか、譲受人が譲渡された商号を引き続き使用し、営業を継続しない限り、譲渡人は営業財産の譲渡により受領した対価を債務の弁済に充てることができ、譲受人に直接債務の負担を求めることはできないという私法の一般原則に違反するものと考えられている[38]。

第四に、株主と会社の間に、詐欺、過剰支配、混同など、正方向の法人格否認の様々な事情がある場合、株主の債権者は法人格否認を求めることができる可能性がある。法人格否認を行うべきかどうかを判断するで最も重要な要素は、株主の債務を回避するために会社が設立されたかどうかである。株主と会社の間に人格の混同がある場合（恵天会社事件のように）、または株主が株主の個人的または契約上の義務を回避するために会社を設立した場合、法人格を否認すべきであり、株主の債権者は、会社が株主から財産を受け取った程度にかかわらず、株主の財産から直接株主の債務を支払うよう会社に要求する権利を有することになる。

上記第二、第三の場合では、隠蔽の原則が適用され、法人格否認の必要はなく、会社は財産を株主に返還するだけで済む。一方、第四の場合では、回避原則が適用され、法人格否認の必要がある。このように、恵天会社事件は回避原則に基づいて法人格を否認し、外部人による逆方向の法人格否認に属す。一方、撫順アルミニウム工場事件では、隠蔽の原則が適用され、法人格否認の必要はない。

5　規則の評価と将来の展望

(1)　『九民会議議事録』の変化

『九民会議議事録』における、法人格否認の法理の解釈には、主に三つの特徴がある。まず、法人格否認の性質を明確にし、個別のケースで株主の有限責

38）王文勝「事業譲渡の定義と規制について」ジュリスト2012年第4号108-110頁。

任を否定することを示している。個別のケースでの否定は、他の取引や株主の有限責任を独立して阻止するものではない。有限責任の否定の結果、株主は直接的に会社の債務に責任を負うことになる。

次に、第10条から第12条までが「濫用」に関する三つのタイプを類型化して解釈し、より詳細になり、識別しやすくなっている。

第一に、人格の混同である。第10条によると、会社の人格と株主の人格が混同しているかどうかを認定する際の基本的な判断基準は、会社が独立した意思と独立した財産を持っているかどうかであり、最も重要な示唆は、会社の財産と株主の財産が混同されて区別できないかどうかである。人格の混同が構成されるかどうかを判断する際には、さまざまな要因を総合的に考慮する必要がある。裁判所は事件を審理する際に、人格の混同が構成されているかどうかを重要視すべきであり、他の側面の混同が同時に存在することを要求するものではない。他の側面の混同は、通常、人格の混同を補強するものである。

人格の高度な混同現象は複雑であるため、判定は厳格に適用されるべきであり、重要でない側面の混淆のために人格混淆が発見されるべきではない。[39] この規定の最大の問題は、人格の混同の意味を狭めた解釈をしていることである。過去の研究では、通常、従業員、住所、業務の混同を人格の混同の表れと見なしてきた。しかし、『九民会議議事録』では、従業員、住所、業務、人格の4つの要素を平行な関係に置いている。

第二に、過度の支配とコントロールである。第11条によると、会社の支配株主が会社に対して過度の支配とコントロールを行使し、会社の意思決定プロセスを操作し、会社を完全に独立性を失わせ、支配株主の道具または殻に貶め、会社の債権者の利益を著しく害する場合、会社の人格は否定され、支配を濫用した株主は会社の債務に対して連帯責任を負う。過度の支配とコントロールは、通常の状況下における株主の会社に対する一般的なコントロールとは区別されるべきである[40]。

親会社と子会社間または子会社間の利益移転は、通常、グループ会社内で行

---

39) 劉俊海「企業の法人格否認の制度の司法実践への適用に関する研究」法律適用2011年第8号20頁。

40) 楊会＝何立平「子会社の債権者の法的保護」人民の司法2011年第11号83頁。

われる。グループ会社内の連帯責任は、「支配責任」モデルと「過失責任」モデルを組み合わせて統一的な制度に統合すべきである。グループ会社である限り、第一に、訴訟における原告の重い立証責任を軽減するために、親会社とその支配的子会社が連帯して責任を負うべきであると推定され、これが「支配責任」である。第二に、「過失責任」モデルによって親会社が不適切な行為をしていないことを証明できれば、親会社は、その配下にある子会社について連帯責任を問われることはない。これは、原告側に立証の便宜を与えるだけでなく、「コントロール責任」が経済に与えうる悪影響を回避することにもなる[41]。

　子会社間の利益移転は、財産の低価格譲渡または高価格購入の形で行われ、実質的な支配者／大株主の隠れた配当の偽装を引き起こす可能性がある。もし単なる隠蔽された配当である場合、隠蔽の原則に基づき、背後の実際の取引枠組みを明らかになれば、利益を受け取る側に利益を返還することが求められる。しかし、このような利益移転が子会社の独立性を損ない、支配会社が債務逃れ、不正経営、さらには違法犯罪の手段として悪用されている場合には、逃避の原則を満たし、会社の法人格を否認することができる。

　この条項の最後の「連帯責任を負わせる」ことは、単に支配株主を指すのか、実際の支配者も含むのかが明確ではない。文字通りに解釈すると、実際の支配者を含む必要がある。しかしながら、中国会社法によれば、実際の支配者は名義株主ではない。したがって、この条項は事実上、被告の範囲を拡大している。

　第三に、資本の著しい不足である。第12条では、会社設立後の会社運営の過程において、株主が実際に会社に投入した資本の額と会社運営に内包されるリスクとの間に著しいミスマッチがある場合、すなわち、株主が少ない資本で身の丈を超えた経営に従事し、会社経営に従事する誠意がないことを示し、会社の独立した人格と株主の有限責任を実質的に悪意を持って利用し、投資リスクを債権者に転嫁している場合、会社の法人格を否認することができるとされている。資本の著しい不足は、株主による投資リスクの不適切な外部化の基本的な兆候であり、重要な要因としてではなく、複合的な要因として考慮される

---

41) 趙渕「企業集団における中核企業の連帯責任」政法論壇2011年第3号183-184頁。

ことが多い[42]。

　著しい資本不足は、非常に複雑な経営判断であり、「著しい」の基準も難しく、裁判所の判断はさらに難しくなる[43]。著しい資本不足の判断基準は、株主の投資時点における合理的かつ予見可能な事業リスクに基づくべきであるが、会社の潜在的な負債をカバーするのに十分である必要はない。その判断は、事実判断と価値判断の融合であるべきで、裁判所は、他国の経験を参考にし、被告会社の資本水準を同じ産業地域の他の会社の資本水準と比較する比較テストを採用することもできるし、経験豊富な金融アナリストが資本不足の事実問題を判断する専門家証言を採用することもできる[44]。

　株主出資の払込承諾制度では、株主は払込承諾を完了させれば、実際に出資をする必要はない。したがって、設立時の資本の著しい不足は存在しない。問題は、実際の払込と会社の経営の関係は何か？　会社の経営に取り組む誠意は、必ず実際の払込から示される必要があるのか？

　最後は、当事者の訴訟地位が異なる状況を明確にした。第13条によると、主に三つの場合がある。第一に、債権が確定判決によって確認された場合、株主が被告とされ、会社が第三者とされる。第二に、債権者が債務者を訴えた際に、同時に法人格否認の訴訟を提起した場合、会社と株主が共同被告とされる。第三に、債権者が株主を直接提訴する場合、債権者は株主に対し、会社を共同被告に加えるべきであると説明すべきである。

　上記三つの場合で変わらないのは、原告が会社の債権者に限定されていることである。法人格否認の訴訟において、原告が株主となれるか？　原告が会社となれるか？　たとえば、株主が第三者に義務（競業禁止契約の義務など）を負っており、その株主がその義務を回避するために会社の形式を利用している場合、第三者は原告として法人格否認を求めることができるのか？

42）朱慈蘊「企業法人格否認の法理と企業の社会責任」法学研究1998年第5号90-91頁。
43）黄輝「中国の企業法人格否認制度の実証研究」法学研究2012年第1号15頁。
44）胡改蓉「『資本顕著不足』状況下の企業法人格否認の制度の適用」法学評論2015年第3号166-167頁。

⑵ 新会社法の不足点と改善

　英米法系や大陸法系において、法人格否認の法理は、通常、判例法という形で現れる。ドイツの裁判所は、主に、会社の法人格が法律を回避したり、公共の利益や第三者の利益を侵害したりするために濫用された場合に、会社の独立人格を否認している。日本でも、法人格否認の法理が判例において使用されており、その適用範囲は非常に狭い[45]。立法によって法人格否認の法理を確立するのは、中国が初めてである。法人格否認の法理が法律に組み込まれたことは、中国における司法裁判の明確な根拠となり、株主の行動を規制し、債権者の利益を保護することに資するものである[46]。中国の裁判官のレベルは様々であり、裁判官には成文法以外の裁量権がないため、中国の成文法に法人格否認制度を導入する必要がある[47]。これは、司法実務における大陸法の考え方に沿ったものである。そして、法人格否認制度は、会社法において欠くことのできない制度であり、法律によって制度の正当性と合法性を確認することができる[48]。

　上記の観点に加えて、中国が成文法形式で法人格否認の法理を採用する理由は、二つある。一つ目の理由は成文法の立法モデルである。近年、中国の司法実践は最高裁判所の公報判例、典型的判例、指導的判例に比較的重点を置いているが、それでも中国が成文法国家であるという事実を変えることはできない。判例は主に立法上の欠陥を補う補足的な解釈の役割を果たしており、法律そのものに取って代わるものではない。法人格否認の法理は、有限責任と独立法人格に対する重大な例外であるため、自然に立法の中に組み込まれるべきである。二つ目の理由は、中国の特殊な状況に合致していることである。中国のコーポレート・ガバナンスが直面している問題は、主として、第二種の代理問

---

45) 金剣鋒「企業法人格否認の理論及びその中国における実践」中国法学2005年第2号121-122頁。

46) 高旭軍「『企業法人格否認の制度』における『法人格否認』について」比較法研究2012年第6号34頁。

47) 朱慈蘊「我が国の＜会社法＞における企業の法人格否認の法理の確立すべきである」法律適用2005年第3号14頁。

48) 劉俊海「企業の法人格否認の制度の司法実践への適用に関する研究」法律適用2011年第8号17頁。

題であり、つまり支配株主や実際の支配者が会社を支配し、それによって会社や中小株主の利益を損なうことである。一方、英米の国々のコーポレート・ガバナンスは主に第一種の代理問題であり、つまり取締役や経営陣などの内部者が会社を支配し、それによって株主の利益を損なうことで、所有者と経営者の間の代理コストが高くなる[49]。支配株主や実際の支配者が持つ権力が過大で制約されていないため、彼らが会社を容易に支配し、会社が彼らに財産を転送したりして利益を提供するのを助けている。法人格否認の法理の適用は、中国の会社法の下では例外とみなすことはできず、規範となるべきである。もし株主が会社を支配することが普遍的である場合、法律制度がそのような支配を支援または正当化する場合、この規則の適用を極めて狭い範囲に限定する理由はない。つまり、株主に会社の財産を返還することと通常の配当の間の境界が曖昧である。一旦株主が会社を支配するようになると、その支配に対して代価を支払わなければならず、支配によってもたらされる権利だけを享受し、責任を負わないとすることはできない。

　新会社法第23条第1項は旧会社法第20条第3項に由来し、変更はない。一方、第2項は、指導的判例第15号[50]から由来した新しい規定であり、「会社の株主がその支配下にある二つ以上の会社を利用して前項に規定する行為を行った場合には、各会社は、いずれかの会社の債務について連帯して責任を負う」と規定されている。

　この規定の不足は、以下の三つの点に現れている。第一に、法人格否認の法理を最も狭い解釈に制限しており、順方向のまたは標準的な法人格否認の場合、法人格否認の主体は会社債権者に限定されている。第二に、新会社法は適用される場合を追加したが、その効力は限られており、関連会社のみを対象とし、実際の支配者を追及するかどうかについて、新会社法と「九民会議議事

---

49) 第一種代理と第二種代理の区別と議論は、主に経営学界を中心に行われている。呉世飛「株式集中と第二種代理問題に関する研究レビュー」海外経済と経営2016年第1巻第1号参照。

50) 徐工集団工程機械株式会社対成都川交工貿有限責任会社等売買契約紛争事件（2013年1月31日最高裁が発表した第四次指導的判例に関する通知案15号）では、判旨要旨は以下の通りである：(1)関連会社の人員、業務、財務などが交錯または混同し、各自の財産が区別できなくなり、独立人格を失った場合、人格の混同が構成される。(2)関連会社の混合人格が債権者の利益を著しく害する場合、関連会社は互いの対外債務について連帯責任を負う。

録」の文言が不明瞭であり、疑問を生じさせる可能性がある。第三に、最も重要な問題は、総合的な視点が欠如しており、順方向の法人格否認と逆方向の法人格否認について、より広範な視点で検討されておらず、その上で法条文が起草されていないことである。現在の規定ぶりは、ある指導的判例のルールを単純に会社法の条文に追加するものに近いである。

真の問題は、立法政策と立法技術にあるのではないであろうか。まず、立法政策とは、法人格否認の法理の導入を検討する際の立法者の姿勢や態度、採用したアプローチや原則のことである。この法理の本来の意図は、株主がその権利を濫用し、有限責任と独立人格を利用して会社の債権者の利益を害することを防止することにある。これが順方向の法人格否認の法理の論理である。しかし、逆方向の法人格否認の法理、特に内部者による逆方向の法人格否認の法理では、株主は自身や会社を保護するためにこの規則を利用する可能性がある。たとえ逆方向の法人格否認の法理が全株主の利益や会社の利益に有利であったとしても、立法者は、株主や会社とそれぞれの債権者、その他の参加者（例えば地方政府）との間の矛盾や対立を考慮し、全ての関係者の利益のバランスを取る必要性から、ルールの導入に慎重である必要がある。適切に行われなければ、株主がリスクを回避し、自分たちの利益を得るための道具として利用される可能性が高い。

英国の DHN 事件は、典型的な内部者による逆方向の法人格否認の事例である[51]。原告は、商品卸売業を営む三つの有限会社であった。母会社である DHN（第1原告）は、子会社の B 社（第 2 原告）と運輸会社（第 3 原告）を完全子会社として所有していた。B 社は実際の業務を行っておらず、唯一の財産は不動産である。運送会社の唯一の財産は、貿易のための商品輸送に使用される運送車両であり、これも実際には営業していなかった。後に、その不動産は当局によって強制的に買い取られ、B 社は不動産の法的所有者として360,000ポンドの補償を受けた。その後、3 社の事業は停止し、自己破産手続きに入った。裁判所は、土地仲裁廷の決定を覆し、別個の法人格を持つ有限会社の法人格を否認することができ、原告 3 社のグループは実際には経済的実体であったため、

51）DHN Food Distributions Ltd v Tower Hamlets London Borough Council (1976) 1 WLR 852, (1976) 3 All ER 462.

不動産は DHN が所有しているとみなされるべきであると判示した。

中国では会社そのものが法人格否認を求める事件が発生している。日本の「月の人会社」対「南通日出公司」事件[52] では、被告会社の三つの株主は中国のＨ社、日本のＳ社、及びＹ社である。中国のＨ社は50万元を出資したが、資本金検証後に出資金を不正回収した。日本の二つの会社は設備を出資として提供した。被告会社設立後、Ｙ社は別途、被告会社との間で、被告会社がＹ社から総額740万円で衣料備品を購入する旨の契約を締結し、資本金検証報告書ではその対価として備品を譲渡する旨が記載されたが、被告会社はＹ社に対して備品の代金を支払うことはなかった。その結果、Ｙ社は、被告会社に対して代金の支払いを求める訴訟を裁判所に提起し、被告会社は、法人格否認を求めた。裁判所は、原告を含む被告会社の出資者３名、外国人出資者２名は法律に基づき出資されていることから、被告会社が法人格を有しないことを裁判所に確認し、共同被告として出資者３名の追加参加を求める被告の請求は、債務回避、リスク移転、法人格の自己否認を目的とするものであり、法律に違反すると判断した。法人格の自己否認の主張は、信義誠実と公正の原則に違反し、支持されない。

現行の会社法の実務を踏まえると、法人格否認の法理は、順方向の法人格否認と外部人による逆方向の法人格否認を含むべきであり、内部者による逆方向の法人格否認の理論と実践はまだ芽生えの段階にあるため、その導入の時期は未熟であるといえるかもしれない。

また、立法技術とは立法活動の経験、知識、技術を指す。法人格否認の法理が会社法の規定に昇格すれば、その適用範囲、適用条件、法的効果を正確に定義する必要がある。判例法の緩やかで非体系的な性質は、制定法の精密さと体系化とは対照的である。規定の中でどのようにルールを可能な限り正確に定義するかが、今回の会社法改正及び今後の会社法改正の主な目標となるはずである。

第一に、回避原則と隠蔽原則の区別を完全に認め、法人格否認を回避原則に限定すべきである。会社の介入が単に真の行為者の身元を隠すためであれば、

52）江蘇省南通市中級人民法院の2003年11月14日の民事判決書。

隠蔽原則が適用され、法人格否認の必要はない。実際、「九民会議議事録」に記載された３種類の「濫用」の状況に加え、法人格否認の場合と同様の結果をもたらす状況（代理、保証、信託など）のほとんどは、隠蔽原則に包含され得る。以上を踏まえ、隠蔽原則が適用される可能性のある典型例を二つ挙げると、以下のようになる。まず、支配株主が会社の利益を害するために会社のツールを使用し、その結果、間接的に他の株主の利益を害する場合は、法人格否認の必要はない。この時点では、会社債務は存在せず、代わりに支配株主は会社から得た収益を会社に返還する必要がある。つまり、支配株主が会社に帰属する収益または利益を、不当な利益の移転によって自己に輸送する場合には、債務回避は成立しないのである。次に、株主が資本金を不正回収した場合、法人格は否認されず、株主は単に財産を返還すればよい。これは「会社法司法解釈三」の第14条に反映されている。

　第二に、新会社法第23条に、外部人による逆方向の法人格否認を導入することが推奨される。原告は必ずしも会社の債権者ではなく、株主の債権者である場合もある。従って、原告の範囲を拡大すべきである。株主が有限責任と会社の独立した人格を濫用し、株主の債権者の利益を著しく害した場合、会社は株主の債務について連帯責任を負うべきである。

　第三に、被告には通常、株主と会社の両方が含まれる。実際の支配者は株主ではないが、中国のコーポレート・ガバナンスにおいて特別な地位を有している。被告の範囲を適切に拡大し、実質的支配者を含めることが推奨される。株主とは、株主名簿に記載された名目上の株主を指す。被告を名目株主に限定すれば、実際に会社を支配している者が法の適用を逃れる可能性が高い。

　さらに、法人格否認がその性質上、有限責任を否定するものであるならば、有限責任の他の事例にもこの法理を適用できるのであろうか。特に、従来の無限責任（パートナーシップ）の領域で有限責任が拡大する中、法人格否認は必要なのであろうか。株式会社に加え、特殊ジェネラル・パートナーシップにおける法人格否認の法理の導入も考えられる。具体的な適用条件は会社と類似しており、資本が不足しており、将来の債務に対処できない場合や、手続要件を満たしていない場合、つまり、パートナーがその告知義務、開示義務などを果たしていない場合、または特殊ジェネラル・パートナーシップの名称を使用し

ていない場合、または「形骸化」しており、パートナーが契約業務において詐欺を行っており、法人格否認をしないと債権者に対して不公平である場合に適用される[53]。

6　おわりに

2023年末に公布された新会社法は、条文数が22％増加し、新規・改正条文が全体の86％を占める大規模な改正であり、具体的には、総則部分、会社登記に関する章と国家出資会社に関する章の新設、会社の設立・退出制度の改善、会社の組織機構と権限・機能の設定の最適化、会社の資本制度の改善、支配株主・経営者の義務・責任の強化、中小株主の権利保護の強化などが挙げられる。法人格否認の法理に関しては、関連会社の人格の混同の規定が追加された。

成文法に法人格否認の法理を規定する際には、規定の適用範囲を決定する立法政策と、規定の適用条件を決定する立法技術の両方を考慮する必要がある。中国の会社法に法人格否認の法理が追加されて以来、実務において相当数の事例が発生し、同規定の改善に有益な経験を提供してきた。「九民会議議事録」は、これらの事例からの経験を段階的にまとめ、ルールの性質を明確にし、濫用の具体的な状況を詳細に記述しているものである。新会社法は改正されたにもかかわらず、この法理に関してほとんど進歩していない。

異なる場合において法人格否認を適用するか否かを区別するために、以下の提案をする。まず、法人格否認を逃避原則に限定することを提案する。これにより類似の結果をもたらす場合は隠蔽原則に包含されることになる。同時に、順方向の法人格否認の上で、外部者による逆方向の法人格否認を導入し、隠蔽原則の下で会社の法人格否認を適用しない状況と区別することを提案する。また、内部者による逆方向の法人格否認に関しては、慎重な態度を保ち、時機が成熟した際に再度検討することを推奨する。

---

53) 何新容＝姜冲「米国法における有限責任パートナーシップの法人格否認の法理及びその借鑑」政治と法律2010年第12号139-140頁。

⑤ 上場会社における取締役の地位とその義務・責任

繆因知

---

1 取締役会の権限強化

2 取締役の義務

3 取締役の権限行使における難点

4 独立取締役の制度イノベーションと困難

5 取締役の責任とその制限——虚偽記載を中心に

6 おわりに

---

1 取締役会の権限強化

　中国の会社法は、株主総会中心主義に傾いている。その原因は、中国の会社における株主が比較的一部に集中していることにある。株主が集中している理由には、中国では、国有企業以外の会社の多くが1980年代以降に設立されたものであり、これらの会社は設立された当初、創業者及びその家族に支配されることがほとんどであったことがある。「株主集中」の構造は、アメリカ及びイギリス以外の国では普遍的である[1]。

　このような状況の下、中国では、小規模な会社では取締役会を設置しなくてもよいと主張する者がいる一方[2]、少なくとも株式会社においては、会社のコーポレート・ガバナンスに関する最も重要な会社機関として、取締役会は中核的な役割を果たしていると考えられる。そのため、中国の会社法について、

---

1) See Ronald J. Gilson, Controlling Shareholders And Corporate Governance: Complicating the Comparative Taxonomy 119 Harv. L Rev. 1641 (2006).

2) 彭氷「ゼロから会社法改正を考えよう」金融法苑2021年107巻197頁、199頁。

取締役会の権限を強化して株主総会中心主義から取締役会中心主義に変更すべきとの意見が強まっている[3]。

2023年12月に行われた中国会社法の改正は、権利授与の視点からすれば、多くの主体に多くの権利が授与されたというものであるということができるかもしれない。取締役会に対しても多くの権限が与えられたが、それと同時にその責任も加重された。

また、取締役会の権限については、経理を選任・解任する以外の権限が大幅に増えた。具体的には、主として以下の五点がある。①取締役会の権限の最大範囲が拡大された。株主総会の権限において、会社の経営方針及び投資計画、会社の年度予算案等の決定事項が削除された。これらの権限を定款の定めにより取締役会に委任することはできるため、取締役会の権限の最大範囲は拡大したことになる。②株主が出資しないことに対する取締役の職責が強化された。2023年改正中国会社法第51条によれば、有限責任公司の成立後、取締役会は、株主の出資状況について確認を行わなければならず、株主が期日どおりに会社定款に定める出資を払い込んでいないことを発見した場合、会社が当該株主に対して書面の催促状を発送し、出資の払込みを催促しなければならない。株主は出資義務を遅滞なく履行せず、会社に損失を与えた場合、責任を負う董事は、賠償責任を負わなければならない。また、株主が会社定款に定める出資日どおりに出資を払い込まず、会社が書面の催促状を発送して出資の払込みを催促する場合、出資払込みの猶予期間を明記することができる。ただし、猶予期間は、会社が催促状を発送した日から60日を下回ってはならない。猶予期間が満了してもなお、株主が出資義務を履行していない場合、会社は、董事会決議を経て、当該株主に失権通知を発送することができる。通知は書面形式により発送しなければならない。通知発送日以降、当該株主は、出資を払い込んでいない部分の持分を喪失するとされている。また、第53条によれば、会社成立後、株主は出資を回収してはならず、出資を回収した場合は、回収した出資を会社に返還しなければならない。会社に損失を与えた場合、責任を負う董

---

3) 甘培忠＝馬麗豔「取締役会中心主義のもとでの企業統制モデルとその再構築」財経法学2021年6号92頁。反対意見もある。劉俊海「取締役会中心主義の神話が崩壊した後の取締役会の役割と位置付け——会社法修正案（二）の視点から」財経法学2023年4号を参照。

事、監事、高級管理職は、当該株主と連帯して賠償責任を負わなければならないとされている。③取締役は、会社が法令に反して会社資産を減少することにつき損害賠償責任を負う。この点に関しては、法令に違反して会社から金融支援を受けて会社の株式を取得した場合、株主に利益を分配した場合、会社の資本金を減少した場合は、会社に損害を与えたとき、取締役、監査役、高級管理職は損害賠償責任を負わなければならない（第163条、第211条、第226条）。④取締役の清算に対する責任が強化された。第232条によれば、会社の清算義務者は、解散事由が生じた日から15日以内に清算委員会を組成し、清算を行わなければならない（1項）。清算委員会は董事により構成される（2項）。⑤取締役の第三者に対する責任が新設された。2023年改正中国会社法第191条によれば、董事、高級管理職が職務を執行し、他人に損害を与えた場合、会社は、賠償責任を負わなければならない。董事、高級管理職に故意又は重大な過失がある場合、董事、高級管理職も賠償責任を負わなければならないとされている[4]。

　また、取締役の解任に関しては、改正前の中国会社法では、株主総会は理由なく取締役を解任することができると解されていたにとどまるが、2023年会社法の改正において、株主総会は理由なく取締役を解任することができることが明確に定められた。但し、正当な理由がなく、任期中の取締役を解任する場合は、当該解任される取締役は会社に賠償を請求することができるとされている（第71条）。この規定は、世界の会社法の潮流に沿うものであると考えられている[5]。筆者は、2023年改正中国会社法に採られている取締役解任の規制は「条件付きの無因解任」のモデルと言えると考える。すなわち、株主総会は自由な解任権を有し、解任の理由には、具体的な理由や抽象的な理由、不正当な理由も認められている。一方で、不正当な理由で取締役を解任すれば、解任さ

4）この条文の適用に関しては、多くの意見が存在しており、まだ統一されていない。例えば、劉俊海教授は、このような適用は、会社が破産状態に陥った場合や、貸借対照表で株主資本がゼロになった場合に限定されるべきだと指摘している。劉俊海「取締役責任制度の再構築——アントレプレナーシップの促進を視点に」交大法学2023年3号。

5）楊瓊「株主が清算義務者になることに対する疑問と取締役を清算義務者とする試み」金融法苑2021年2号。趙峰「任期途中の取締役解任及び損害賠償について」南大法学2022年5号。

れる取締役は会社に賠償を請求する権利を有する。これは法経済学における
「財産規則」と「責任規則」の区別と類似するかもしれない。

2 取締役の義務

　中国の会社法において、取締役、監査役及び高級管理職が会社に対して忠実
義務と勤勉義務を負わなければならないと定められている。中国の会社法で
は、忠実義務とは、勤勉義務とは、職務の履行は会社の最大の利益のために管
理者が通常負うべき義務である。2023年に行われた中国会社法の改正によ
り、取締役の忠実義務と勤勉義務が詳細化された。

　中国では、取締役の忠実義務と勤勉義務に対して多面的な研究が行われてい
る。中国の取締役の義務に関する研究は、細部においては欧米と異なるが、基
本的な認識は欧米会社法における主流の理論に近い。例えば、「理性的な人」
(reasonable prudent person) の基準を取締役の勤勉義務の解釈に使用すべきであ
る点は多くの者が主張している[6][7]。情報を知ること、監督すること、法令を遵
守することが勤勉義務を判断する要素となるべきであるとの見解もある[8]。全
体的には、経営判断原則を含めて勤勉義務を重点的に、関連する研究が多く行
われている[9]。しかし、ある実証研究によれば、中国の上場会社のうち、百社
程度の株式分散している会社においてのみ取締役の信認義務が執行されている
と指摘されている[10]。すなわち、この研究によれば、中国では、株式が集中的
に保有されている会社において、取締役等の経営者ではなく、支配株主を監督
することこそが最も重要なことである。

　コンプライアンスに対する注目が高まっているが、その検討は忠実義務と勤
勉義務の範囲内にとどまることが一般的である。また、法令遵守、信義則を取
締役の信認義務の内容として定めることにより、取締役の信認義務の範囲を大

6）叶金強「取締役勤勉義務違反の判断基準について」比較法研究2018年6号。
7）翁小川「取締役の善管注意義務の基準に関する検討」財経法学2021年6号。
8）王真真「取締役の勤勉義務に関する利益衡量及びその解釈」財経法学2022年3号。
9）馮琴「我が国における経営判断原則の適用について」財経法学2023年6号。
10）彭氷「ゼロから会社法改正を考えよう」金融法苑2021年107巻188頁。

幅に広げるべきであるとの見解もある[11]。また、法令遵守義務は、法令遵守義務と監督義務に分けることができ、前者は忠実義務に属し、後者は勤勉義務に属する[12]。取締役の監督義務には、内部統制システムの構築を催促する義務と情報収集と報告のシステムの構築を催促する義務が含まれ、その他に、重大な異常状況を発見した際には積極的に調査等を行わなければならないと主張される[13]。発行会社の取締役にとっては、開示される情報の真実さ、正確さ、完全さを保障する義務が重要である。

　中国の証券法第82条第1項によれば、発行者の取締役、高級管理職は、証券発行に係る文書及び定期報告書について、確認意見書面に署名しなければならないとされている。これによって、取締役、高級管理職は会社の開示資料の真実さ、正確さ、完全さを保証しなければならないこととなる。

　また、中国の証券法第85条によれば、会社の開示情報に虚偽記載があると認定された場合は、発行者の支配株主、実質的支配者、取締役、監査役、高級管理職及びその他の直接責任者、並びに保証推薦人、元引受証券会社及びその直接責任者は、発行者とともに連帯賠償責任を負わなければならない。但し、自らに過失がないことを証明できる場合はこの限りではないとされている。実務では、虚偽記載に故意に参加していない取締役等の経営者も虚偽記載の責任を追及されうる。

　中国の法律実務では、取締役、特に独立取締役が株主を監督・批判できるかが問題となっている。この問題に関して、2018年1月、中国の大手不動産会社である万科株式会社の独立取締役は書面で声明を発表し、万科株式会社の独立取締役として会社の二番目の大株主にその所有する株式を全て売却させるよう監督機関に請求した。その理由については、当該株主は資産管理投資商品により会社の株式を保有しているが、保有の方式が違法であるとしている。

　筆者は、取締役会又は取締役は、株主を監督、批判することができるものの、会社の管理が専門化し、取締役会の構成員は外部化され、株式が集中保有され、支配株主が存在するという背景の下に、取締役の最も基本的な使命は会

11）王建文「我が国における信任義務の拡張：一般規則の確立」当代法学2023年1号。
12）陳洪磊「会社取締役の法令遵守義務の構築について」財経法学2023年6号。
13）呂成龍「上場会社の取締役の監視義務について」環球法律評論2021年2号。

社の支配者を監督することにあると考える。取締役会又は取締役は、株主を監督することにあたり、以下の三つの条件を守らなければならない。①会社の利益を維持するために行うこと、②中立的な立場に立つこと、③自分と利益の衝突が存在しないこと。また、取締役は取締役会の構成員として権限を行使すべきであり、取締役会は合議形式で監督を行うべきである。判断する基準については、審議事項の重大性等に合わせて判断すべきである。これは取締役の忠実義務と勤勉義務について要求されることでもある。

3　取締役の権限行使における難点

中国の会社法において取締役に与えられる権限は、世界の諸先進国より小さくないものの、大株主に対抗することは困難である。中国の法律実務では、基本的に、取締役は独立取締役の立場又は経営の専門家の立場から支配株主に対抗することはない。例外として、以下の二つがある。①敵対的買収により筆頭株主の地位を取得した投資者と前の筆頭株主に支持される多数の取締役により構成される取締役会との衝突がある場合。②筆頭株主が何らかの原因で株主権を有効に行使することができない場合。

実際の事例を挙げれば、有名な家電量販会社である国美電気会社の支配株主が刑務所に入った後に、会社の董事長を兼務する少数株主が、外部の投資会社と投資契約を締結した事件があった。支配株主に反対されながらも、投資会社から派遣された3人が取締役として任命された。ただし、ここでの取締役会が有する取締役の任命権は、中国の会社法ではなく、バミューダ諸島の会社法に基づくものであった。国美電気会社はバミューダ諸島に設立されており、本事例は典型的な中国法の事例ではない[14]。中国では、取締役が支配株主に対抗することは法律上支持されないし、商業文化及び支配規範にも支持されない。

現に、中国の証券市場では、非常に特別な事件が生じた。すなわち、取締役等の経営者は中国の証券法に従い開示資料に署名したが、開示資料の真実さ、完全さ、正確さを保証しないことを公開声明で発表した。これは、取締役等の

---

14)　繆因知「家族企業の損得：国美事件に関する若干思考」会社法律評論2011年77～80頁。

経営者が二重の圧力の下に行った行為であり、矛盾する行為だともいえる。つまり、会社の取締役等の経営者は開示資料に異議を有する一方で、それを是正する力が足りない、あるいは是正することを支持する法制度が欠けている。一方で、法律は取締役等の経営者に開示資料に署名させて、取締役等の経営者に資料の真実さ、完全さ、正確さを保証させる。取締役等の経営者は署名しなければ、資料を開示することができないため、取締役等の経営者が受ける圧力が大きくなるということとなる。

2019年改正中国証券法第82条第3項によれば、発行会社が開示しなければ、取締役、監査役及び高級管理職は、開示を直接的に申し立てることができる。

2021年中国証券監督管理員会により制定された「上場会社情報開示管理方法」は、異議を表明する行為の困難を増大させた。具体的には、①異議の公開には、その理由を説明することが要求される。②取締役、監査役は定期報告等開示資料の真実さ、完全さ、正確さを保証できないならば、反対又は棄権しなければならないとされている。③開示資料の真実さ、完全さ、正確さを保証する責任については、決議するときに反対することで責任を免れることができるとは限らない。

このような厳格な規制、特に、②に定められる「定期報告等開示資料の真実さ、完全さ、正確さを保証できない場合は、反対しなければならない」という定めは、取締役等の経営者が異議を述べる余地を減縮した。取締役等の経営者が、全部の資料あるいは資料の主要な内容でないものの、その一部に対して異議を持つときに、意見を述べる機会は奪われることとなる。取締役としては、賛成するしかないため、経営者が異議を持つ述べることにより会社内部の多数意見を変える可能性はなくなり、また、取締役等の経営者が異議を持つという情報自体を市場に開示する可能性もなくなる。

上記の状況の下、実務上、取締役が「開示資料に署名したが、開示資料の真実さ、完全さ、正確さを保証しないことが公開声明で発表された」という事態は非常に稀なことであるが、取締役の真の心理が反映されている事件でもある。実務では、逆の場合もある。2021年4月、愛迪爾珠宝株式会社の取締役2名は、取締役会の資料が多く、資料の発送も遅いため、取締役会の会議前に

十分に読むことができないことから、議決権の行使を棄権した。彼らは、その後、会議資料をよく読んでから、決議事項に賛成の意見を表明している。

4　独立取締役の制度イノベーションと困難

⑴　独立取締役の特別な権限

　中国では、取締役会以外に監査役会も設置されているが、監査役はあまり機能していないとよく批判されている（この状況は今でも改善されていない）。そのためもあり、2001年、中国では独立取締役制度が導入され、上場会社には独立取締役を設置しなければならないとされている。

　2023年9月、中国証券監督管理委員会は、「上場会社独立取締役管理方法」を制定し、独立取締役について詳しく定めた。

　独立取締役の機能は、コーポレートガバナンスに新たに牽制力を導入して取締役会等の経験を有する者を監督する。家族企業においては、独立取締役は特有の価値があると指摘されている[15]。

　「上場会社独立取締役管理方法」5条によれば、上場会社の独立取締役は取締役会の三分の一を下回ってはならない。そのうち、少なくとも1名の会計分野の専門家を有しなければならない。

　独立取締役は、取締役会に設置される専門委員会に参与する。取締役会における会計監査委員会の設置は強制されている。会計監査委員会の構成員は、上場会社の経営者に就任していない者であり、独立取締役がその過半数を占めなければならない。

　上場会社は、会計監査委員会以外に、指名委員会、報酬委員会、戦略委員会等を設置することもできる。専門委員会を設置する場合は、その構成員の過半数は独立取締役でなければならず、委員会の招集権者も独立取締役でなければならないとされている。

　独立取締役の権限は、上場会社と支配株主、実質的支配者、取締役、高級管

---

15) 繆因知「家族企業の支配株主、役員と社外取締役」北大法律評論2013年14巻1号186〜189頁。

理職の間に潜在する重大な利益の衝突がある事項に対して監督する（上場会社独立取締役管理方法第17条）という形で行使される。方法的には、取締役会の決議に参与し決議事項に対して意見を表明する。特別な方法としては、外部の公認会計士事務所等の仲介機構を独立に招聘して会社の会計監査を行うこともある。

　独立取締役には、ゲートキーパー（gatekeepers）として、取締役よりも多くの権限が賦与されている。その権限の内容については、主として以下の二つがある。①審議の延期権。二名以上の独立取締役が「会議資料が足りない。検討が不十分である。資料の提供が遅い。」と認定するときには、取締役会に「会議を延期する」又は「当時事項の審議を延期する」旨の意見を書面で提出することができる。取締役会は、独立取締役の意見を採用しなければならない（管理方法37条）。②特別事項の前置決定権。一部の利益衝突に関わる事項は上場会社の全ての独立取締役の過半数の同意を経た後に、取締役会の審議に提出することができる。ここでいう特別事項は、関係者取引の開示、上場会社及びその支配株主等の承諾を変更・免除すること、又は買収対象となる上場会社の取締役会は買収に対して対抗策等を行うことをいう（第23条）。改正前の「上場会社独立取締役管理方法」と比べると、免除承諾及び買収防衛策の同意権が新しく認められた権限である。改正趣旨は、中国の上場会社及びその支配株主における承諾の不履行が多数発生していることから、これを改善することにある。しかし、上場会社が承諾を変更することを公開する場合、一般的には株価が下落する一方、株主総会の審議において少数株主の賛成を受けた例は多い。そうであるならば、株主としては、上場会社の承諾を否定すれば、会社の株価はさらに大きく下落するかもしれない。このような状況の下、株主により牽制する制度があまり機能しない場合には、独立取締役に干渉させることは一つの対策措置になるかもしれない[16]。

　MBOに関しては、取締役会の会議において関係者以外の取締役により決議しなければならない他、三分の二以上の独立取締役の同意を得なければならないとされている（2020年版の上場会社買収管理方法第51条）。

16）龔浩川＝習超「縛られながら行動する機関投資家」清華法学2021年5号。

財務諸表等情報開示は、監査委員会の過半数の委員の許可を得て取締役会の会議に提出することができ、実質的には、監査委員会の過半数を占める独立取締役は事実上の前置決定権を有するということができる。③取引の必要条件となる意見発表権。重大な資産譲渡等の審査において、中国証券監督管理員会は上場会社の独立取締役に情報を充分に知った上で、独立の意見を発表することを要求している[17]。独立意見書は開示しなければならないとされている（2023年版の上場会社重大な資産管理方法第21条・第22条）④特別の状況における議決権勧誘を行う義務。独立取締役及び監査役会は、取締役のインセンティブ報酬プランが会社の継続的な発展に有利か、上場会社及び全株主の利益に損害が与え得るかについて意見を発表しなければならない（2018年版上場会社インセンティブ報酬管理方法第35条）。上場会社が株主総会を開催してインセンティブ報酬プランを審議するとき、独立取締役は、インセンティブ報酬プランの審議に関して議決権勧誘を行わなければならないとされている（2018年版上場会社インセンティブ報酬管理方法第40条）。

　上記の制度は中国の特徴である。その趣旨は、インセンティブ報酬プランにより中小株主の利益が損なわれることを防止することにある。しかし、この制度には合理性が足りない。すなわち、中国では、上場会社は電子投票を採っているところがほとんどである。そのような状況の下に議決権勧誘を行うことは、投票制度に代替する複雑な手続が必要な制度に他ならない。その意義は、株主に投票の機会を提供するのではなく、異議を持つ少数株主を集めて集団として行動する機会を提供することにある[18]。そのため、株主に対し、インセンティブ報酬プランに反対する機会を与えるのであれば、制度上、異議を持つ株主に議決権勧誘を行う権利を与えるべきである。独立取締役が当該インセンティブ報酬プランに反対しない立場に立つ場合、議決権勧誘を行うことは取締

---

17) 重要資産再編とは、上場会社及びその支配下にある会社が経営活動を超えて資産を購入・売却したり、その他の方法で資産を取引することにより、上場会社が経営する主要な事業、資産、収益に重大な変更をもたらした取引をいう。このような取引は中国証券監督管理委員会の許可をもらわなければ行うことができない。

18) 中国の実務において、議決権勧誘に係る規則では、勧誘される側が勧誘する側と同じ立場で投票しなければならないという規定がない。勧誘する側はある議案に対して同意という立場で議決権を行使すると表明しても、委任勧誘書には反対と棄権という欄も設けなければならない。

役会ないし経営者を牽制する役割を果たさない。株主は反対しないものの、独立取締役は反対する立場に立つという場合、独立取締役に議決権勧誘を通じて会社に強く対抗することを強要することは困難である。実務では、一般的に、議決権勧誘を行う独立取締役は全ての決議事項に賛成する立場を明確に示す[19]。

　また、勤勉義務について、監督機関は手続を強化した。例えば、「管理方法」第15条は独立取締役は上場会社の現場で年間15日は働かなければならないと定めている。また、独立取締役により構成される独立取締役の会議を開催しなければならない。この規定の趣旨は、全ての独立取締役が一つの団体であるという意識を強化したいためである。

(2)　独立取締役は有力な反対者になれるか

　中国では、独立取締役の適格要件は厳しく規定され、独立性と専門性が求められている。しかし、上場会社の独立取締役は、社会的にはエリート層であり、本業で忙しいことが多いため、上場会社の独立取締役の仕事に充分な時間や精力を払うことは困難であろう。また、独立取締役は法律や会計の分野の専門家であるが、会社の経営活動に対する判断は複雑な要素を考慮して専門的かつ総合的な判断を行わなければならない[20]。会社の外部者としては、十分な情報を収集して会社の経営事項に対し正確的な判断を行うことは容易ではないし、主観的に会社の取締役会ないし個々の経営者に対する厳格な監督を行うことを期待することも難しい。実際に、独立取締役が会社と異なる意見を表明するとしても、十分情報に基づき、取締役会あるいは取締役による意見に反論することは困難である。なぜなら、中国の伝統及びビジネス文化からすれば、反論を行うことは取締役の能力を否定するだけではなく、取締役を信頼せずにその人格を否定することにもなるため、極めて大きな勇気を持たなければ行えないからである。

---

19)「北京龍軟科技株式会社の社外取締役による委任状勧誘に関する公告」（2024年4月上海証券取引所公告）http://www.sse.com.cn/disclosure/listedinfo/announcement/c/new/2024-04-26/688078_20240426_6Z03.pdf.
20)　神田秀樹著、朱大明訳『会社法の理念』法律出版社2013年版81頁。

「上場証券報」という中国の新聞紙の統計によれば、2020年初頭から2021年5月末までで、中国証券市場では、独立取締役は21回の反対票又は棄権票を行使した[21]。また、2021年11月中国の「新京報」という新聞紙の統計によれば、2021年1月から11月までの間に、独立取締役は全部で11回の反対票又は棄権票を行使した[22]。

　これらの事件において、独立取締役が自分の責任を排除するために決議事項に反対したことがある。例えば、2021年10月に京泉華の独立取締役は決議事項に棄権した理由は、審議事項に係る信託業務について詳しくないからである。

　また、独立取締役は、会社の支配権が不安定である場合に、決議事項に反対又は棄権したという稀な例もある。例えば、2021年4月、愛迪尔珠宝会社の一名の独立取締役は決議事項に反対したときに、三千字程度の反対理由書を書いて公開した。その理由書では、経営者が自分の情報収集権の行使を邪魔したことを批判した。また、会社の支配権が不明確であるため、元の筆頭株主の支配者としての位置づけを認めるべきであると記載した[23]。

　以上より、独立取締役の制度設計は、独立取締役が有力な反対者、あるいは監督者になることを目指すべきと考えられる。しかし、ビジネスの決定は複雑であり、必ずしも外部者であれば適切な判断を行うことができるとは限らない。独立取締役の独立性に求められる「利益関係がないこと」は、公正性を保証できることを意味するかもしれないが、十分な情報を得て、より強い信念を持ち公正に権限を行使し、特に取締役会の多数意見に対する反対意見の表明を保証できるということにはならない。

　独立取締役は何でもできる取締役とはいえないため、「支配権を監督する」の外部監督機関と位置付け、取締役の機能としては弱い点と独立性が高い点を特徴とするべきである。そのため、独立取締役は取締役であるが、原則として取締役の一般的権能を履行しないため、監督の職責の範囲で責任を負うべきであるとの見解もある[24]。

21）中国証券網 https://news.cnstock.com/news,bwkx-202105-4710565.htm。
22）騰訊網 https://new.qq.com/rain/a/20211124A01H5300。
23）この事件の詳細な分析について、「繆因知：「独立取締役の反対票」、経済観察報2021年5月31日21版を参照されたい。
24）曽洋「上場会社の社外取締役制度の再構築」清華法学2021年4号。

独立取締役が実際に反対意見を出す場合には、自ら取締役会の会議現場で圧力をかけることになるが、これが必ずしも中小株主に歓迎されるとは限らない。2014年4月、天目製薬会社事件では、二名の独立取締役が会社の2013年度の年度報告書に反対意見を表明した。その理由は、財務のデータの真実性を確認できないというものであった。しかし、2014年5月、会社の上位三番目の株主の主導の下、天目製薬会社の株主総会において当該二名の独立取締役は解任された。しかも、株主からの賛成得票率は69.3％であった。当該二名に反対された会社の年度報告書は全員賛成で採決された。背景には、会社が企業再編を行おうとする段階にあるため、二人の独立取締役の反対意見は企業再編の障害となると見られたことがある[25]。

5　取締役の責任とその制限——虚偽記載を中心に

(1)　虚偽記載の責任が取締役の責任体系に占める位置づけ

　取締役の責任には、行政責任、刑事責任、民事責任が含まれる。

　上場会社において、取締役が忠実義務に違反することに対して監督機関に処罰されることは珍しい。一方、虚偽記載の事件において、取締役は会社の情報の真実性を保証する義務があるため、取締役が直接に虚偽の資料の作成に関与しないとしても、虚偽の資料に署名したために責任追及されることはよくある[26]。2019年から2023年までを見ると、中国証券監督管理委員会に処罰された独立取締役の事件数と人数は減っているが、その処罰の課徴金金額は上がっている。2023年における一人あたりの平均課徴金額は45万人民元にのぼる[27]。

　会社の経営者又は実質的支配者が、故意に虚偽記載等の違法行為を実施する場合以外で、取締役が刑事責任を追及される事件は少ない。

---

25) 張泉薇「天目薬業による社外取締役の解任は組織再編の障害を取り除けるか」新京報2014年6月3日。

26) 甘培忠＝周淳「上場会社が違法な定期的な情報開示を行った場合の取締役の責任について」北方法学2012年3号。

27) 「2023年度社外取締役に対する行政処分に関する分析」、https://xueqiu.com/5653226222/281965647。

取締役の行政責任と刑事責任は、通常証券市場において生じる。民事責任は、一般の会社法に基づいて生じるが、証券市場に関連して生じる虚偽記載の事件においては、重い民事責任が追及されることとなる。最近、中国では、インサイダー取引と相場操縦の責任追及に関する司法解釈が制定されたが、直接に参与しない取締役は会社に対して連帯責任を負わないとされるため、厳格な個人責任が生じることはないと考えられる。

実務上、取締役に対して忠実義務の違反による損害賠償責任を追及する事件は比較的多い。2014年から2016年の間に生じた約700件の「取締役等の経営者が会社の利益を損なった事件」に係る統計によれば、勤勉義務に違反する事件は19％、忠実義務に違反する事件は81％となる。事件の内容としては、会社の財産を侵害する事件が一番多く、その割合は全体の35％を占める[28]。

アメリカの裁判所では、取締役の過失責任を追及せず、重過失責任（gross negligence）を追及する[29]。中国において、取締役が通常の過失責任を負わないことは、明確な規則とはなっていない。例えば、取締役が忠実義務に違反した可能性があるが、証拠が足りない等の原因で忠実義務の違反を認定することができないときに、勤勉義務の違反を適用することがある。その場合、勤勉義務の主観要件について故意又は重過失が求められるが、通常の過失に引き下げて責任が追及されることもありうる[30]。

また、中国の証券法実務においては、虚偽記載に関して取締役に連帯責任を負わせることが多い。世界の先進諸国においては、このようなことは多くはない。例えば、日本では、2022年の東芝事件で、発行会社となる東芝会社が責任を負う一方、取締役には責任を負わせなかった[31]。中国では、取締役が発行

28）馮曦「中国会社法における取締役、監査役及び高級経営者の損害賠償責任についての検討——691件の判決を素材に」財経法学2022年 2 号17～18頁。中国において勤勉義務違反に関わる訴訟の割合はアメリカにおいて行った実証研究が示した結果と似ている、see Roberta Romano, Corporate Governance in the Aftermath of the Insurance Crisis, Emory Law Journal, Vol.39, 1990. 1966年から1987年までの間に、勤勉義務違反に関わる訴訟の割合はわずか19％である。

29）張巍「アメリカ法上の善管注意義務と経営判断原則」証券法苑2023年37巻100頁。

30）叶金強「取締役勤勉義務違反の判断基準について」比較法研究2018年 6 号。

31）朱大明「日本法上の有価証券報告書等に虚偽記載があった場合の因果関係の認定と損害賠償金額の計算——東芝事件を素材に」財経法学2022年 6 号。

会社に対し連帯責任を負うことは多く、2021年11月に生じた有名な康美製薬会社事件では、発行会社の負う24.5億人民元の損害賠償責任について、虚偽記載に直接に関与しなかったものの、開示資料に署名した取締役に 5 ％〜20％の範囲内で連帯責任を負わせた。最終的に、発行会社は企業再編を成功させたため、取締役らは実際に責任を負うことはなかったが、取締役に巨大な損害賠償金額を負わせたことから、一時期は数多くの独立取締役が辞任することになった。

　全体としては、中国では、虚偽記載に関する損賠賠償責任の追及事件が増えており、取締役に連帯責任を負わせることも多くなっている。しかし、その責任追及のモデルには不明確なところが多く、十分に成熟していない。例えば、アメリカ証券法における取締役の保証責任は継続的に開示する責任よりも厳格に定められているのに対し、中国法においては、両者は明確に区別されていない。

⑵　取締役の虚偽記載による責任を制限するアプローチ

　中国では、取締役の虚偽記載による責任を制限すべきとの意見が多くの学者により支持されている。取締役の責任を制限する方法は、主として二つある。一つは、「勤勉を尽くす」という文言は、勤勉義務を尽くしたことを指すと解し、免責事由を抗弁の理由として提供させるという方法である。筆者は、勤勉義務は弾力的なものであり、ある意味、ブラックボックスとなると考える。特に、監督機関が取締役に行政責任を負わせた場合は、それに続く民事責任の審判では、監督機関の判断に従い責任を認定することが多い。そのため、監督機関は、行政処罰を行う際に、取締役を含めた全ての経営者を全部処罰することが多く、これによって取締役の責任が拡大されているといえる。

　もう一つは、取締役の責任自体を制限するという方法である。アメリカでは、独立取締役に対して行政責任と民事責任を追及することは少ない。このような独立取締役の職責は、「低リスク、低報酬」でバランスがよい[32]。そのため、独立取締役の責任を会社から得る 5 年間の報酬を限度として制限すべきで

---

32) 邢会強「上場会社の社外取締役の責任について——アメリカからの示唆」証券法律評論2021年巻。

あるとの見解がある[33]。

　筆者は、取締役等の経営者に対して責任を追及するときに、責任主体の権限とその責任の大きさから責任主体に順番をつけ、直接に虚偽記載に関与していない者の責任は直接に関与した者より軽いが、監査役や高級管理職より高いとするべきと考える。独立取締役は外部の者であり、責任が重すぎると「逆淘汰」の現象が生じうる。そのため、独立取締役の責任は、会社の取締役、監査役、高級管理職より軽く設定すべきであると考える。

　2023年改正中国会社法では、取締役の責任を軽減するため、取締役責任保険制度が導入された。実務上は、数年前に既に取締役責任保険制度が認められていた。

　取締役の虚偽記載による責任を軽減する方法に、比例連帯責任を実施する方法がある。この責任のモデル自体が適法かについても問題が残っているが、多くの判決で採られた手法である。比例連帯責任の適用範囲には取締役、監査役、高級管理職及び仲介機構が含まれる[34]。

　比例連帯責任の事例については、例えば、2022年に起きた索菱株式会社の虚偽記載の事件において、深圳中級人民法院は、取締役に30％～60％の比例連帯責任を負わせ、独立取締役に10％の比例連帯責任を負わせた。裁判所は、総経理を兼務している取締役は、監督・是正権限を持っているものの、会社の違法行為に対して何も積極的な手段を行っていなかったため、30％の連帯責任を負うとし、一方で、子会社の総経理を兼務している取締役は、子会社の7500万の資金が会社口座に入金されなかったことを知っているはずにもかかわらず、これを放置したため、勤勉義務の違反に該当し、60％の連帯責任を負うと判示した。また、独立取締役の責任に関し、上場会社の財務諸表については、「保留意見がない財務報告書」ではなく、公認会計士事務所が「意見を表示することができない財務報告書」を出した事案であったところ、「意見を表示することができない」という審査意見はある程度のリスクを摘示しているということができると評価した。しかし、それでも、独立取締役は何もせず

---

33) 黄輝「社外取締役の法的義務と責任追求：比較法の経験と中国の選択」中外法学2023年1号217～219頁。

34) 繆因知「比例連帯責任の法的性格及び求償規則の構築について」政治と法律2024年4号。

に開示資料に署名したため、勤勉義務の違反に該当すると判断された。

また、2023年9月に起きた「楽視会社事件」において、北京金融法院は、発行会社が20.4億人民元を投資者に賠償するよう命じた。この事件では、会社の董事長であり、実質的支配者でもある者には100％の連帯責任を負わせた。虚偽記載に関与しない取締役については0.5％の連帯責任を負わせ、3名の独立取締役が対象となった。この0.05％の比率は今までで最も低い比率であったが、それでも約100万人民元を賠償しなければならなかった。

6　おわりに

中国では、商事法制の取締役及びその他の多くの社会組織等の機能に対する理解において、「取締役に対する同情」が欠ける。人の行為能力の限界と行為に対するコスト拘束の観点が重視されていない。ビジネスの分野は、リスクが高く、流動的で、時機が重要であると共に、定式が少ない。法令を遵守することは経営の成功に有利であるが、逆に言えば、経営の失敗は必ずしも法令遵守をしないことによるものではない。しかし、中国の監督機関は、事後の違法な結果を、少数者の意図がよくない、あるいは勤勉しないという事前の態度の非難に帰結する。このため、より多くの規制、より厳格的な責任を定めることによって取締役を規制し、取締役に理想的な役割を果たしてもらおうとする。また、市場における経営活動のリスクに対し、合理的に許容される範囲すら有しない。このような状況は、市場の規律に合わないため、市場の発展に対し消極的な影響を与え得る。いかにしてこの問題を改善するかは、中国の会社法制ないし市場法制の発展にとって重要な問題である。

6 支配株主規制の体系とその特徴

朱大明

---

1 序
2 支配株主規制の体系
3 支配株主規制における問題点
4 支配株主規制体系の特徴

---

1 序

　中国では、資本市場において株主が比較的集中している[1]ため、いかにして支配株主を規制すべきかが会社法の最も重要な問題である。

　支配株主の規制については、どのような理論を基礎として構築するかが重要な問題である。諸外国の会社法を見れば、アメリカの信認義務理論、ドイツの忠実義務理論、日本の資本多数決濫用等の理論が存在する[2]。中国では、2005年会社法の改正により、権利濫用を基礎として支配株主の規制制度が構築された。その内容については、「支配株主は、法令及び会社の定款を遵守し、法令により株主の権利を行使しなければならず、株主の権利を濫用して会社又はその他の株主の利益を損なってはならない。支配株主は、株主権利を濫用して会社又はその他の株主に損失を与えた場合、賠償責任を負わなければならない。」との規定が設けられていた（2005年中国会社法第20条第1項、第2項）。この規定においては、①支配株主の権利濫用禁止義務と②支配株主の法令遵守義

1）その詳細は李建偉『会社制度、コーポレートガバナンスと会社管理』（人民法院出版社、2005年出版）118頁以降を参照されたい。
2）朱大明『支配株主規制の研究』（信山社、2012年）、220頁。

務等が定められていたと解されている[3]。

　しかし、2005年改正中国会社法第20条第１項は、原則的な規定に止まり、この規定の適用には不明確な部分が多数存在しているため、屡々批判されている[4]。さらに、20条第１項は会社法の原則にすぎないため、そのまま適用することができないと主張されている[5]。実務では、第20条第１項と第２項を直接に適用して判断した判例があるが、その適用が慎重に行われるため、直接に適用する事件数は多くない。

　一方で、証券市場においては、支配株主権利濫用の事件が多発し、支配株主及び実質的支配者が会社を侵害した事件が多発している。支配株主権利濫用は深刻化しつつあり、監督機関となる中国証券監督管理委員会は、厳しく支配株主の責任を追求することを近年の重要な法政策として実施している[6]。

　このような背景のもとに、2023年中国会社法の改正において、支配株主規制は最も重要な課題として検討された。支配株主規制を強化する方法として、多くの者はアメリカの信認義務を導入すべきと主張している[7]。これに対して、中国の支配株主規制（第20条第１項）の規定は民法の不法行為法理に基づくものであって、そのまま直接に適用することができるとの意見もある[8]。実際の判例からすれば、後者が採られていると見受けられる。結局、2023年中国会社法の改正により、①実質的支配者の範囲が拡大されること、②「影の取締役」が導入されること、③「事実上の取締役」が導入されること、④支配株主の権利濫用が株式買取請求権を行使できる場面に加えられること、⑤姉妹会社の法人格否認が認められること、⑥二重代表訴訟が導入されること、等の改正が行われた。これらの新しい規定は、「どのように適用すべきか」と「支配

---

3 ）朱大明＝行岡睦彦「支配株主による影響力濫用の規制」清華法学2019年２号、71頁。

4 ）傅穹「会社利益の理念のもとに支配株主の本土治理と構築」学術論壇2021年４号、15頁。

5 ）趙旭東「会社コーポレートガバナンスにおける支配株主とその法律規制」法学研究2020年４号、96頁。

6 ）2021年７月に国務院等により制定された「法律に従い証券の違法活動を厳しく規律する意見」15条において支配株主・実質的支配者の責任追及を強化すべきであると明確に定められていることを例として挙げられる。

7 ）趙旭東「会社コーポレートガバナンスにおける支配株主とその法律規制」法学研究2020年４号、107頁。

8 ）朱大明「アメリカ会社法の視点からみた信認義務の本義とその移植の可能性」比較法研究2017年５号、58頁。

株主規制にどのような影響が与えられるか」について非常に不明確であって、改正された後の支配株主規制の重要な問題として解明しなければならない。本稿は2023年改正中国会社法に基づきこれらの問題を取り上げて検討する。

2　支配株主規制の体系と2023年会社法改正の意義

ア　支配株主規制の内容

2023年改正中国会社法に基づき、中国の会社法における支配株主規制は、主として以下の9点から構成される。①支配株主の法令遵守義務、権利濫用禁止義務が明文で定められている（第21条）。②支配株主の関連取引の濫用が禁止されている（第22条）。③支配株主の延長線として、株主の身分を有するか否かを問わず、会社に対する支配力（影響力）を有するのであれば、実質的支配者として規制の対象に含まれる（第265条第1項3号）。④支配株主及び実質的支配者は、会社の取締役でなくても会社の業務執行を行う場合には、取締役と同様に、会社に対する忠実義務と注意義務を負う（第180条第3項）。⑤支配株主及び実質的支配者が、取締役又は高級管理職に指示して、会社又は株主の利益に損害を与えることを行わせた場合には、その取締役又は高級管理職と連帯して責任を負う（第192条）。⑥支配株主が権利を濫用して会社又はその他の株主に重大な損害を与えた場合には、その他の株主は株式買取請求権を行使することが認められる（第89条第3項）。⑦姉妹会社を含める会社の法人格否認が明文化されている（第23条）。⑧支配株主の責任の追及手段として、株主代表訴訟が定められている（第189条第1項・2項）。⑨二重代表訴訟が定められている（第189条第3項）。

以上のうちで、①②⑧は2023年中国会社法改正前からそのまま維持された規定である。③⑦は改正前の規定が修正されたものである。④⑤⑥⑨は2023年改正中国会社法により新設されたものである。そのうち、④⑤⑥は新設の法制度として、その適用について注目が集まっている。

イ　支配株主規制の体系

中国の支配株主規制の体系は、権利濫用を中心に構築されるものである。支配株主の権利濫用については、(i)株主権の濫用、(ii)影響力の濫用の2種類に分

けることができる。上記した中国における支配株主規制の中で、④⑤⑥は全部
(ⅱ)に帰属するということができる。これによって、2023年改正中国会社法は
多くの者に支持されているアメリカの信認義務を導入せず、支配株主権利濫用
を詳細化することによりその体系を改善した。また、④⑤⑥⑨の新設及び③⑦
の改正により中国の支配株主規制を大幅に強化したことは明らかである。中国
会社法における支配株主規制の体系の構造については、下記の「支配株主規制
の体系図」を参照されたい。

【支配株主規制の体系図】

支配株主の範囲	支配株主 (265条第1項2号)	行為規制	権利の濫用 (21条第1項)	株主権の濫用 (21条第1項)	責任追及	会社又は株主による損害賠償訴訟 (21条第2項、22条、180条3項、192条)
				議決権行使の回避 (15条)		
	実質的支配者 (265条第1項3号) (改正) (140条(新設)		影響力の濫用 (21条第1項)	関連関係取引 (22条)		代表訴訟 (189条第1項～3項)
				事実上の取締役 (新設) (180条第3項)		二重代表訴訟 (189条第4項)
				影の取締役(新設) (192条)		
				株式買取請求権 (新設) (89条)		
				法人格否認(改正) (23条)	責任追及	債権者による損害賠償訴訟(23条)

148

ウ　法律条文の整理

　中国会社法における支配株主規制を分かりやすく説明するために、以下では、2023年改正中国会社法（現行会社法）における支配株主規制に関する重要な条文をまとめる。

1　中国会社法第21条（支配株主の権利濫用禁止義務、法令遵守義務）

【第1項】会社の株主は、法律、行政法規及び会社定款を遵守し、法により株主の権利を行使しなければならず、株主の権利を濫用して会社又はその他の株主の利益を損なってはならない。

【第2項】会社の株主は、株主の権利を濫用して会社又はその他の株主に損失を与えた場合、賠償責任を負わなければならない。

2　中国会社法第15条（支配株主の議決権行使の回避）

【第1項】会社がその他の企業に投資し、又は他人のために担保を提供する場合、会社定款の規定に従い、取締役会又は株主総会が決議を行う。会社定款が投資又は担保の総額及び単一の投資又は保証の金額について限度額を定めている場合、所定の限度額を超えてはならない。

【第2項】会社が会社の株主又は実質的支配者のために担保を提供する場合、株主総会の決議を経なければならない。

【第3項】前項に定める株主又は前項に定める実質的支配者の支配を受ける株主は、前項に定める事項についての議決に参加することができない。当該議決は、会議に出席するその他の株主の保有する議決権の過半数によって採択する。

3　中国会社法第22条（関連関係濫用の禁止）

【第1項】会社の支配株主、実質的支配者、取締役、監査役、高級管理職は、関連関係を利用して会社の利益を損なってはならない。

【第2項】前項の規定に違反し、会社に損失を与えた場合、賠償責任を負わなければならない。

4　中国会社法第180条（事実上の取締役の規制）

【第1項】取締役、監査役、高級管理職は、会社に対して忠実義務を負い、自己の利益と会社の利益との相反を回避するための措置を講じなければならず、職権を利用して不当な利益を得てはならない。

【第2項】取締役、監査役、高級管理職は、会社に対して勤勉義務を負い、職務執行にあたっては会社の最大の利益のために管理者が通常尽くすべき合理的な注意義務を尽くさなければならない。

【第3項】会社の支配株主、実質的支配者が会社の取締役に就任していないが、会社事務を実際に執行する場合、前二項の規定を適用する。

5　中国会社法第190条（影の取締役の規制）

会社の支配株主、実質的支配者は、取締役、高級管理職に指示して会社又は株主の利益を損なう行為に従事させた場合、当該取締役、高級管理職と連帯して責任を負う。

6　中国会社法第89条（支配株主の権利濫用に関連する買取請求権）

【第1項】次の各号に掲げる事由のいずれかが生じた場合、株主総会において当該決議に反対票を投じた株主は、会社に合理的な価格でその持分を買い取るよう請求することができる。

（一）会社が5年連続して株主に利益分配を行わず、当該5年連続して利益があり、かつ本法に定める利益分配条件に合致するとき

（二）会社が合併し、分割し、主要財産を譲渡するとき

（三）会社定款に定める営業期間が満了し、又は定款に定めるその他の解散事由が生じ、株主総会が定款修正の決議を採択し、会社を存続させたとき

【第2項】株主総会の決議が行われた日から60日以内に、株主と会社が持分買取について合意に達することができない場合、株主は、株主総会の決議が行われた日から90日以内に人民法院に訴訟を提起することができる。

【第3項】会社の支配株主が株主の権利を濫用し、会社又はその他の株主の利益を著しく損なった場合、その他の株主は、会社に合理的な価格でその持分を買い取るよう請求する権利を有する。

【第4項】会社が本条第一項、第三項に定める事由により買い取る自社の持分については、6か月以内に法により譲渡又は消却しなければならない。

7　中国会社法第23条（法人格否認と姉妹会社の法人格否認）

【第1項】会社の株主は、会社法人の独立的地位及び株主の有限責任を濫用し、債務を免れ、会社の債権者の利益を著しく損なった場合、会社の債務について連帯責任を負わなければならない。

【第2項】株主が自己の支配下にある2社以上の会社を利用して前項に定める行為を行った場合、各会社は、いずれの会社の債務についても連帯責任を負わなければならない。

【第3項】1名のみの株主を有する会社において、株主は、会社の財産が株主自身の財産から独立していることを証明できない場合、会社の債務について連帯責任を負う。

8　中国会社法第189条（株主代表訴訟と二重代表訴訟）

【第1項】取締役、高級管理職に前条に定める事由がある場合、有限責任公司の株主、180日以上連続して単独又は合計で会社の1％以上の株式を保有する股份有限公司の株主は、書面により監査役会に人民法院への訴訟の提起を請求することができる。監査役に前条に定める事由がある場合、上記株主は、書面により取締役会に人民法院への訴訟の提起を請求することができる。

【第2項】監査役会若しくは取締役会が前項に定める株主の書面による請求を受けた後に訴訟の提起を拒否し、若しくは請求を受けた日から30日以内に訴訟を提起しない場合、又は情況が緊急であり、直ちに訴訟を提起しなければ会社の利益に回復しがたい損害を与えうる場合、前項に定める株主は、会社の利益のために自己の名義により人民法院に直接訴訟を提起する権利を有する。

【第3項】他人が会社の合法的権益を侵害し、会社に損失を与えた場合、本条第一項に定める株主は、前二項の規定により人民法院に訴訟を提起することができる。

【第4項】会社の完全子会社の取締役、監査役、高級管理職に前条に定める事由がある場合、又は他人が会社の完全子会社の合法的権益を侵害し、損失を与えた場合、有限責任公司の株主、180日以上連続して単独又は合計で会社の1％以上の株式を保有する股份有限公司の株主は、前三項の規定により書面により完全子会社の監査役会、取締役会に人民法

院への訴訟の提起を請求することができ、又は自己の名義により人民法院に直接訴訟を提起することができる。

9　中国会社法第265条（支配株主と実質的支配者の定義）

本法における次の各号に掲げる用語の定義は、以下のとおりとする。

（一）高級管理職とは、会社の経理（日本の執行役に相当する）、副経理、財務責任者、上場会社の取締役会秘書及び会社定款に定めるその他の者をいう。

（二）支配株主とは、その出資額が有限会社の資本総額の50%超を占める株主、又はその保有する株式が株式会社の株式資本総額の50%超を占める株主、及び出資額又は保有株式の比率は50%未満であるが、その出資額又は保有株式により享受する議決権が株主総会の決議に重大な影響を与えるのに十分である株主をいう。

（三）実質的支配者とは、投資関係、合意又はその他の手配によって会社の行為を実質的に支配できる者をいう。

（四）関連関係とは、会社の支配株主、実質的支配者、取締役、監査役、高級管理職とその直接又は間接的に支配する企業との間の関係、及び会社の利益移転をもたらしうるその他の関係をいう。ただし、国が持分を支配する企業間では、国により持分が支配されていることのみによって関連関係を有することはないとする。

3　支配株主規制における問題点

(1)　支配株主の認定基準

ア　支配株主と実質的支配者の定義

中国会社法においては、支配株主の定義が明確に定められている。現行中国会社法第265条第1項第2号によれば、支配株主とは、その出資額が有限責任公司の資本総額の50%超を占める株主、又はその保有する株式が股份有限公司の株式資本総額の50%超を占める株主、及び出資額又は保有株式の比率は50%未満であるが、その出資額又は保有株式により享受する議決権が株主総

会の決議に重大な影響を与えられる株主をいう。この定義は2005年の改正中国会社法により導入され、現行法までそのまま引き継がれたものである。この規定によれば、(i)その出資額が有限責任会社の資本総額の50％超を占める、(ii)その保有する株式が株式会社の株式資本総額の50％超を占める、(iii)出資額又は保有株式の比率が50％以下であっても、その出資額又は保有株式により有する議決権が株主総会の決議に重大な影響を与える、という要件のいずれかに該当する場合は、支配株主に該当するとされている。この定義のうち、(i)と(ii)は明確であり、(iii)でいう「重大な影響」を一体どのように解すべきか問題となる。この点について、2020年に改正された「上場会社買収管理規則」第84条[9]において定められた支配株主の定義が参考になる。具体的には、「上場会社買収管理規則」84条によれば、投資者が下記のいずれかの条件を満たしたら、支配株主に該当すると定められた。①投資者が上場会社の50％以上の株式を有する支配株主であるとき、②投資者が実質的に支配できる上場会社の議決権が30％を超えるとき、③投資者が上場会社の議決権を実質的に支配することによって会社取締役会の過半数のメンバーの選任を決定することができるとき、④投資者が上場会社の議決権を実質的に支配することによって会社の株主総会の決議に対し重大な影響を与えるとき、⑤中国証券監督管理委員会が認めるその他の状況があるとき。この「上場会社買収管理規則」における支配株主の定義は、中国会社法の規定と比べてみると、①「30％を超える議決権を実質的に支配する場合」、②「過半数の取締役の人事決定権を有する場合」、③「株主総会決議に対する重大な影響力を有する場合」という３つの場合は実質的支配者に該当するとされている。この①と②及び③は「重大な影響」を具体化するものであるということができる。

9）2020年「上場会社買収管理方法」第84条は以下のとおりである。

　以下のいずれかの状況があれば、上場会社の支配権を有すると見なす。

　①投資者は上場会社の50％以上の株式を有する支配株主であること。

　②投資者は実質的に支配できる上場会社の議決権が30％を超えること。

　③投資者は上場会社の議決権を実質的に支配することによって会社取締役会の過半数のメンバーの選任を決定することができること。

　④投資者は上場会社の議決権を実質的に支配することによって会社の株主総会の決議に対し重大な影響を与えること。

　⑤中国証券監督管理委員会が認めるその他の状況。

また、中国会社法において、支配株主とともに実質的支配者の概念が設けられており、中国会社法265条第1項第4号によれば、実質的支配者とは、投資関係、合意又はその他の手段によって会社の行為を実質的に支配できる者をいう。改正前の会社法と比べると、実質的支配者の身分に「株主の身分を有しない」との要件が廃止された[10]。これによって株主の身分を有するか否かを問わず、実質的支配者として認定されうる。

イ　支配株主の認定

会社の「支配者」は、理論上は、①50％超の株式を有する者、②50％超の株式を有しないが、会社に重大な影響を与えることができる程度の持株比率を有する者、③50％以上の株式を有しないが、その支配している株主の所有する株式（間接保有）を合わせて50％以上を有する者、④50％以下の株式を有し、契約等により会社に対する支配力（影響力）を有する者、⑤直接に株式を有しないが、間接的に50％以上の株式を有する者、⑥株式を有しないが、契約等により会社に対する支配力（影響力）を有する者、の六つの類型に分けられる（次頁「会社の支配者の類型図」を参照されたい）。

上述した中国における支配株主の定義については、「形式基準＋実質的基準」が採られている。実際、形式的な基準（会社法上の持株比率が50％以上、証券法上の持株比率が30％以上）を満たさない株主を支配株主と認定することは困難である。中国の実務では、「実質的基準」に従って支配株主を判断することは少なく、形式的基準で判断されることが多い。つまり、③④⑤⑥の判断は困難であって問題になっている。③④⑤⑥の「実質的支配者」の定義を適用することができるかについては、2023年法改正前においては、「実質的支配者」の認定要件に「会社の株主の身分を有しない」が求められるため、⑤⑥の場合に、理屈上は「実質的支配者」の定義を適用することが可能である一方、③④の場合は「実質的支配者」を適用することができなかった。これによって、③④⑤⑥の中に、特に③④の認定は問題となっていた。

これにより、中国では、③④⑤⑥の認定は問題となっており、特に③④の認

---

10)　改正前の中国会社法第216条第1項第3号において、実質的支配者とは、会社の株主ではないが、投資関係、合意又はその他の手段によって会社の行為を実質的に支配できる者をいうと定義されていた。

定は困難であった。

　この問題を解決するために、2023年改正中国会社法における重要な問題の一つとして実質的支配者の規制が強化された。改正の内容については、以下の二つの面から三点の重要な改正が行われた。(i)実質的支配者の範囲が拡大された。(ii)実質的支配者の責任が強化された。(i)に関して、会社法に定められた実質的支配者の定義に求められている「株主の身分を有すること」が廃止された。これにより、③④の認定については、支配株主と認定することもできるし、実質的支配者と認定することも可能となった。言い換えれば、実質的支配者の範囲が広げられたことによって、実質的支配者の範囲は支配株主の範囲と重なる部分が生じる。この重なる部分（③④）をダブルの規制で対応することにより、③④の規制を強化することができる。(ii)については、新設された影の取締役制度において、実質的支配者は、支配株主と同じく会社の取締役を勤めないものの、会社の業務執行を行う場合は、取締役と同様に、会社に対する忠実義務と勤勉義務を負わなければならないとされた（第180条）。また、新しく導入される事実上の取締役制度においても、実質的支配者は取締役又は高級管理職に指示して、会社又は株主の利益に損害を与えることを行わせる場合は、支配株主と同様に、その取締役又は高級管理職と連帯して責任を負わなければならない（第192条）。つまり、実質的支配者に該当すれば、原則として支配株主と同様の責任を負わなければならない。

【会社の支配者の類型図】

	会社の支配者の類型
類型①	50％超の株式を有する者
類型②	50％超の株式を有しないが、会社に重大な影響を与えることができる程度の持株比率を有する者
類型③	50％以上の株式を有しないが、その支配している株主の所有する株式（間接保有）を合わせて50％以上を有する者
類型④	50％以下の株式を有し、契約等により会社に対する支配力（影響力）を有する者
類型⑤	直接に株式を有しないが、間接的に50％以上の株式を有する者
類型⑥	株式を有しないが、契約等により会社に対する支配力（影響力）を有する者

(2)　支配株主権利濫用禁止の適用

　中国会社法第21条第1項に支配株主権利濫用禁止義務が定められている。この規定に関して、主として①この規定の理論根拠と②この規定が直接に適用できるか、の二つの問題があり、活発に検討が行われている。①に関しては、21条第1項はアメリカ法の信認義務に基づくものであるとの見解がある[11]。しかし、信認義務は成文法の国である中国として法律の根拠が欠ける状況のもとに認めることは困難であるため、支配株主と会社又は少数株主の間に事実信託の関係が存在することを認めることが妥当ではないと思われ、したがって、不法行為の理論に基づき定められるものであるとの見解の方が納得されやすく、多くの者に支持されている。

　②については、中国では、会社法第21条第1項の規定は株主権利濫用禁止に関する原則的な規定として、会社法に定められる株主権利の規定と組み合わせて適用しなければならず、21条第1項のみを適用して、支配株主権利濫用の責任を追及することはできないとの見解が存在している。しかし、ロジックとしては、第21条第1項の規定と会社法に定められる具体的な株主権の規定と合わせて行使する他ないと解したとしても、株主権の規定に違反する場合には、株主権の規定だけを根拠として支配株主の責任を追及することができる。そうすると、第21条第1項が存在する意味がなくなるため、そもそも第21条第1項がどのような意味を持つかを考えなければならない。また、「第21条第1項に定められる権利濫用禁止に触れる」と「会社法に定められる株主権の規定に違反する」の2種類の状況は同様ではない。「権利濫用」の範囲は「法令違反」よりも広い。つまり、「法令違反」に該当しなくても、権利濫用に該当しその責任を追及することがありうる。そうすると、当然に、株主権の違反ではなく、「権利濫用禁止の義務」に違反し、第21条第1項を根拠としてその責任を追及することがある。それが21条第1項の独自の存在意義であろう。

---

11)　王建文「我が国における支配株主信認義務を構築する根拠とアプローチ」比較法研究2020年1号、93頁。

⑶　関連関係取引規制の位置づけ

　現行中国会社法第22条第1項において、会社の支配株主、実質的支配者は
関連関係を利用して会社の利益を損なってはならない。それに違反する場合
は、支配株主又は実質的支配者は会社に対して損害賠償責任を負わなければな
らないと定められている。この規定は「関連関係取引の規制」となる。「関連
関係取引の規制」は、支配株主規制に含まれ、それに違反する行為の性質は支
配株主の影響力濫用に帰属する。

　実務では、関連関係取引を通じて会社の利益を損なうことが多発している。
そのため、2005年中国会社法の改正により「関連関係取引の規制」が導入さ
れた。「関連関係取引の規制」の導入により、支配株主権利濫用の抑制に寄与
することが大いに期待されている。

　また、「関連関係取引」により会社の利益を損なった具体的な事件の中で、
近年、担保提供により会社の利益を損なった事件の数は極めて多い[12]。担保提
供に関して、株主総会又は取締役会の承認が必要とされ、会社の支配株主又は
実質的支配者に担保提供する場合は、総会の決議に支配株主又は実質的支配者
に支配される株主が議決権を行使することができないとされている（第15条）
ところ、その規定の属性が組織法の規定か、それとも取引法の規定かについて
意見が分かれており[13]、対立する判決も存在していることが原因としてある。

　なお、上場会社は「関連関係取引」を行う場合は、情報開示をしなければな
らない。

⑷　影の取締役と事実上の取締役の適用

ア　定義と支配株主規制との関係

　影の取締役とは、一般的には、会社の影響力を通じて、会社の取締役に会社
の利益を損なう行為を指示する者をいう。ここでいう「指示する」という用語
は、今回の中国会社法2回目改正草案から使用されることになっている。その

12）呉越「法定代表人越権代理行為の効力の検討」政法論壇2017年5号、94頁。
13）高聖平「会社法定代表人が越権して担保提供をする行為効力の再検討」現代法学2021年6
　号、19頁。

前に、改正草案には「指使する」という用語が使用された[14]。「指使する」は日本語にはない言葉かもしれないが、その違いを一言で言えば、「指示する」の方が、行為者が中立的に立場に立つというイメージが強い。言い換えれば、「指示する」自体は違法行為ではないことが強調されていると考えられる。

事実上の取締役とは、一般的には、会社の取締役ではないにもかかわらず、取締役であるという他人の誤解に基づいて会社の利益を害する行為を行う者をいう。

影の取締役と事実上の取締役は、会社に損害を与える行為を行うことができる前提として、会社に対する影響力を有する。したがって、影の取締役と事実上の取締役に該当する者は、会社の支配株主又は実質的支配者にも該当することが一般的である。これにより、影の取締役の規制と事実上の取締役の規制は「支配株主の影響力濫用」を具体化したものであるということができる。

② 判断基準

ア 影の取締役の判断基準

影の取締役は、会社の取締役等の経営者に指示して会社に損害を与える行為を実施させる者であるため、その行為を実施する前提として、会社に対する支配力（影響力）を有する必要がある。言い換えれば、「指示する」の前提として「会社に対する指揮権」を持たなければならない。「指示する」については様々な具体的状況があり、様々な視点から解釈することができる。影の取締役を規制する理論については、会社に損害を与える加害者より、会社の経営機関に代替して経営事項を決定するため、会社の経営機関としての責任を負うべきである。この視点からして「会社に対する指揮権」の有無をどのように判断するかについて、以下の三つの要件を満たす必要がある。第一に、指揮期間の要件である。影の取締役は、一度ではなく、継続的に会社に対する一定の支配権を形成する立場にあるべきである。第二に、指揮程度の要件である。影の取締役は、1人の経営者を支配しているのではなく、取締役会の構成員全員または構成員の半数以上を支配することが必要である、第三に、支配事項の要件である。影の取締役は、特定の事項や分野だけを支配するのではなく、会社の業務

---

14) 2回目会社法改正草案191条。

執行や意思決定等の多くの事項を支配し、会社の運営に対して全般的な影響を与えることができる必要がある。

イ　事実上の取締役の判断基準

事実上の取締役は取締役の延長線にあるものとして、取締役と「高度の類似性」があることが求められる。その点からして、事実上の取締役は影の取締役と異なり、合法的な根拠を有することが必要である。逆に言えば、何も合法的な根拠なく、会社の取締役を称して経営活動を行う者は事実上の取締役の範囲に含まれない。「高度の類似性」の要件として最も重要なのは、①「登記したこと」と②「選任の手続がなされたこと」となる。例えば、選任の手続がないにもかかわらず、取締役として登記された場合は、その「登記した」ことは「高度の類似性」に該当するのである。第二に、「選任の手続がなされたこと」である。この基準では、以下の二つの場合に事実上の株主が成立する可能性がある。一つは、取締役が選任されたが、その任期がまだ始まっていないが、対外的に取締役であると主張する場合であり、もう一つは、任期が満了しているにもかかわらず、その取締役が、明示的または黙示的に、自分がまだ取締役の名義で会社の経営活動を行う場合である。

事実上の取締役の範囲については、自然人も法人も事実上の取締役に該当しうることを認めるべきである。自然人が事実上の取締役に該当することは当然であるが、法人を認める理由は、支配株主を厳しく規制するべきとの観点からすれば、事実上の取締役を会社の支配株主又は実質的支配者の一種類として認めることは、支配株主規制を強化することにつながることに求められる。

ウ　両者の区別と両者の関係

影の取締役と事実上の取締役を明確に区別することは、影の取締役と事実上の取締役の適用に関わる重要な問題である。アとイに述べたように、両者の最も重要な違いは、行為者が自ら会社の利益を損なう行為を行ったか否かという点である。

影の取締役と事実上の取締役の関係については、二つの方法がありうる。(a)事実上の取締役は影の取締役に含めるとし、事実上の取締役は影の取締役の一種と位置付ける。(b)事実上の取締役と影の取締役は並立する関係にある。筆者は、(b)を支持したい。その理由については、中国の会社法では、影の取締役と

事実上の取締役につきそれぞれ定められるため、(a)を採って解釈するならば、2か条を置いて影の取締役と事実上の取締役をそれぞれ定める必要はない。逆に言えば、事実上の取締役を定める意義はなくなる。(b)を採れば、影の取締役と事実上の取締役の導入により支配株主による影響力の濫用を具体化することができるため、支配株主規制の強化に重要な意義がある。これにより、(b)を採って解釈することは合理的である。

　エ　責任の追及

　事実上の取締役は、自ら取締役の権限を行使するため、取締役と同様に会社に対する忠実義務と勤勉義務を負わなければならない。一方で、影の取締役は、会社の経営機関に代替して会社の経営活動を行うため、会社の経営機関の責任を負わなければならない。

　両者の責任の属性については、①形式的解釈説と②体系的解釈説の二つの解釈方法がありうる。①は法文に忠実に解釈するものである。具体的には、両者の責任はともに損害賠償責任であるが、その行為に違いがあるため、行為の属性は異なる。形式上、影の取締役の責任は、取締役の責任と同様に忠実義務・勤勉義務の違反により生じるものである。忠実義務・勤勉義務は委任関係に基づくものであり、事実上の取締役は会社に対して損害賠償責任を負うと定められているため、責任の属性は支配株主と類似して不法行為による責任であると解すべきである。しかし、この解釈の方法には二つの問題がある。第一に、事実上の取締役と影の取締役のバランスはよくない。つまり、その責任がそれぞれ異なる。ある意味、責任を追及しにくい点からすれば、事実上の取締役の責任は軽い。第二に、支配株主規制との関係についてである。事実上の取締役制度は支配株主を詳細化したものとして、その制度がなくても、21条第1項により責任を追及することができる。これによれば、事実上の取締役制度を定める意義はどこにあるかが問題になる。②は、支配株主規制の体系から解釈するものである。具体的には、両制度は支配株主規制を強化する視点、あるいは支配株主規制の体系との関係で検討しなければならない。影の取締役は、忠実義務・勤勉義務の違反により生じる損害に対して、会社と連帯して損害賠償責任を負わなければならないと定められている。事実上の取締役の認定については、「高度の類似性」を求めるべきであり、その責任は不法行為によるもので

はなく、会社に対する忠実義務・勤勉義務の違反により生じるものであると解すべきである。言い換えれば、事実上の取締役は影の取締役と同様に忠実義務・勤勉義務の違反による責任を負わなければならないと解すべきである。そして、影の取締役の責任と事実上の取締役の責任を追及するときに、忠実義務・勤勉義務の違反により生じる責任を追及することができるだけではなく、影の取締役又は実質的支配者が支配株主に該当する場合に、第21条第1項に従って当該影の取締役又は事実上の取締役の責任を追及することもできる。言い換えれば、影の取締役又は事実上の取締役の責任追及については、簡単に言えば、支配株主の権利濫用行為に対して二つの責任追及方法があるということになる。②の体系解釈説は支配株主規制の強化において重要な意義がある。

(5) 支配株主の権利濫用に対抗する手段としての株式買取請求権

2023年改正中国会社法によれば、有限会社の場合は、「会社の支配株主が株主の権利を濫用し、会社又はその他の株主の利益を著しく損なった場合、その他の株主は、会社に合理的な価格でその持分を買い取るよう請求することができる」と新しく定められた。この規定の運用に関しては、何も定められていないため、非常に不明確である。

「支配株主が株主の権利を濫用し、会社又はその他の株主の利益を著しく損なった場合」の適用については、理論上は以下の二つの解釈する方法がある。(i)「独立する場面として解釈する」という考え方がある。すなわち、「支配株主が株主の権利を濫用し、会社又はその他の株主の利益を著しく損なった場合」は、会社法に定められる株式買取請求権を行使できる場面と平行して、一つの独立した株式買取請求権を行使できる場面として解釈する。(i)以外に、(ii)「法体系から解釈する」の解釈方法もあると考える。(ii)は「支配株主が株主の権利を濫用し、会社又はその他の株主の利益を著しく損なった場合」は、会社法に定められる株式買取請求権を行使できる場面と平行するものではなく、これを補足するものとして解釈するものである。具体的にいうと、株式買取請求権を行使する前提として、株主が決議事項に反対投票を行ったことがある。これによれば、会社法第161条第1項～3項に定められる「会社法に定められる株式買取請求権を行使できる場面」に関して、そもそも株主総会で決議してい

ない等の場合は、株主は反対投票をするチャンスがないため、株式買取請求権の行使要件を満たさないから、株式買取請求権を行使することができないことになってしまう。簡単に言えば、法規定の体系からして、第161条第1項～3項の適用に支配株主の権利濫用により障害が生じる場合は、第4項に定められる「支配株主が株主の権利を濫用し、会社又はその他の株主の利益を著しく損なった場合」に該当して、株主は買取請求権を行使できると考える。

　筆者は、(ii)が妥当であると考える。その理由は、主として以下の三つがある。第一に、適用の範囲が明確である。「支配株主が株主の権利を濫用し、会社又はその他の株主の利益を著しく損なった場合」の適用範囲につき、①「権利濫用の範囲」と②「著しく損なったことの判断基準」を明確にすることは困難である。(ii)を採ることは、①と②の判断の改善に有利である。第二に、支配株主規制の体系から見て合理的である。中国の会社法では、支配株主の権利濫用禁止義務が明確に定められている（中国会社法21条第1項・2項）。支配株主が権利を濫用して会社又はその他の株主に損害を与えた場合は、損賠賠償責任を負わなければならないとされている。(i)を採るならば、支配株主が権利を濫用して会社又はその他の株主に損害を与えた場合は、損害を被った株主は支配株主を訴えて損害賠償責任を追及する以外に、株式買取請求権を行使することによって会社を退出するという選択肢が認められる。これは、支配株主権利濫用禁止義務の規定に対してどのような影響が与えられるかは別として、支配株主と少数株主の矛盾を会社の利益を犠牲する（会社の財産を減らす）ことによって解決することは妥当ではない。第三に、会社の利害関係者の保護から見てより妥当である。株式買取請求権の本質は、株主に会社を退出する機会を与えるものである。(i)を採って株式買取請求権の適用範囲を拡大すれば、会社の財産が減る可能性が高くなることによって、会社の債権者（潜在的な損害を含む）や株式買取請求権を行使する者以外の株主のような会社の利害関係者の利益に影響が及ぼされうる。そのため、株式買取請求権の行使範囲を拡大することについては、原則として否定的な立場に立つべきである。

(6)　二重代表訴訟の導入と支配株主の抑制

　2023年改正中国会社法により導入された多重代表訴訟では、日本法と同様

に100%親会社の株主に提訴権が与えられるが、被告の範囲は中国の株主代表訴訟と異なり、子会社の取締役に限定されている[15]。

　中国会社法の日本会社法との最も重要な差異は、株主代表訴訟の被告範囲に支配株主又は実質的支配者が含まれている点にある[16]。この前提のもとに、2023年会社法の改正において、二重代表訴訟を認める趣旨が親会社の利益保護だけではなく、子会社の取締役の責任を厳しく追及することにより、子会社の取締役は親会社（支配株主）による不当な指示を対抗する意志又は意欲を引き上げることにあった点も重要である。簡単に言えば、二重代表訴訟は支配株主（親会社）の権利濫用を間接的に抑制する機能がある。

4　支配株主規制体系の特徴

　2023年中国会社法の改正により、中国における支配株主規制の体系は大幅に改善された。改正後の中国会社法に基づき、中国の支配株主規制の体系に関しては、以下の三つの特徴がある。第一に、不法行為法理が支配株主を規制する理論の基礎とすることは維持されている。第二に、支配株主の権利濫用において、影響力の濫用が詳細化されることにより規制が大幅に強化された。第三に、支配株主の権利濫用の責任を追及する方法は多様化している。つまり、支配株主の権利濫用に対しては、21条第1項に従い損害賠償責任を追及することができ、影の取締役と事実上の取締役の規制に対して損害賠償責任を追及することもできる。また、反対株主が株式買取請求権を行使できる場面には、支配株主による権利濫用が加えられたので、会社を退出する少数株主の権利が強化された。

15）2023年改正中国会社法189条。
16）神田秀樹＝朱大明「日中会社法の比較2──株主代表訴訟・種類株式」法律時報1196号、106頁。

⑦ 実質的支配者の識別基準と制度表現

周遊

---

1 はじめに
2 実質的支配者識別のルールのジレンマ
3 誰が実質的支配者か──行政と司法においての実務相違
4 実質的支配者の識別基準についての制度革新
5 おわりに

---

1 はじめに

　実質的支配者は中国企業の内部統治及び外部行動に重要な影響を及ぼす。企業の株式構造が日々複雑化しており、実質的支配者は通常、裏で企業の経営管理や重大な決断を行い、多重持株などの手法を用いて段階的に支配関係を構築する。その存在は隠されやすく、発見しにくいものである。実質的支配者が企業を過度に支配すると、株主総会や取締役会などの内部機構の設定が形骸化しやすく、外部関係者の合法的権利も侵害されやすくなる。このため、行政機関や司法機関は、監督を受ける主体や責任を負う主体を明確するために、企業の実質的支配者を識別する問題に直面することになる。

　しかし、誰が実質的支配者なのか？　これは非常に議論を呼ぶ難問である。例えば、2020年11月、江蘇网進科技股份有限公司は創業板が登録制を実施して、初めて上場資格を否決された会社である。上場委員会が否決を決定した理由の一つは、同社による公表された実質的支配者が実際の状況に合致しないということである。組織構造から見れば、支配株主の文商旅集団が会社に対する支配権を有するが、会社がそれを実質的支配者として報告しなかった。さら

164

に、司法実務においても実質的支配者を識別することがよくある。具体的な例
として、会社が株主総会決議により実質的支配者に民事保証を提供する契約の
効力に関わる紛争、実質的支配者が関連関係を利用して会社の利益を損なう紛
争などが挙げられる。例えば、ある事件において、裁判所は会社法における実
質的支配者の定義に基づき、株主である者が実質的支配者と認定することはで
きないと判断する一方で[1]、その他の事件において、多くの司法判断は大株主
を実質的支配者と認定している[2]。

　近年、多くの学者も実質的支配者の識別問題を指摘する。鄧峰は、裁判所が
実質的支配者を識別する際には、よく「名義」基準を採用していることをもっ
て、その者が正式に任命されているかどうかを判断するという、登記制度に大
きく影響された裁判戦略だと考える[3]。それに対して、多くの研究者は実質基
準を取っている。たとえば、葉敏は、会社の支配者はダイナミックで包括性の
強い概念であり、誰が会社の支配者であるかを判断する際には多くの要素を総
合的に考慮する必要があると指摘する[4]。また、「形式より実質」という原則の
もとに、劉燕は持株比率を基準にする支配権判断アプローチの弱点を克服する
ため、会計の観点から契約支配の問題を分析している[5]。さらに、中国におい
て実質的支配者に関する規定は多くの金融監督規則に散見される。北大法宝
2023年8月のデータによると、実質的支配者に関わる規範は約3,000件あり、
そのうちの1,600件以上が国務院各部門の規章であり（1,000件以上は中国証券監
督管理委員会が発表したもの）、さらに約1,000件が各種証券、基金、先物などの
業界協会や証券取引所、先物取引所、債券または証券登録決済会社などが発表
した業界規定や自主規則である。これにより以下の誤解を生じる可能性があ
る。つまり、実質的支配者は単に行政監督（特に金融監督）においての概念で
あり、実質的支配者を認定するには監督側の視点が必要不可欠である。しか

1）江蘇省南京市中級人民法院民事判決（2018年）蘇01民建11218号。
2）黒龍江省哈爾浜市中級人民法院民事判決（2019）黒01民終6258号；遼寧省錦州市中級人
　民法院民事執行裁定（2020）遼07執復59号。
3）鄧峰『代議制企業：中国コーポレート・ガバナンスにおける権力と責任』（北京大学出版
　会、2015年）88頁。
4）葉敏『企業支配者の法的分析』（中国政法大学出版局、2015年）31-35頁。
5）劉燕『企業金融の法的規制：その道筋を探る』（北京大学出版会、2021年）395頁。

し、会社法が最も重要な商事組織法として、実質的支配者の定義を明確的に規定し、具体的な条項をもって実質的支配者の義務と責任を定めている。関連規定は実務に見過ごされたりすることがあるが、これは会社法の規定自体に問題があるためか、または監督の理念が法律の適用に過度に浸透しているためかもしれない。

旧会社法第216条は、実質的支配者を「会社の株主ではないが、投資関係、契約、またはその他の取り決めを通じて、会社の行動を実際に支配できる人」と定義していた。今回の改正で、「会社の株主ではない」という条件を削除し、その定義を「投資関係、契約、またはその他の取り決めを通じて、会社の行動を実施に支配できる人」と改めた。この変更が実質的支配者の識別問題を完全に解決したかどうかということにはまだ疑問がある。そのため、会社法改正を背景に、実質的支配者の識別ルールを再構築することが必要である。

2　実質的支配者識別のルールのジレンマ

⑴　会社法における実質的支配者の定義

旧会社法第216条によると、実質的支配者の認定は会社の株主ではないことを前提にしているため、支配株主と実質的支配者は並行的な概念になっている。ある者が当該会社の支配株主と認定されれば、その者が再び実質的支配者と認定されることはない。しかし、ここには法的隙間が存在する。つまり、持ち株比率は50％以下であり、かつ議決権行使により株主総会決議に重大な影響を及ぼすことのできない株主が、投資関係、契約あるいはその他の合意により会社の行動を支配した場合、その者は実際的支配者か、それとも支配株主かという問題がある。会社法規定の文脈を分析すれば、両方ともこのタイプの者をカバーできないことが明らかである。

問題の核心は、会社法が実質的支配者をどのように定義するかにある——実質的支配者を株主から排除することは、当事者に法律を回避する余地を与える。李建偉は、この概念は支配株主と一致させるべきであり、実質的支配者の定義は「会社の支配株主ではない……」と限定して解釈すべきだと指摘し

た[6]。20世紀90年代にも多くの部門規章に似たような規定が定められていた。たとえば、元国家体改委が1998年に発表した「企業集団が親子会社体制を設立するための指導意見」において、母会社の持ち株比率が50％未満であっても、実質的な支配権を有する場合、当該会社はその母会社の支配子会社と見なすと定めていた。問題は、2005年に会社法が改正された際に、実質的支配者の定義は一時的な見落としか、それとも意図的なものなのかということである。全国人大常務委員会法工委による編纂した解釈では、「実質的支配者と呼ばれる以上、その支配手段は通常隠されており、簡単に察知されない。……もし議決権を通じて会社を支配していない場合、……他の手段を通じて……一般的には投資関係、契約、またはその他の合意を通じて、会社の行動を実際に支配する目的を実現する。」と述べている[7]。この文言からわかるように、特定の要件に基づいて株主以外の人を実質的支配者と認定することができると強調するにとどまり、株主を実質的支配者の範囲から排除するわけではない。言い換えれば、「実質」という表現は、名目上の支配者が会社関連事項に対して決定権を持たない可能性がることを意味している。つまり、名ばかりの支配者が存在する。ここの「実質」というのは、会社の支配に対するものであり、持株の有無に対するものではない。

　要するに、支配株主や実質的支配者を中心に展開する中国企業のガバナンスの状況を背景に、識別ルールを含めて実質的支配者に関する規則は鮮明な中国の特色を表れている。中国会社法においての二権分離は、形式的な所有権と経営権の分離を指すことが多いが、実際には、所有権と経営権の統合が企業発展の要である[8]。支配株主や実質的支配者が中国の会社統治において特別な地位を占めている実情を意識し、株主利益の最大化を盲目的に強調するのではなく、会社統治に関連する主体の支配者責任を設定することを考えるのは、実質的支配者に関する問題を探求する際の中国会社法研究の使命であると考えられる[9]。さらに、会社法の支配株主、実質的支配者、関連関係の定義から見る

6）李建偉『関連取引の法的規制』（法律出版社、2007年）35頁。
7）安建編『中華人民共和国会社法解釈』（法律出版社、2005年）303頁。
8）周遊「会社法における二権分立の再考」中国法学2017年第4号。
9）劉俊海「株主中心主義の再認識」政法論壇2021年第5号。

と、実質的支配者を孤立した概念として理解するべきではない。一方、実質的支配者の定義は、支配株主の定義の延長線にあり、その定義には上記の問題が確かに存在するが、実質的支配者概念を創設する本来の目的は、支配株主のカテゴリーにおける法的隙間を埋めることにある。これも、なぜ法的規範は「支配株主、実質的支配者」を連続で使う説明の一部となっている。他方、実質的支配者の定義は、関連関係を定義するに重要な準備であり、関連関係者が直接的または間接的な支配によって会社利益を移転する可能性があることを導き出す。このため、新しく修正された会社法は実質的支配者の定義から「会社の株主ではない」という条件を削除した。しかし、この中にはまだ未解決の争点が残されている：新しい定義は実質的支配者が支配株主を包含する上位概念かのように思われるため、関連規定が依然として「支配株主、実質的支配者」を並べて使うことは適切かどうかが考えるべきである。また、新しい定義は明らかに実質的支配者の識別範囲を拡大しており、行政機関や司法機関が実質的支配者を認定する際に、会社の内部統治に過度に浸透する可能性も検討する必要がある。

⑵　支配あるいは支配権——会計学からの金融監督領域の考察

　対照的に、会計学は支配という行為や状態に重きを置いている。例えば、財政部が公表した「企業会計基準第33号——連結財務諸表」（財経［2014］第10号）によれば、支配とは、投資家が投資先に対する権限を持っており、投資先の経営活動に参加することによって変動性リターンを享受し、投資先に対する権限を行使して投資先の収益額に影響する能力を有することを意味する。この定義の核心は、投資家が自分に投資した会社に対していかなる権力を持っていることに関わる判断である。その上、同規定は実質性権利と保護性権利を区別し、保護性権利のみを有する投資家は投資先に対する権限を有しないと述べている。保護性権利とは、権利者の利益を保護することのみを目的とする権利であり、投資先の経営判断に関与する権利はない。これは、会計学で貫く「形式より実質」という理念を反映したものである[10]。また、定義に対する機能主義

10）劉燕『会計法』（北京大学出版会、2009年）375頁参照。

的アプローチともいえる[11]。もちろん、「形式より実質」という理念のもと、会計学の分野において、支配や支配権の識別に関しては不確実性がある。例えば、前述の定義は「権利」と「権限」を厳密に区別していない。また、実質的な判断が曖昧になる可能性があるため、裁量の余地も大きい。会計基準と合わせて、会社法の規定は実質的な権利、すなわち会社経営に関する決定権に向けられるはずである。この決定権は常にあると考えるべきか、それとも特定の事項に関する決定権があればこの範疇に入るか？　アメリカやオーストラリアの実務では、誰が会社を支配しているかを一般的な意味で論じるのではなく、具体的な事案における取引事情と合わせて考慮するのが通常である。つまり、少数株主でも、特定事項の可決を阻止する議決権を持っているため、会社を支配することが可能である[12]。これは、持株構造が分散している会社の場合には妥当するが、中国のような持株構造が高度に集中している会社の場合には妥当しないと思われる。株主間の合意や会社の定款によって、日常の経営決定に参加しない特定の株主が特定事項について拒否権を設定するのは、表面上には株主が当該事項に係る決定権を有するように見えるが、実際にこの決定権は受動的な防衛となり、通常は自己の利益を保護するためのものであり、むしろ上記の保護性権利に入るのが妥当だと思われる。

　会計準則以外に、金融規制当局が大量の実質的支配者識別に関する規則を発表していた。全体的に見ると、これらの規則も会計学上の支配の定義に影響を受けていた。旧会社法第216条の定義を解釈したり修正したりしながら、支配や支配権の定義を細かく定めていた。その結果、異なる解釈に導かれることもあった。これらの規定においては、以下の点が注目に値する：

　第一に、会社法上の実質的支配者の定義をどのように対応するかについて、関連規則に不整合がある。例えば、深圳証券取引所は、2014年に改正された深圳証券取引所株式上場規則において、実質的支配者を「出資関係、契約又はその他の取決めにより、会社の行為を実質的に支配できる自然人、法人又はそ

---

11) 葉林『コーポレート・ガバナンス・システム：概念・規則・実務』（中国人民大学出版社、2021年）149頁参照。

12) 黄輝『現代会社法の比較研究——国際的経験と中国への示唆』（清華大学出版会、2020年）249-250頁参照。

の他の組織」と定義している。一方、2020年版の上海証券取引所上場規則は、会社法の規定を再整理した上、支配権の識別に関するルールを精緻化し、持株数、議決権及び取締役の意思決定権の三つを主な考慮要素としている。後者は、形式的には会社法の規定を踏襲しているが、実際には修正が加えられていた。ただし、同規則は現在、深圳証券取引所上場規則の規定と同一の内容である。

　第二に、機能的な観点からみても、支配または支配権の識別は、規定ごとに細部が異なる。通常、対象者の持株比率や議決権の比率に関する要件はあるが、どの程度の持株比率や議決権比率が支配とみなされるかには統一的な基準はない。一方、対象者が会社においてどの程度の決定権を有するかに焦点を当てているが、どのような事項において決定権を有すれば、支配が有するとみなされるかは明確な定めはない。

　第三に、多くの規則には、最終的な支配者まで徹底する必要性があると明確に規定している。例えば、「上海証券取引所科創板取引所上場審査規則適用指南第四号——取引所移管報告書の内容及び形式」では、実質的支配者の開示は、最終的な国家管理主体、集団組織、自然人等まで開示すべきだと規定している。このような徹底的な管理監督は、現在の金融規制の分野において普通のやり方だといえる。葉林らは、このような市場の透明性を高めるアプローチは、もはや上場企業の開示規則にとどまらず、投資、発行、取引などの市場活動や規制の重要な指針になっていると指摘している[13]。この規制理念の転換は、鮮明的な中国的色彩を帯びている。LLSV チームの法律と金融に関する研究においても、最終的な支配株主について言及したが、それは金融規制に焦点を当てるのではなく、持株構造が各国・各地域における株主の権利保護にどのような影響を与えるかを検討するためのものである[14]。

3　誰が実質的支配者か——行政と司法においての実務相違

　行政レベルも司法レベルも実質的支配者を識別する規則を有しているため、

---

13) 葉林＝呉葉「金融市場の『浸透』規制の概要」法学2017年第12号参照。
14) LLS, Corporate Ownership around the World, 54 The Journal of Finance 471 (1999) を参照。

実務において両者の違いを分析すれば、核心的な問題を解明することができると思われる。

(1)　行政レベル──リスク予防に基づく徹底的な規制戦略

　理論的に、ほとんどすべての行政監督当局は、その管轄にある企業の実質的支配者を識別する権限を有する。本稿が証券監督当局を分析対象として選んだ理由は、この分野の関連法規と実務案例が最も多く、現実状況をより包括的に理解することができることにある。加えて、証券規制と会社法は緊密な関係を有するから、前者が後者に与える影響をよりよく観察することができる。

　以下は、2021年から2022年までに「資本市場向けのデジタル情報開示プラットフォーム」の公式ウェブサイトに開示された中国各市場に上場される企業を対象として、支配株主及び実質的な支配者の状況を分析する。上場予定のある会社はまず、自分で実質的支配者を識別する。証券発行者、スポンサーと仲介業者が共同提出された申告書類は、監督当局の審査に用いられ、実質的支配者の識別に補助することになる。最も、それだけでは正確性と完全性が保証できないため、監督当局は、照会状やフィードバック等を通じて、実質的支配者の具体的な内容を再確認する必要のある場合が多い。さらに、規制当局は、「実質的支配者なし」と「共同実質的支配者」という二つの形態とそれが会社の支配権に影響を及ぼすかどうかに特に注目することが多い。

　データを整理した結果、2021年から2022年にかけて中国国内市場に上場された1,344社の支配株主と実質的支配者は、主に以下のタイプに大別される：

　第一のタイプは、支配株主と実質的支配者両方が存在する場合である。支配株主と実質的支配者が重複しているか否かによって、重複型と非重複型に分けられる。そのうち、重複型はさらに四つの類型に分けられ：支配株主と実質的支配者が同一人物である場合（312件、23.21％）、実質的支配者が複数存在し、そのうちの一人が支配株主である場合（185件、13.76％）、支配株主と実質的支配者がそれぞれ数人ある場合（190件、14.14％）、支配株主が複数存在し、そのうちの一人が実質的支配者である場合（1件、0.07％）。また、非重複型にも四つの類型に細分化することができ：支配株主が一名で、実質的支配者が他の一名である場合（304件、22.62％）、実質的支配者が複数存在し、他の一名が支配

株主である場合（258件、19.2％）、支配株主と実質的支配者が（不完全に）重複している場合（8件、0.6％）、支配株主が複数名で、他の1名が実質的支配者の場合（2件、0.6％）、支配株主が複数存在し、他の1名が実質的支配者である場合（2件、0.15％）。

第二のタイプは、支配株主がなく、実質的支配者がいる場合である。このカテゴリーにも、実質的支配者が複数であるか否かにより、支配株主がなく実質的支配者が一人あるケース（14件、1.04％）と、支配株主がなく実質的支配者が複数あるケース（31件、2.31％）に分けられる。

第三のタイプは、支配株主が存在し、実質的な支配者が存在しない場合である。支配株主が複数いるかどうかによって、このカテゴリーも二つのシナリオに細分化されることができ：単一の支配株主で実質的支配者がいないケース（11件、0.82％）、複数の支配株主が存在し、実質的支配者がいないケース（理論的には存在するが、今回の統計ではこのタイプの会社は見つからなかった）。

第四のタイプは、支配株主も実質的支配者もいない場合。このタイプの会社は28件あり、全体の2.08％を占めている。

上記の統計から、実質的支配人の状況が多様化であり、支配株主との関係も複雑であり、会社法の条文上の範囲をはるかに超えている。具体的には、以下の点が注目される：

第一に、単一の支配株主と単一の実質的支配者が存在するケースが合計に全体の45％を超えている。Wind データベースの統計によると、2023年第1四半期時点で、中国A株市場に上場する5200社以上の会社において、筆頭株主の持ち株比率の平均値は32％、上位5社の持ち株比率の平均値は52.7％、上位10社の持ち株比率の平均値は58.1％となっている。高度集中な持株構造を有することは中国企業（上場企業を含む）の特徴であるから、この統計データは予想できるものである。また、支配株主と実質的支配者が同一人物の比率が最も高いから、証券監督分野では、実質的支配者は株主ではないという会社法の制限をとっくに突破していることがわかる。一方、持株構造の特殊性から、証券監督当局はこれまで、実質的支配者を識別する際はよく「支配の連鎖」というパラダイムに従ってきた[15]。投融資の主体が多様化することによって、投融資関係も複雑になり、持株比率のみから支配権行使の状況を観察することには大き

な限界がある。

　第二に、「実質的共同支配者」を有する企業の割合は、それぞれの種類では単一の支配株主と単一実質的支配者より低いが、各種の合計は50％を超えている。行政の観点から、「実質的共同支配者」という概念は、明確性や唯一性に欠くから、理想的な規制基準とは言えないかもしれない。しかし、共同の実質的支配者は客観的に存在し、規制当局が違法行為を審査するための重要な判断基準となる可能性がある。M&A の場合に、関係者が協働して行動するという協働行動制度は、まさに買収者が異なる殻を利用して持株比率を分散させたり、買収意図を隠したり、または他の買収規制を回避したりすることを防止するために設計されたものである[16]。例えば、「喬伊物流有限公司の新規株式公開目論見書（案）」の開示によれば、黄氏と彭氏は「協働行動に関する合意書」を締結しており、喬伊集団等を通じて、喬伊物流有限公司の発行前株式資本総額の合計50.57％を保有し、実質的な共同支配者となっている。また、夫妻やその他の親族も実質的共同支配者に認定する主要なパターンである。例えば、「江蘇匯聯活動床有限公司の新規株式公開目論見書（案）」の開示によると、顧氏と孫氏は、直接または間接的な方法で江蘇匯聯活動床有限公司の議決権の96.22％を保有し、顧氏は会社の CEO 兼総経理、孫氏は会社の取締役兼副総経理である。二人は夫婦関係にあり、会社の実質的な共同支配者である。

　第三に、「実質的支配者なし」の会社が40社近くあり、全体の３％近くを占めている。「実質的支配者なし」の会社は、「重要な少数者」という鍵を欠いているため、証券行政監督には大な挑戦がある。同様に、資本市場への参加者が増加し、その背景も多様化になることにつれ、「実質的支配者なし」の企業の数も増加する可能性がある[17]。統計事例から見ると、「実質的支配者なし」は主に２つの形がある。第一は、持株構造が比較的に分散しており、誰か一人の株主が会社に対して有効的な支配権行使をすることができない場合である。例え

15）趙静＝郭海「企業の実質的支配者、社会資本の支配連鎖と制度環境」管理世界2014年第９号参照

16）劉燕＝楼建波「企業 M&A における資産管理計画──SPV を中心とした法的分析枠組み」清華法学2016年第６号参照。

17）叢懐挺＝劉宏光「実質的支配者不在会社の規制挑戦に対する問題喚起」証券法苑2021年第33巻参照。

ば、「中国瑞林工程技術股份有限公司新規株式公開目論見書（案）」によると、中国瑞林工程技術股份有限公司の上位三の株主である中色股份、江銅集団、中鋼股份は、それぞれ23％、18％、10％の株式を保有しており、持株比率が30％を超える株主は一人もおらず、議決権行使により取締役会の半分以上を決めること或いは他に会社に重大な影響を及ぼすことができる株主は存在しておらず。主要株主の間に関連関係又は協働行動が存在しない。このような形態は、支配株主でも実質的支配者でもないタイプである。第二は、支配株主が存在するが、支配株主自身の持株構造が比較的に分散しており、誰か一人の株主が間接的な持株を通じて会社に対して有効的な支配権行使をすることができない場合である。例えば、「生益電子股份有限公司新規株式公開目論見書（登録案）」の開示によると、生益科技は生益電子股份有限公司の78.67％の株式を保有し、支配株主である。ただし、生益科技の株式保有構造はより分散しており、2020年6月30日現在、広東省広新控股集団有限公司、国鴻投資、偉華電子有限会社がそれぞれ生益科技の22.18%、15.06%、14.28%の株式を保有している。この形態は、単一の支配株主が存在するが、実際的支配者が存在しないタイプに属する。

　要するに、証券規制の分野における実質的支配者の識別という実務は、前述の徹底的な戦略に沿うから、実質的支配者は規制当局が規制対象に対して影響力を行使するための主要な支点となっている。上場会社の実質的な支配者を確定し、その者の責任を追及することは、規制当局が「追首悪」[18]方策を実現するために最も重要な手段であると考えられる[19]。

(2)　司法レベル──責任追及に関する柔軟な策略

　司法実務における事実上の支配者の認定基準は、行政のアプローチと比較して大きな違いがある。以下は2021年1月から2023年8月までに旧会社法第216条という実質的支配者の定義を利用した80件の裁判例を分析する。第一、株主でない者が実質的支配者として認められるか否かに関する事件が58件あ

---

18) 最も悪い者の責任を追及すること。
19) 鄭彧「実質的支配者の法的責任について──公法の経路依存と私法理念の再生」財経法学2021年第3号参照。

り、そのうちの36件が認められ、22件が認められなかった。第二、株主が実質的支配者として認められるか否かに関する事件が22件あり、そのうちの18件が認められ、4件が認められなかった。

　この80件のうち、裁判所は58件（72.5％）において、会社法の定義に厳格に従って会社の実質的支配者を識別した。その多くの判決理由は、「ある者は会社の株主であるから、会社法上の実質的支配者ではない」と判断した[20]。何が「会社を支配する行為」を構成するかについて、裁判所は主に以下の要素を考慮する。第一は、意思決定要素。すなわち、株主総会または取締役会の決議に対する影響力である。第二は、人事要素。すなわち、取締役及び上級管理職の指名や任免に対する影響力である。第三は、ガバナンス要素。会社の日常的な経営管理に対する影響力である。第四は、財務要素。すなわち、会社の財務管理に対する影響力である[21]。しかし、個々の要素を満たすだけでは、会社の実質的支配者に認められることはできない。具体的には以下のような場合がある：

　第一、支配株主であっても、会社の実質的支配者とみなすことはできない場合である。例えば、裁判所はある事件において、晏氏は良梦缘公司の常務取締役及び支配人を辞任したが、50％の持株比率は株主総会の決議に重要な影響を与えるのに十分であるため、晏氏は会社の支配株主であると判断した。……しかし、晏氏を良梦缘公司の実質的支配者として認定することはできない[22]。この立場は、会社法の定義に影響されるものの、持株比率だけが支配権を判断する唯一の材料ではないという判断には合理性があると思われる。別の事件において、沃尔公司は、深圳市合祁沃尔投資企業（合資会社）の48.5149％の株式を有する株主である。合祁沃尔投資企業は、迈科科技公司の27.4256％の株式を保有しており、迈科科技公司はまた迈科新能源公司の完全親会社である。沃尔公司は迈科新能源公司と間接的な投資関係を有する。裁判所は、上記の会社間持ち株関係だけから判断すれば、沃尔公司が迈科新能源公司を実質的に支配

20）遼寧省瀋陽市中級人民法院（2023）遼01民事最終第10150号民事判決参照。
21）実質的支配者の判断要素を体系的に纏める事例。浙江省泰州市中級人民法院民事判決第273号（2023年）浙民終273号民事判決書参照。
22）四川省成都中級人民法院執行裁定（2021年）四川01第430号参照。

すると判断することができないと判示した[23]。

　第二に、金融取引の証拠だけで実質的支配者を認定することは不十分である。例えば、ある事件において、裁判所は、張氏の口座が購入代金を回収し、原告に代理人費用を支払ったが、張氏が天佑盛蓮公司の行動を実際に支配する他の証拠がない限り、張氏が天佑盛蓮公司の実質的支配者と認定することができない[24]。また、匿名出資の場合、実際の出資者が資金を提供しただけでは、実質的支配者と見なすことができない[25]。

　第三に、実質的支配者による会社の支配は、ある程度の継続性と包括性がなければならない。一度や二度に会社の業務に参加しただけで、実質的支配者と認めることはできない。例えば、ある事件において、裁判所は、某氏が会社の株主や会社に雇われた管理者ではなく、支配株主の息子であるだけで、時々父親から会社の業務管理を委託されたりすることは、上級管理者または実質的支配者と見なすことはできないと判断した[26]。

　興味深いことに、厳密な法解釈に従って判断を下した判決の大半は、売買、リース、ローンなどの契約をめぐる紛争に焦点を当てたものであり（41件）、会社に関する紛争はあまり見られなかった。対照的に、株主が実質的支配者として認められるかどうかを争った22件の事件のうち、13件は会社に関する紛争である。この13件の事件は、実質的支配者の識別に関して、より現実のニーズに沿ったビジネス的な考え方を示している。例えば、ある事件において、当事者は株主資格のある者を実質的支配者だと認定された一審判決に対して異議を申し立てたが、二審裁判所は、某氏は会社の創立株主の一人であると同時に、会社の意思決定権と管理権を有しているから、李氏を当会社の株主と実質的支配者として認定するという一審判断は適切であると判断した[27]。このことから、単に実質的支配人の定義に注目する裁判例を分析することは、司法実務の全体像を理解するには不十分だということが明らかである。

　実際、裁判所に会社の実質的支配者の識別を求めることは、よく当事者が特

23）広東省深セン市中級人民法院民事判決（2021）広東03民事最終7787号参照。
24）山東省威海市中級人民法院民事判決（2021）呂10分2899参照。
25）山東省泰安市中級人民法院民事判決（2021）魯09民建2082参照。
26）福建省龙岩市中級人民法院民事判決（2022）閩08民終313号参照。
27）広東省江門市中級人民法院民事判決（2022）岳07民事最終第380号参照。

定の目的を達成するための手段に過ぎない。これに基づき、筆者は2023年2月から8月までの半年間において、実質的支配者の識別に間接的に関わった90件の会社紛争を分析した。「間接的関与」というのは、裁判所が実質的支配者の定義について会社法216条を直接に援用しなかったが、事件の事実関係を検討した上で実質的支配者を認定したこと、あるいは明確には実質的支配者を認定しなかったが、実質的支配者に関する当事者の主張を否定せず、または同事件の事実審理において確認したことをいう。これらの事件の基本状況は以下の通りである：第1に、株主でない者が実質的支配者として認められるかどうかに関する事件は合計に36件であり、そのうちの27件が認められる事件で、9件が認められなかった事件である。第二に、株主が実質的支配者として認められるかどうかに関する事件は合計に54件であり、そのうちの48件が認められる事件で、6件が認められなかった事件である。会社関連紛争は実質的支配者の認定において会社法の法文上の定義を大きく超えている点に、証券規制分野の実務と似ている。しかし、本質的には、司法レベルと行政レベルの間に大きな違いがあり、会社紛争も契約紛争と司法判断の枠組みにおいて、商法と民法の理念の違いが表れている。

　一方、会社関連の紛争では、実質的支配者の認定に間接的に係る要素は多様的である。統計によると、裁判所に考慮される頻度の高い順に、持株比率、合意による支配（匿名出資を含む）、重要な意思決定、外部代表、財務支配、親族関係、証書・ライセンスの支配、重要な資産の支配、間接的持株などがある。一つの事件において、裁判所は複数の要素を組み合わせて考慮することがある。具体的には、第一に、実質的支配者の認定には厳格な基準がなく、複数の要素を組み合わせて総合的に判断するのが通常である。第二に、各要素の間に明確な境界線がなく、その意味合いが相互的に繰り返されることが多い。このことは、司法実務における実質的支配者の認定が複雑であることをさらに浮き彫りにしている。他方、会社関連の紛争において、実質的支配者の確認は、責任追及という目的を達成するためだけでなく、会社における請求者の権利、あるいは権力を明確にするためでもある。この点において、通常の契約紛争における実質的支配者の確認は、執行者の追加、高消費制限対象[28]の明確、会社保証の有効性判断等を目的としており、責任の所在を明らかにするためのもの

である。会社関連の紛争は、多くの場合、実質的支配者は「自認」によって決められる。よく見られるのは、契約が実質的支配者の範囲を明示的に定めることである[29]。株主資格確認紛争において、会社に対して株主権を主張できる者を明確にするため、当事者が会社の実質的支配者を「自認」するケースも多い[30]。また、経営と管理を区別しようとする裁判所もあるが、これもビジネス的な考え方が司法判断に影響を与える例である。例えば、ある事件において、裁判所は、某氏は会社の経営業務に関与しただけで、投資関係、契約、或いはその他の取り決めを通じて同社の行動を実際に支配したことを証明する証拠はないと判断した[31]。「経営」と「管理」はしばしば法律分野で併用されるが、経営と管理は明らかに違っている。中国の企業実務は、以前から経営と管理を意図的に区別していた[32]。会社法律関係の特殊性に基づいて、経営は主に対外的なものである。経営者が会社の事業範囲内において、会社の取引相手（供給業者、消費者など）と法律行為を行うことになる。通常に、経営者は会社の業務を決定することができず、主に意思決定プロセスを実行する役割を果たす。一方、管理は主に対内的に行うものであり、通常株主（会）が直接に行うか、取締役会に権限を付与して行うものである。これによって、組織内部に官僚制度を形成し、管理者が会社に支配権を形成することになる。裁判所はこの点を詳しく述べていなかったが、一定程度に意識していて、実質的支配者の識別規則の改善に寄与している。

　一般的に、裁判所は具体的な事件において実質的支配者の識別については柔軟なアプローチを取っている。すなわち、裁判所は各事件の具体的な状況に照らして責任の所在を特定することになる（少数の事件においては権利を有する者を特定する）。さらに、行政実務と比べて、司法実務は最終的な実質的支配者に浸透しないというのはもう一つの重要な特徴である。

28）高消費制限というのは、法令に定められる贅沢な消費が制限されること。
29）北京第二中級人民法院民事判決第（2023）北京02号民事最終5708号参照。
30）北京市第三中級人民法院（2023年）第11245号、広西チワン族自治区萊濱中級人民法院（2023年）第290号参照。
31）浙江省台州市中級人民法院民事判決（2022年）浙10民終2855号参照。
32）Albert Feuerwerker, *China's Early Industrialization: Sheng Hsuan-huai (1844-1916) and Mandarin Enterprise*, Harvard University Press, 1958, pp.107-108.

4 実質的支配者の識別基準についての制度革新

　実質的支配者の規定は、会社法上の定義に端を発し、金融規制から始まって公法の全分野に波及し、もはやコーポレート・ガバナンスの範囲を超えて社会規制の重要な手段となっている。刑事分野を例にすると、2005年の会社法改正で実質的支配者の規定が加えられた後に、2006年の刑法改正案（六）が上場会社の利益を害する背任罪を設け、実質的支配者も刑法の規制範囲に収めた。その後、2020年の刑法改正案（十一）でも、実質的支配者を有価証券発行詐欺罪、虚偽記載や重要情報の不開示罪の規制対象として追加された。実質的支配者を規制することには積極的な意義を有することは明らかであるが、過度に依存することも多くの問題を招く可能性がある。

(1) 実質的支配者を識別する法律アプローチ

　実質的支配者を過度に重視する規制方法は、会社法が追求する企業の独立性原則に反する可能性がある。鄧峰は、独立財産を神聖化する一方で、意思の独立性を軽視することが、中国の会社法制度に多くの欠点を生み出すと指摘している[33]。実質的支配者を過度に注目することは、どうしても企業の「客体化」が避けられない。したがって、一旦公権力による介入が「追首悪」という突き抜ける手法に慣れてしまうと、本質的には株主の有限責任を弱めること、あるいは無視することになり、会社法の根幹を揺るがすおそれがある。法人格の創設は、株主と会社の債権者との直接的な法律関係を事実上断ち切るものであるから[34]、頻繁的に会社の実質的支配者に探ると、会社の独立性が影響されることになる。

　しかし、実質的支配者の規制戦略に過度に依存することにはデメリットがある一方、実質的支配者の行動を野放しにすることも企業の独立性を危うくする

---

33) 鄧峰『代議制企業——中国コーポレート・ガバナンスにおける権力と責任』（北京大学出版会、2015年）88頁。

34) Leonard W. Hein, The British Business Company: Its Origins and Its Control, 15 the University of Toronto Law Journal 134, 137-138 (1963) 参照。

ことになる。米国の主流経済理論によって構築された企業理論は、高度集中の株式構造を背景にする中国企業の実質的支配者問題を解決できないかもしれない。例えば、新制度経済学が会社契約理論[35]と財産権利理論[36]などを通じて構築された企業制度は、企業の残余権利者が契約バンドルを通じて組織運営を展開し、利益最大化目的を実現するための進路だと解される。ホジソンは、新しい制度経済学者たちは法律と経済学の交差において重要な貢献をしたが、彼らは法律をある慣習や私的秩序の確立問題として扱う傾向があると指摘している[37]。この文脈を踏まえると、中国会社の実質的支配者は、最も重要な残余権利者だと考えることができ、中国会社のコーポレート・ガバナンスにおいて、契約合意が会社決議を「殺す」状況はよくある[38]。これらのガバナンスに上回る契約合意のほとんどに、実質的支配者が直接的または間接的に関与しており、まさにハンスマンらが唱えた契約によって目的を実現する財産分与理論に合致している[39]。しかし、実質的支配者による悪影響が当事者合意によって排除することは期待できない。現在、会社法は空白を埋めるものから選択肢を与えるものへと機能革新を迎えつつある。コーポレート・ガバナンスを含む多くの規則が当事者自身の選択に委ねることになり、実質的支配者にコーポレート・ガバナンスを最適化する機会を与えると同時に、ガバナンス構造を空洞化リスクに晒されることもありうる[40]。これは、徹底的な行政管理の重要な根拠であると思われる。規制当局がコーポレート・ガバナンスに直接介入することはできないし、また介入すべきでもないため、規制当局が徹底的なアプローチによる外部からの規制だけを許される。しかし、会社法は企業の自主性を重視し、コーポレート・ガバナンスの内部ルールの最適化に重点を置いているた

---

35) Michael Jensen and William Meckling, Theory of the Firm: Managerial Behavior, Agency Costs, and Ownership Structure, 3 Journal of Financial Economics 305 (1976).

36) Oliver Hart and John Moore, *Property Rights and the Nature of the Firm*, 98 Journal of Political Economy 1119 (1990).

37) ジェフリー・ホジソン・張林訳『資本主義の本質——制度・進化・未来』（藝術出版社、2019年）12頁参照。

38) 周遊：「会社法の文脈における決議と合意の境界」政法論壇2019年第5号参照。

39) Henry Hansmann, Reinier Kraakman, and Richard Squire, Law and the Rise of the Firm, 119 Harvard Law Review 1335 (2006).

40) 周遊「受動的な穴埋めから能動的な選択肢へ：会社法の機能の変容」法学2018年第2号参照。

め、実質的支配者に関するルールを構築する際に、このような規制視点を取り入れることは不適切であると思われる。実質的支配者を識別するという考え方は、会社と株主の利益の境界を破るものであり、会社法の法人格否定制度の適用と同様に、優先的に適用するルールではない。本稿で取り上げた事件は、実質的支配者の範囲を決める目的の一つは、法人格否定規定の適用範囲を拡大することにある。司法実務において、法人格否認の適用範囲を実質的支配者に拡大すべきかどうかは、議論する余地がある[41]。実質的支配者まで浸透して企業に規制を加える考え方と方法論が、次第に外部規制の重要方法となってきて、立法レベルもこの規制方法の限界と頻度に注意を払うべきである。金融規制の分野においても配慮すべきものだと思われる[42]。新しく改正された会社法の第1条は、「起業家精神の促進」を一つの立法目的として挙げている。起業家精神を促進する鍵は、起業家に完全なる自主経営権を与えることである。張維迎は、起業家は与えられた制約条件を元に問題を解決するものではなく、制約条件そのものを変えることであると指摘した。そのためには、法律が起業家に試行錯誤の余地を与える必要がある[43]。そのため、起業家精神の趣旨に沿って実質的支配者の法律責任を規制するのは、まず「性悪説」の推定を薄めなければならない。支配または支配権行使は、当然的に「問題」になるわけではなく、中国企業の実務においてはむしろ客観的な事実として存在しているものであり、必ずしも会社の利益を損なうものではない。企業の創業期において、実質的支配者の起業家精神と投下した資本が企業存続の根本を保証するものであり、企業が成長・発展し、徐々に強い負の外部性を顕在化したとしても、実質的支配者が必ずしも企業と利益相反関係に立つわけでもない。この点において、会社法は金融規制より強い私法的な性格を有する。劉俊海は、会社法（中国語では「公司法」）には「公」という字が含まれているが、実際には私法の範疇に属すると指摘する[44]。さらに、責任追及の観点から、会社の利益に損害を

---

41) 例えば、北京市第二中級人民法院民事判決（2023年）北京02民事確定9527号、遼寧省本渓中級人民法院民事判決（2022年）遼05民事確定700号参照。
42) 陳景善「商業自由における行政規制と司法判断の境界」行政法学研究2021年第4号参照。
43) 張維迎『企業家精神の再理解』（海南出版社、2022年）39頁参照。
44) 劉俊海「取締役会中心主義の神話が崩壊した後の取締役会の役割――会社法第二次見直し草案をめぐって」財経法学2023年第4号参照。

与える支配株主と取締役は、通常より明白な違法行為を行う兆候がある。例えば、支配株主又は取締役が株主総会又は取締役会の議決を直接的に操作した結果、欠陥のある決議を形成する可能性があり、又は上級管理者など会社運営に直接関与する者が、会社を支配して会社の利益を損なう契約を締結した場合が挙げられる。会社自身の関連取引の利益を害するために会社に入るなどである。しかし、実質的支配者の責任問題が絡んでくると、事態は複雑化する。いわゆる「追首悪」の難しさとコストが、制度の設定・運用において考慮しなければならない要素となる。

⑵ 上位概念としての実質的支配者

世界各国の会社法研究から見れば、会社支配権をめぐる研究はすでに百年以上の歴史を有している[45]。基本的な問題として、支配権規制は、よく国や地域の特有な制度環境から影響を受け、明らかな地域性を示している。例えば、英国や日本では、影の取締役や事実上の取締役を対象に規制を加える[46]。一方、米国では、支配株主自体を規制対象として処理することが多い[47]。近年、米国企業の支配権は経営陣から株主に移行する傾向が見られるが、支配株主の行動規制は、主に外部市場に依存する[48]。外部から利益を得られる取引市場が存在するため、会社の支配権を取得することは投資家にとって最も良い選択肢とはいえない。中国は米国の実務と違って、実質的支配者により企業の内部統治を把握するのは通常であり、司法実務において株主の利益が損なわれていないことを理由に、会社の利益が損なわれていないと判断した事例や、支配者の影響力により会社が自分の利益が損なわれていないと認識した事例も多い[49]。実

---

45) 甘培忠『会社支配権の適切な行使』（法律出版社、2006年）15-141頁参照。

46) Brian Studniberg, The Uncertain Scope of the De Facto Director Doctrine, 75 University of Toronto Faculty of Law Review 69 (2017). 弥永真生『リーガルマインド会社法』（有斐閣 ,2015年）195頁参照。

47) Kahn v. Lynch Communication Systems, 638 A. 2d 1110 (Del. 1994); Ronald J. Gilson and Jeffrey N. Gordon, Controlling Controlling Shareholders, 152 University of Pennsylvania Law Review 785 (2003).

48) William W. Bratton and Simone M. Sepe, *Corporate Law and the Myth of Efficient Market Control*, 105 Cornell Law Review 675(2020).

49) 江西省高級人民法院民事判決（2017年）甘民申367号参照。

は、中国の関連法規において実質的支配者と関連しているが区別のある概念がいくつか存在している。これらの概念が実質的支配者と混同すると、実質的支配者の範囲が不当に拡大されることに間違いない。具体的には、以下の通りである。

一つ目は最終の支配者である。前述した通り、金融規制分野における多くの規則は、企業の最終の支配者を確認しようとしている。しかし、司法実務において、責任の所在を確定すれば、その者が最終の支配者であるかどうかにこだわる必要はない。つまり、いわゆる「中間的支配者」の責任を追及するのが司法実務の一般的かつ合理的なやり方である。

二つ目は最終受益者及び受益権者である。最終受益者は規制分野において多くの規定が設けられ、通常は実質的支配者とともに規制されることになる。例えば、国務院弁公庁の「金融業の総合統計業務の全面的推進に関する意見」（国弁法［2018］18号）は、「金融持株会社など金融グループの資本関係を全面的に統計し、実質的支配者及び最終受益者への規制」が求められる。最終受益者とは、会社の持分から実際に利益を享受する者だと理解できるが、事実上会社の支配権を享受しているわけではない。例えば、会計学上の保護性権利を有するに過ぎない場合もあり、その場合は最終的受益者を実質的支配者と区別する必要がある。さらに、市場主体登記管理規則第9条が、会社、パートナーシップなどの市場主体受益所有者に関する情報という、新しい登記事項を追加した。条文的には、受益所有者は最終受益者の上位概念である。本稿の論旨に従えば、市場主体登記管理規則が最終受益者という表現を採用しなかったことは、一種の進歩だといえる。商業登記はあくまで商業主体の地位を確認するための手続的な規則であり、商業主体に対して厳格な管理規制を加えることを主たる目的としてはいないため、最終的受益者まで踏み込む必要はない。

三つ目は実際の出資者である。司法実務において、匿名出資に起因する紛争は、実際の出資者を実質的支配者として認定する場合がよくある。関連事例を見ればわかるが、裁判官が注目を払うのは、実際の出資者が直に会社経営に参加しているか、あるいは支配しているかどうかを重視し、出資自体については特に注意していない[50]。

四つ目は、協働行動者である。証券監督管理委員会による「上場会社買収管

理弁法」第83条によると、協働行動とは、投資家が契約やその他の取決めによって、他の投資家と協働して議決権を行使し、または他の協働行為によって上場会社の支配権を固めることをいう。上場会社の買収及び株式持分変動において協働行動がある場合、互いに協調して行動する当事者は協働行動者とする。実質的支配者を識別する際に、実務はよく協調行動者と混同する傾向がある[51]。証券監督管理委員会が公表した「新規株式公開業務に関する質問と回答（2020年）」の「質問10」において、法令又は契約により形成された協調行動関係は、必ずしも会社支配権の共有状態をもたらすことにならないから、発行会社と仲介会社は、実質的支配者義務の負う者の範囲を拡大するため、又は発行条件を充足するために、事実に反する認定をしてはいけない。

　もちろん、上記の概念は実質的支配者と異なるが、これらの概念は実務上において重複する可能性がある。したがって、上記の各主体が実質的支配者と認定されるべきかどうかは、具体的な事件において検討する必要があり、行政レベルや司法レベルにおいて相違のある可能性が存在する。

　さらに、改革開放につれ、中国の社会経済発展は活況をみせ、新しい経済常態を背景に、諸外国で現れていた会社法上の問題は中国にも発生する可能性があるから、諸外国と似たような株主形態や多様な支配権が表れる可能性もある。ベーリとミーンズは『現代企業と私有財産』において、経営と所有の分離度合いに応じて支配権形態を分類し、「完全所有に近い支配」、「多数所有による支配」、「法的手段による支配」、「少数所有による支配」、「経営者による支配」という五つのパターンを示した[52]。現在中国の企業実務から見ると、これらの形態は同時に存在するだけでなく、まだ現実に存在する態様のすべてをカバーしてはいない。実質的支配者の認定に一律の成文法基準を画することは不可能であり、現実的でもない。

　このような観点から、会社法は、あらゆる様態の支配権行使主体を包括する上位的な概念を定めるから、支配人や支配者と呼称することが妥当だと思われ

---

50) 北京市第二中級人民法院民事判決（2023年）北京市第02第968号参照。

51) 蒋雪月「中国上場会社における協働行動者の概念の変容と機能的疎外」投資者2019年3号参照。

52) Adolf A. Berle and Gardiner C. Means, *The Modern Corporation and Private Property*, The Macmillan Company, 1932, p70.

る。陳傑などの学者は、広義の支配者概念を用いるべきだと提唱している。というのは、支配者が支配株主の上位的な概念だけではなく、会社法上には明確な身分を欠くが、実際に会社を支配する能力を有するかつ事実的に会社を支配している者を指す[53]。同時に、実質的支配者の識別は、支配株主などの概念や規則との相違や関連に注目する必要がある。会社法の文脈では、実質的支配者のルールはバスケット条項の性格を有する。つまり、支配株主、取締役及び執行役の責任所在が不明である、あるいは回避される場合に、実質的支配者の制度価値が浮き上がることになる。実質的支配者は、出資関係、契約またはその他の取り決めを通じて、会社に対して権力を持つ者だと帰結するのが妥当であると思われる。この定義は、主に会計学上の支配の定義を参照にしたと同時に、会計学上の識別方法にこだわらない。さらに、権力を有することは、会社の行動を支配できる場合だけではなく、会社の組織や財産等に対して支配を有する場面も含まれる。

(3) 実務状況に対応する「推定基準＋認定基準」の識別アプローチ

もちろん、定義より識別が問題の核心である。中国の高度集中な株式構造を考慮すれば、会社法はルールを設けて実質的支配者とその支配下にある株主、取締役、執行役などがコーポレート・ガバナンスに過度な影響を回避する必要があり、会社制度の基盤を守る必要がある。したがって、会社法は、実質的支配者を潜在的な責任主体として扱うことが妥当である[54]。特定の法律関係における主体がその責任を負えない場合、実質的支配者も潜在的な責任主体として含めるべきである。また、法人格否認制度も実質的支配者に適用するべきだと思われる。以上のような方向性に沿えば、会社法は、実質的支配者の範囲を識別する際により包括的な態度をとるべきだと考えられる。会社法が、実質的支配者と支配株主など関連主体との関係を整理することができれば、実質的支配者の識別に関するルールも再構築することができる。本稿は、実質的支配者の

---

53) 陳潔「実質的支配者の会社法規制に関する体系的考察」北京理工大学学報（社会科学版）2022年第5号、葉敏＝周俊鵬「会社の実質的支配者の法的地位、義務及び責任」広東行政学院学報2007年第6号参照。

54) 周遊＝林晟「実質的支配者ルールの再構築」証券法苑2023年第37号参照。

識別は、「推定基準＋認定基準」の識別アプローチを採用すべきだと思われる。

　まずは、推定基準である。推定基準は、特定の重要要素を形式的な識別基準として選択することである。この形式的な基準を満たせば、実際的支配者として推定することができる。しかし、推定基準の要素は控えめに設定した方がいいと思われる。前述したように、現在のところ、実質的支配者の識別は、企業（通常は企業のスポンサーや弁護士）による自己識別をしてから、規制当局が確認する形を取っている。特に、自己識別のプロセスにおいて、推定基準が複雑であれば、自己識別の難易度が次第に高められるだけではなく、余計な紛争を招くおそれもある。会社法において、支配株主と実質的支配者を並べてルール設定をする、というアプローチを取れば、一般的にいうと、支配株主の身元を確定すれば責任の所在が明らかであると考えられる。形式的な支配株主が会社の支配権を有しないと判断すれば、以下の三つの推定基準を用いて、その一つを満たせば実質的支配者として認定することができる。①株主総会や取締役会の決議に影響を及ぶことができる非支配株主、②非自然人支配株主の支配株主、③会社または支配株主との間に、会社の意思決定に影響できる契約を締結する。実質的支配者（又は会社の支配者）を上位概念として設定する場合、一定の持株比率又は議決権保有割合を推定基準とすることができる。同時に、実質的支配者と推定された者が、会社に対して支配権を有しないと主張する場合、その者が立証責任を負うべきだと考えられる。

　次に、認定基準である。推定基準により実質的支配者を判断できない場合、規制当局や裁判所は、会社の支配権を行使する者に対して判断を行う必要がある。持株比率、議決権比率、選任された取締役の数など規則に記載される要素に加え、次のような点を総合的に考慮することができる。第一に、投資目的。すなわち、実質的支配者を受益権者など他の主体と区別するために、投資家が会社に投資する目的を審査すること。第二に、財務支配力。すなわち、ある者が会社の財務に対して決定的な影響力を有するか、あるいは会社、その支配株主や取締役などに多額の債権を有するかを審査する。第三に、業界の特性。つまり、企業にある業種の特殊性を背景に、その企業の核心的な業務や価値を考慮に入れる。例えば、あるハイテク会社の実際的支配者は、当該会社のコア技術を所有あるいは支配する。第四に、意思決定の範囲。すなわち、ある者が一

定程度の意思決定権を持っているが、すべての主要事項に対して意思決定権を有するかどうかが問題となる。例えば、債権者は、債権の回収を確保するために、直に進行中の工事やプロジェクトを引き継ぐ可能性がある。この場合において、当該債権者が会社の意思決定に対して影響力があるかもしれないが、あくまで一種の信用補完措置であり、会社支配権の把握を意図としていない。もちろん、実質的支配者の認定基準は、上記の要素だけではなく、実務から適時に吸い込んで更新する必要がある。

それで、「推定基準＋認定基準」に基づき、実質的支配者の識別ルールを、行政レベルと司法レベルの分類と公開企業と非公開企業の分類に応じて区別をつけることもできる。金融監督当局は、よく公開企業を監督対象として、監督の必要性に応じて、徹底的な監督方法により実質的支配者まで規制を加えることになる。支配者が異なる殻を使って詐欺的行為を行うことを防ぐため、総合的な基準に従って実質的支配者の身分を確かめることも必要である。それで、金融監督当局による事前識別があるため、司法レベルに入って裁判所による実質的支配者を識別する状況が多くない。裁判所は有限責任会社を代表とする非公開会社における実質的支配者の識別問題に対応するのが主なパターンである。行政と違って、司法判断は潜在的な責任主体を確認する必要があるから、推定基準が優先的に適用されることになり、被告は自分が実質的支配者でないことを立証しなければ、責任を逃れることができない。しかも、会社の独立性とコーポレート・ガバナンスに尊重するために、潜在的な責任者が確かめられると、徹底的なアプローチにより最終的な支配者まで探る必要がなくなる。

5　おわりに

本稿は、行政分野の識別基準を完全に否定するものではないが、その限界を画する必要があると考える。特に会社法の立場から、行政における規制理念が会社法による私法自治の範疇に深入りしないことに注意しなければならない。つまり、裁判所が実質的支配者の識別によって会社の法人格を無視し、コーポレート・ガバナンスへの介入は避けるべきである。

もちろん、金融規制の強化は、企業自治を重視する会社法にも影響を与える

に違いない。我々はこの影響に留意し、会社法と証券法の調整範囲の違いを意識しなければならない。実質的支配者の識別は、公開会社か非公開会社かに関わらず、行政レベルも司法レベルも求められる可能性がある。また、基本的な商業組織法として、会社法はより開放的かつ柔軟な環境において実質的支配者の識別ルールを定めるべきである。規制当局は、行政の必要性に応じて、より詳細な識別規則を設定する必要がある。その結果、会社法における実質的支配者規則は、非公開会社に向けられており、主に非公開会社を対象とする司法実務に影響を及ぼす可能性がある。したがって、会社法における実質的支配者の定義と識別ルールは、会社の独立性と自律性を尊重し、実質的支配者の私法上の責任を強調すべきだと思われる。

8 国家出資会社のコーポレート・ガバナンス

汪青松

---

1 はじめに

2 国家出資会社の導入の意義及びガバナンス上の課題

3 国家出資会社のガバナンス・モデルのあるべき姿

4 国家出資会社の取締役会のガバナンス上の役割

5 取締役会中心のガバナンス・モデルの制度的保障

6 終わりに

---

1 はじめに

　会社法制をもって国有企業を改造し、現代的な企業制度を確立することは、中国の国有企業改革の基本的方向及び本筋であり、中国の会社法の誕生に伴う重要な歴史的使命でもある。国有企業の会社再編に伴い、会社としての一般性と固有の特別性をどのように調和するかという難しい課題に、会社法制は常に直面してきた。2018年会社法は、「有限会社」の下に「完全国有会社」という特別領域を慎重に留保したが、その適切性や必要性には疑問があり、存続させるか否かをめぐる議論は長く続いている。2023年に改正された会社法（以下、「改正会社法」という。）は、国有企業の個性に対する特別扱いを堅持し、さらに拡大して、「国家出資会社」という上位概念を導入し、章をもって特別規定を設けている。国家出資会社は、改正前会社法の完全国有会社をカバーしつつ、さらに国有資本が支配する会社（国有資本支配会社）を含むようにしてい

　本稿は、2019年度国家社会科学基金後期プロジェクト「デジタル経済時代における営業構造の進化と事業体体系の革新に関する研究」（19FFXB008）の支援を受けている。

る。これにより、国家出資会社という概念が正式に現行の法制度の用語体系に入り、法で定められる会社形態となることが決まった。国家出資会社の導入と関連制度の適切な整備は、一部の学者が説く会社法改正における「重大な構造変化」と位置付けられるべきである[1]。特に注目すべきなのは、「改正会社法草案（第二次検討草案）」（以下、「第二次検討草案」という。）において、国家出資会社の特別規定が「機関」に焦点を当てており[2]、ガバナンス・メカニズムの設計が国家出資会社の導入という重大な構造変化の成功の要となることを示している。ガバナンス・メカニズムの設計に関する会社法の一般的理念から見れば、中国の2018年会社法と2023年会社法は、コーポレート・ガバナンス・モデルについて依然として株主総会中心主義を堅持している。このようなガバナンス・モデルは、現代の会社制度の基礎となっている資本の論理及び物的会社性と一致している。ただし、多くの企業は単に「会社」と名乗っているだけで、実質的にはなお「個人事業」であることにつながる可能性があり、権利と責務が明確な現代的企業制度の構築には適切ではない。とりわけ国家出資会社の場合、株主総会中心主義のガバナンス・モデルは現実的な困難に直面している。2023年会社法は国家出資会社について簡明な規定だけを設けている。こう見れば、現代的企業制度に求められる機関間の権利・責務関係の明確化や、近時の国有企業改革に関する政策文書に指摘された取締役会の形骸化という問題の解決などは、なお力を入れるべき課題である[3]。したがって、国家出資会社の会社法人としての一般性と国有企業としての特別性を総合的に考慮して、それに対応したガバナンス・モデルをどのように構築するか、適切な制度設計を通じて効果的な経営を確保するかは、中国の会社法の改革にあたりなお探求すべき重要な課題である。

1）陳甦「中国の会社法制についての理念の変遷及びと構築の指向」中国法律評論2022年第3号。

2）「改正会社法草案（第一次検討草案）」第6章の「国家出資会社に関する特別規定」は、「第二次検討草案」においてさらに「国家出資会社の機関に関する特別規定」に縮小された。

3）2017年、「国有企業のコーポレート・ガバナンス体制の改善に関する国務院弁公庁の指導意見」により、「一部の企業はまだ有効なコーポレート・ガバナンス構造を形成しておらず、権利と責任の不明確、制御の不足などの問題が顕著である。一部の取締役会は形骸化して本来の役割を果たしていない」と指摘されている。

2 国家出資会社の導入の意義及びガバナンス上の課題

　会社法の制度設計においては、一般的なパラダイムと自国の状況との関係、及び、通常の会社と特殊形態との関係を考える必要が常にある。とりわけ会社法の体系構築においては、学者が説く土着化と地域化との関係をうまく扱わなければならない。土着化とは、経済体制の内生的秩序が法的に具現化したものであり、地域化とは海外の制度を継受しこれを内部化するプロセスである。会社法が土着化と地域化を対処するときの実効性は、会社法の信頼性と実用性を決めることになる[4]。改正会社法が国家出資会社を導入することは、間違いなく、土着化と地域化との関係に対する積極的な対応であり、その現実的な意義とガバナンスの課題は特に注目に値する。

(1) 国家出資会社の導入の現実的意義

① 国家出資会社制度は会社法の機能拡張を促進できる

　法の適用の効果の視点からは、国家出資会社という上位概念の導入により、国有企業に関する会社法の「特別規定」の適用範囲が拡大されることになる。これは、会社法が「身分基準」又は「所有制基準」を棄却すべきであるという見解に抵触することになるかもしれない[5]。確かに、会社法が国有企業をどのように扱うかは、考え方がそれぞれ異なる難しい問題である。国有企業の特別性という客観的事実に基づいても、分割と微調整という見解の対立がある。分割を主張する見解は、次のように論じている。すなわち、会社法は企業法の一般法と位置づけられ[6]、会社法自体が「営利会社法」の本質に焦点を当てている。一方、国有企業には公共的な目的があると考えられているから、国有企業を会社法から撤退させるべきという見解である[7]。完全国有会社及び国有投資

---

4 ）陳甦「中国の会社法制についての理念の変遷及びと構築の指向」中国法律評論2022年第
　　3号。
5 ）柳経緯「中国民法40年間の制度的及び観念的な道筋」経済参考報2018年12月5日 A08面。
6 ）胡改蓉「会社法改正における国有会社制度の分割と再構成」法学評論2021年第4号。
7 ）蒋大興「国有企業は会社法から撤退すべき──『商事会社』から『公共企業』への進化」
　　中国工商管理研究2013年12号。

会社については、特別の「国有会社法」を制定して規整すべきとする見解[8]や、特別の国有企業法を制定し、国有企業における党組織の建設に関する機関、活動、責任その他の問題を明文で規定すべきとする見解などがある[9]。微調整を主張する見解は、国有企業の概念を再構築し、現存の多様な国有企業について「選択的に定義」し、会社法の国有企業に対する規整範囲を拡張させるべきと論じている[10]。

　見解の内容自体に限って言えば、会社法における国有会社に関する特別規定を分割すべきという見解はかなり説得力があるが、会社法を微調整し地域の現実に適応させるべきだという見解にも一理ある。しかし、この二つの見解が会社法というテクストを異なる運命に導く可能性がある：「分割」は会社法の調整範囲をさらに狭め、形式化させるから、市場の現実を規整する能力がさらに欠如することになる。この場合に会社法が規定する「会社」という形態はより空洞な概念となり、さまざまな投資家が真意を隠すための「容器」に縮小されるだろう。「微調整」は、観念上の「理想的な会社法」から会社法を離脱させ、いわゆる「純粋な会社法」らしさが薄れていくように見える。しかし、実際の効果として、会社法が多様なガバナンス・モデルと規則供給を通じて真に社会経済の発展に貢献することになり、「条文の会社法」から「実践の会社法」への変化を実現できる[11]。

　会社法に「身分基準の放棄」を主張する理論的根拠は、市場主体の平等な地位にある。ただし、市場主体の地位の平等とは、市場活動における主体の平等を表すものであり、取引法の文脈に適用するものであるから、当然として組織法の領域にまで拡張されるべきものではないことに留意する必要がある。実際、取引法における実質的な平等の欠如の問題は、組織法における「不平等」な制度の設計をもって修正する必要がある。例えば、会社法は大株主又は支配株主に対してより重い注意義務及び責任を課している。このように、取引法での地位の平等は、組織法での均一性を意味するものではない。組織体が極めて

8）郭富青「会社法と隣接する法律部門の間の立法上の協働について」法律科学（西北政法大学学報）2021年6号。
9）孫晋＝徐則林「国有企業における党委員会と取締役会の対立と調和」法学2019年第1号。
10）蒋大興「会社法改革の『社会主義（公共主義）論理』」中国流通経済2020年第7号。
11）王保樹「法律条文上の会社法から実践的な会社法へ」法学研究2006年第6号。

複雑かつ多様であるという客観的現実から見ると、すべての企業に汎用できるガバナンス構造は不可能でもあり、また、あるべきでない。たとえ最も一般的ないわゆる「一層制」若しくは「二層制」という表現、又は「株主総会＋取締役会＋監査役会」の構造をもっても、各種の企業による多様化のガバナンス・ニーズやガバナンスの実践をカバーすることはできない。この意味において、今回の改正会社法において国家出資会社の導入とそれに関連する「特別規定」の充実化は、会社法の「領域」が後退するのではなく、その規整機能がより拡大し、市場の実践に密接することになるのだろう。

② 国家出資会社制度は国有企業の改革と発展のニーズに対応できる

国有企業は中国の経済社会において極めて重要な地位を有していながらも、改革と改善の需要は大きい。2015年以降の国有企業の次期改革において、2つの基本目標が掲げられている。第一に、外部において、国有企業の市場主体としての平等を達成すること、第二に、内部において、国有企業の法人としての良好なガバナンスを達成することである。したがって、国有企業のガバナンスのニーズにどのように積極的に対応するかは、会社法改正が通常の会社と特殊形態との関係、及び地域化と土着化との関係を適切に調和させるための重大な課題である。

国有企業は中国の国有経済の基本的な担い手であり、中国の社会主義近代化の推進において基礎的な地位を有している。新中国の成立以来、国有企業制度は、次の四つの歴史的段階を経ていた。すなわち、計画経済体制の下での「国有・国営」制度、改革開放の初期において分権化と利益譲渡を出発点とした「下請制」、市場経済体制の下における「会社制」の現代的企業制度の初歩的な構築、新時代における中国の特色のある現代国有企業制度の全面的完成である[12]。国有企業の次期改革の設計図は特に問題志向を重視していて、関連する政策文書には国有企業が緊急に解決すべき争点と問題点が要約されている。主には、市場主体としての地位、現代的な企業制度、国有資本の規制体制、国有資本の経営効率、内部統制システム、党の管理・監督に関する責任などが挙げられている。とりわけガバナンス構造に関して、「国有企業改革の深化に関す

---

12) 綦好東ほか「中国の国有企業制度の発展と改革の歴史的論理と基本的経験」南開管理評論2021年第1号。

る中国共産党中央委員会と国務院の指導意見」（中発［2015］第22号）（以下、「国有企業改革意見」という。）は、一部の国有企業について「現代的な企業制度がまだ完成していない」と指摘した。2017年の「国有企業のコーポレート・ガバナンス体制の改善に関する国務院弁公庁の指導意見」（以下、「国有企業ガバナンス意見」という。）は、「一部の企業はまだ有効なコーポレート・ガバナンス構造を形成しておらず、権利と責任の不明確、制御の不足などの問題が顕著である。一部の取締役会は形骸化して本来の役割を果たしていない」と指摘した。国有企業の次期改革において、コーポレート・ガバナンス体制の改善が最優先課題であることは疑いがない。

　コーポレート・ガバナンス体制は、現代的な企業制度の構築における焦点となっている。国有企業のコーポレート・ガバナンスを改善することも、非常に重要な現実的意義を持っている。第一は政治的な安定である。国有企業の法治的なガバナンスと健全な発展により、政治制度に対する自信、及び政治的アイデンティティを高め、中国式国有企業制度のメリットと活力を世界に披露することができる。第二は市場形成である。国有企業の良好なガバナンスは、オープンで効率的な国内及び国際市場環境を構築するために不可欠である。コーポレート・ガバナンス体制の改善は、国有企業が独立する市場主体であることの表れである。第三は国民厚生である。国有企業は、さまざまな公的サービスの主な提供者であり、非常時に物価を安定させ、国民の生活を守る重要な存在である。国民の日常生活の豊かさに直接的な影響を与えていて、一般企業が社会的責任を履行することをも牽引している。第四は経済的な支えである。国有企業は、国有経済の支配的な地位を維持し、安定的かつ秩序ある経済成長を促進し、開かれた投資と貿易環境を維持するために不可欠である。

　国有企業のコーポレート・ガバナンス体制を改善するための重要な出発点は、会社制の改造と、機関の適切な設置と権限分配である。改正会社法における国家出資会社の導入は、国有企業のコーポレート・ガバナンス体制の改善に向けて、より十分な法的支援を提供することができる。関連する制度設計機能を効果的に発揮するには、一般性と特殊性の関係を把握することが特に重要である。国家出資会社は、独立した市場主体の地位、独立した法人格、所有と経営の分離など、一般の会社制企業と共通する特徴を持っている。しかしなが

ら、国家出資会社には、機能構造、出資構造、組織構造、人員構造など、それ
ぞれに独自の特徴もある。これにより、そのガバナンス・ニーズは当然に一般
企業と異なるものとなり、会社法上の制度設計も当然、こうした特殊なガバナ
ンス・ニーズを踏まえたものとなるべきである。

(2) 国家出資会社の導入に伴うガバナンスの課題

① コーポレート・ガバナンスに関する規則の限界と法理の不足

長い間、国有資本が支配する市場主体は、国有資本の規制に関する法律、法
規その他の規範的文書又は政策文書により、一般的に「国有企業」または「国
家出資企業」と呼ばれてきた[13]。この二つの表現の範囲は実際に非常に広く、
明確な判断基準も存在しない。改正前の会社法では、有限会社の下に「完全国
有会社」のみを特殊な会社形態として置いていたが、そのガバナンスに関する
制度供給が不十分であり、一部の規定の合理性や実効性も疑われている。

これまで、会社法におけるガバナンスに関する理論研究は主に純粋な営利会
社に基づいていた。例えば、会社の営利性特徴の要約や営利法人としての位置
づけ、会社の目的又は趣旨の一元化、株主利益の優先、株主総会・取締役会・
監査役会による一層制のガバナンス体制など、いずれも一般的な営利会社を想
定している。このような理論的視点に基づくため、「完全国有会社」が会社法
に置かれても「場違い」のように見える。特例として、「我が国の会社法が中
国の特殊な国情に適応して設置した有限会社の特殊な類型」であると考えられ
ている[14]。現代のコーポレート・ガバナンス理論の研究にも、「完全国有会社」
の特殊性に関する徹底的かつ体系的な探求が不足しており、むしろ「完全国有
会社」制度を会社法に含めるべきか否かをめぐる議論が長く続いている。更
に、会社法に注目されていない「国有資本支配会社」に至っては、理論的には
「非特殊形態」の会社に分類できるものの、実際に会社法がこれを効果的に規
整することは困難であり、法理上の基礎もさらに弱い。

---

13)「中華人民共和国企業国有資産法」第5条は以下の通りである。この法律でいう「国家出
　資企業」とは、国家が出資する完全国有企業、完全国有会社、及び国有資本支配会社、国有
　資本持株会社をいう。
14) 范建編『商法学』(マルクス主義理論研究と建設工程重点教科書)(高等教育出版社、2019
　年)119頁。

したがって、国家出資会社は、会社法の文脈における新しい事象として、その効果的なガバナンスに関する理論的な蓄積がほとんどなく、規則の設計も比較的に粗雑であるため、理論の研究と実践の試行を強化することが急務である。法理の視点から言えば、国家出資会社について一般性と特殊性、政治的性格と営利的性格、政府の規制と市場の監督、経済的機能と社会的機能、権限の授与と制御などの効果的な調和をどのように達成するかに関する研究を重視しなければならない。

② 国家出資会社の特殊なガバナンス・ニーズ

国有企業に関する多くの研究により、国有企業には、所有者の不在や復代理、内部者による管理や地位の依存性、政府・企業の関係と関連関係のもつれなどの問題があることが明らかにされている。国有企業の次期改革の設計に関する政策文書、特に「国有企業ガバナンス意見」は、国有企業のコーポレート・ガバナンス体制に存在する主な問題点を既に指摘している。実際、これらの問題点は、国家出資会社のガバナンス体制の構築における最も重要なニーズを示している。即ち、第一に、党の全面的な指導を徹底的に実現させるために、党組織のガバナンス上の地位を法的に明確化させることである。第二に、効果的な統制システムを形成するために、権利と責任が明確な機関設置を整備することである。第三に、コーポレート・ガバナンスの実効性を高めるために、取締役会の着実な役割発揮を実現することである。2015年に改訂された「OECD の国有企業のコーポレート・ガバナンスに関するガイドライン」（以下、「OECD 国有企業ガバナンス・ガイドライン」という。）第 2 章でも、「国家は、積極的な適格投資家として、国有企業のガバナンスの高度的な専門性と実効性を確保し、透明化及び責任追及の方法をもってこれを実施すべきである」と明記されている。

したがって、国家出資会社の特殊なガバナンス・ニーズは、以下の三つの側面にまとめることができる。

第一は透明性である。まず、国家出資会社の「身分」が透明であるべきことを意味する。つまり、完全国有又は国有資本支配であることは他の市場主体又は取引相手に正確かつ直観的に知られていなければならない。次に、国家出資会社のガバナンス体制が透明であるべきことを意味する。つまり、すべての機

関の権限、義務及び責任が明確に定められる必要がある。最後に、国家出資会社の情報開示は健全であるべきことを意味する。「OECD国有企業ガバナンス・ガイドライン」により、情報開示に関して、国有企業が上場しているか否かにかかわらず、会計、情報開示、コンプライアンス、監査などについて上場企業と同じ基準を有すべきであると考えられている。

　第二は実効性である。国家出資会社のガバナンス体制は合理的であるべきであり、国家出資会社が担っている複数の機能目標をより良く実現するのに役立つべきである。一方、国家出資会社の内部の各機関の間に、又はグループの親会社と子会社の間の権利と責任の分担は明確かつ合理的でなければならない。とりわけ、国家出資会社の取締役会の質の改善・向上は、コーポレート・ガバナンスの実効性の向上における基本的な内容として位置付けられるべきである。取締役会制度は国有企業のガバナンスにおいて長らく欠点が残されてきており、国有企業改革の新たな段階においても焦点・難所とされている。国有企業の改革に関する文書を参考として、国有企業のガバナンスの国際的慣行及び国内の実践を合わせて考え、改正会社法が国家出資会社を導入した後、その取締役会制度には研究・解決すべき困難な課題がなお多く存在する。まず、取締役会の地位と機能をどのように決定すべきか。次に、責任と権限をどのように分配すべきか。そして、取締役がどのように職務を遂行すべきか。最後に、取締役の責任をどのように追及すべきか。したがって、取締役会制度は、国家出資会社のガバナンスを規整する上で会社法によって提供された最も論じられるべきものである。

　第三は責任追及である。責任追及は、権利・義務・責任の合致という原則の当然な表れである。国家出資会社に関する責任追及には独自の特徴がある。まず、責任追及の対象は多様化している。一般企業のように経営機能を担う機関があり、政治機能を担う党組織もある。次に、責任追及の主体と方法は多様化している。一般的な法的責任の追及もあり、党の紀律又は行政処分による責任追及もある。最後に、責任の形態は多様化している。公法及び私法上の責任、党の紀律上の責任や行政処分などが含まれている。

⑶　改正会社法におけるガバナンス体制の設計に関する検討

　改正会社法の「第7章 国家出資会社の機関に関する特別規定」には合計で
10条の条文がある。準用規定と国家出資会社の法的定義規定のほか、残りの
条文は大きく二つのカテゴリーに分けることができる。一つ目は包括的な規範
である。主には、出資者の権利・利益の享受、責任の履行、党組織の地位と権
限、重要な国家出資会社に関する重大事項の事前の申請・承認、及び内部統制
システム、リスク管理システムなどを規定している。二つ目は、完全国有会社
に関する特別規定である。主には、会社の定款の制定、株主総会の権限の行
使、取締役会の権限と構成、マネージャーなどの経営者の任命と解任、役員の
競業制限、及び監査委員会による監視メカニズムなどを規定している。

　国家出資会社に関する改正会社法の特別規定の重要性は自明であるといえる
が、同時に明らかな欠点もある。特にガバナンス体制については、改正会社法
は国家出資会社の特殊性やガバナンスの特殊なニーズに十分に対応できていな
い。具体的には、透明性、実効性、責任追及という三つの側面から分析するこ
とができる。

　第一は透明性である。改正会社法における国家出資会社の分類基準には、資
本レベルの完全国有と国有資本支配との区別があるほか、有限会社と株式会社
との区別あり、株式会社につき上場と非上場の区別をも加えれば、具体的な類
型の組み合わせは複雑になる。実際に、完全国有と国有資本支配のほかに、実
務において「全部資本国有」と「国有資本の実質的支配」という二つの形態が
存在するが、国家出資会社として扱われるべきか否かについて疑問がある。改
正会社法は、各具体的類型の名称について見解を示していないため、「国有」
の特徴を外部が明確に識別することが困難である。これにより、実務において
会社の法律上の形態が曖昧になり、透明性が不十分になる可能性がある。

　第二は実効性である。まず、国家出資会社のガバナンス構造における党組織
の法的地位、権限及びその執行に関する規定はいまだ曖昧であり、党組織の討
論と取締役会の意思決定との関係も明確ではない。次に、取締役会の機能と位
置付けが明確ではない。その権限に関する規定から見ると、当初の第1次検討
草案は、取締役会の権限について包括的に規定していて、会社の残存権限も取

締役会に与えていた。これは取締役会中心主義のガバナンス・モデルに近い。しかし、その後の第2次検討草案は、2018年会社法と同様の列挙形式に戻った。改正会社法は「取締役会は会社の執行機関である」という文言を削除したが、会社の各機関の中の取締役会の位置付けを規定していない。次に、改正会社法には国有資本支配会社に関する特別なガバナンス規定の供給が明らかに不足している。最後に、改正会社法は、国家出資会社のほとんどがグループに所属しているという客観的現実及びその制度のニーズに対応していない[15]。

　第三は責任追及である。まず、フィデューシャリー・デューティーに関する制度設計は国家出資会社の特殊性に適応することができていない。例えば、フィデューシャリー・デューティーの主体の範囲に関する「取締役、監査役及び上級管理者」（役員）という概念には、ガバナンス上の法的地位を有する党委員会委員が含まれていない。次に、改正会社法は、完全国有会社に監査役会又は監査役を「設置しない」と明確に規定していて、代わりに取締役会の下にある監査委員会が監査役会の義務を遂行するとしている。これは、既存の実務での完全国有会社のガバナンス構造に対して一定のインパクトを与え得るものである。このような一律の制度改革はコストも比較的に高い。常に監査委員会が監査責任を履行することの運用可能性や実効性も不明である。最後に、改正会社法は、「国家出資会社は法律に従って内部統制システム及びリスク管理システムを確立・改善し、内部コンプライアンス管理を強化しなければならない」と規定している。具体的な規則やそれに対応する法的責任の規定が欠如しているから、「しなければならない」という文言を使用していても、なお強要性のない宣言的条項に近似している。

15）実際、この点は国家出資会社だけの問題ではない。一部の学者が指摘しているように、現代的企業の典型的な組織構造から見ると、それらを法的概念における「独立した主体」とみなすことは困難である。代わりに、親会社が単独の株主又は支配株主として複数の個別に設立された子会社を支配し、会社グループを形成していると考えるべきである。John H. Matheson, *The Modern Law of Corporate Groups: An Empirical Study of Piercing the Corporate Veil in the Parent-Subsidiary Context*, 87 North Carolina Law Review, 1091-1156, (2008-2009).

3 国家出資会社のガバナンス・モデルのあるべき姿

　ガバナンス・モデルは規則や制度を精確に表現するものではない。しかしながら、ガバナンス・モデル自体を検討・帰納することには意味があり、理論の単純さと明確さを実現できるだけでなく、立法や実務を導くこともできる。同時に、さまざまなガバナンス・モデルもさまざまな会社の特殊性に呼応し、それを示している。国家出資会社のガバナンス・モデルという問題の本質は、国家出資会社が会社法で定められる一般的なガバナンス・モデルに従うべきかどうか、また国家出資会社の特殊性にどう対応するかということである。

(1) 現代会社のコーポレート・ガバナンス・モデルの選択における本位と主義に関する議論

① 構成員の次元における本位に関する論争

　長い歴史と広範囲にわたる影響力を持つガバナンス・モデルを概念的に表現すれば、株主至上又は株主本位と言われる。これは、株主の利益を志向とするコーポレート・ガバナンス・モデルである。すなわち、会社が他のステークホルダー（例えば社会、地域、消費者、従業員など）の利益を考慮する前に、株主の利益の最大化に重点を置くものである。シカゴ大学の自由市場経済学者ミルトン・フリードマン（Milton Friedman）は、この考え方を最初に明確に述べたと思われている。同氏は、1970年のニューヨーク・タイムズで公表した記事で、「企業の社会的責任はただ一つだけである。それは、その有する資源を活用し、利潤を増やす活動に携わることである」と主張した[16]。株主至上主義の基礎は、会社が実質的に株主によって所有されていること、又は株主が会社の最終的な帰属者であることから、株主は会社を支配する能力と必要性があるということである。したがって、従業員、取締役及び上級管理職は会社の一部であり、株主価値を最大化するために誠実に職務を遂行しなければならない。株主価値、特に株価は業績を評価するための直感的で説得力のある方法であるた

---

16) Milton Friedman, *The Social Responsibility of Business is to Increase its Profits*, The New York Times Magazine, September 13, 1970.

め、株主を中心とする企業については全体の業績を測定するための明確な基準が確保される。したがって、株主至上の理念は、会社にとって一貫性と説得力のある経験則を提供している。

　しかし、ほとんどの法域の会社法は、取締役が株主の受託者であると規定していない。取締役のフィデューシャリー・デューティーは、株主ではなく会社に対するものである。したがって、株主至上主義は、多くの場合にあくまでも一種の意識又は観念に過ぎず、歴史、法律又は論理上の基礎が存在しない。株主至上主義を高く掲げているアメリカを例に挙げてみよう。21世紀初頭までは、アメリカの会社法は、株価を基準として株主の利益を最大化すべき義務を取締役に負わせる「株主至上」の原則を採用すべきであり、実際に採用していると多くの人に信じられていた。しかし、一部の学者は、この見方は間違っていると指摘した。アメリカの会社法と慣行によれば、取締役には「株主価値」を最大化することは要求されておらず、むしろ市場原理のみによって制限される広範な裁量権が与えられている。特に上場企業について、株主至上主義を徹底すればかえって株主を不利な立場に置くことになる[17]。実際、多くの会社にとって、「株主価値の最大化」は、顧客を困惑させること、従業員を圧迫すること、脱税すること、地域社会に害を加えることなどの言い訳となっている。現代社会において、成長の鈍化と格差の拡大、多発する会社不祥事と激しい経済変動、従業員の研修や研究開発への不十分な資金投入など、多くの経済的問題は、一定の程度でこの誤った理念と関係している。利益の最大化を求める個々の会社にとって、利益だけを考える行動パターンは合理的である可能性がある。しかし、収益性の競争がすべての企業にこのような行動パターンを強いる場合、社会にとっても企業自身にとっても決していいことではない。

　上述の欠陥により、従来の株主至上の考え方はますます理論的崩壊の危機に瀕しており、会社の構造と目的に関するより複雑かつ巧妙な理論に取って代わられている。取締役本位、ステークホルダー本位などの理念が流行り始めた。取締役本位とは、取締役こそが会社の利益を適切に代表するものであり、会社の長期的な収益性と継続可能な価値の成長を確保する受託者責任があるとする

---

17) Lynn A. Stout, *New Thinking on Shareholder Primacy*, 2 Accounting, Economics, and Law, 1 -24(2012).

考え方である。ステークホルダー本位は、会社の財務上の成功があくまでもステークホルダーの目的の一側面に過ぎないと考えている。株主至上主義は会社の存在意義ではなく、株主はステークホルダーの一部にすぎない。とりわけ大規模な資産運用会社や機関投資家は、会社が株主利益を最大化するために運営されているわけではないという考えを受け入れなければならない。会社及びその取締役会は、事業を継続的に成長させ、すべてのステークホルダーに価値を創造することに成功する必要がある。これは実際に、最良の結果を達成するために、会社のすべてのステークホルダーの間での配分の問題である。したがって、ステークホルダー・ガバナンス・モデルは、会社にとって最も正しいガバナンス・モデルである。

　中国では、「株主至上主義」が広がるにつれて、徐々に会社法の立法・改正作業を支配する基本的な価値観となってきた[18]。ただし、株主本位については学界にも異なる理解がある。株主本位を支持する者は、中国の会社法が株主本位を堅持し、株主利益の最大化を会社の目標として、会社の支配権を株主に帰属させるべきであると考えている。なぜなら、法律の論理又は実効性の視点から見れば、株主本位が他の選択肢よりも優れているからだと指摘されている[19]。株主本位を変革させるべきと主張する者によれば、中国の会社法制が踏襲している従来の「株主本位主義」の考え方は、社会経済発展の過程において大きな不適合性を示しているため、会社の多様なステークホルダーの権利と利益を保護し、会社の社会的責任を重視し、長期的な持続可能な発展を求めることを旨とする現代的な「株主本位主義」を構築すべきだと考えられている[20]。実際、株主本位、取締役本位、又はステークホルダー本位のいずれも、独自の理論的基礎と実定法上の根拠を持っている。しかし、いずれの本位主義も思考ロジックが狭く、会社内部の権限を配分する際に問題を引き起こす可能性があるから、コーポレート・ガバナンスの最良のパラダイムにはなり得ない[21]。

---

18) 馮果「全体主義の視点からみた会社法の理念調整と体系の再構成」中国法学2021年第2号。

19) 周珺「株主本位について――アリババの『パートナー』制度により引き起こされる思考」政治与法律2014年第11号。

20) 李耕坤「株主本位主義の再考」経済論壇2022年第3号。

21) 汪青松「社会的責任によって推進される企業の内部権限配分の新傾向」西南民族大学学報（人文社科版）2010年第1号。

②　機関の次元における主義に関する論争

　コーポレート・ガバナンスは、機関の次元からもさまざまなモデルに分類できる。世界各国で、経営権の配分の焦点は、株主総会から取締役会、さらには経営者層に至るまで、段階的に発展してきた。これにより、コーポレート・ガバナンスについての株主総会中心主義、取締役会中心主義、経営者中心主義の違いが形成した。中国の会社法は長い間、ガバナンス体制の設計において株主総会中心主義の特徴を鮮明に示してきたが、今回の会社法改正では株主総会中心主義と取締役会中心主義の間をさまよっている。学界においても、中国の会社法のコーポレート・ガバナンス体制がどの主義に属しているか、ひいてはどの主義を採用すべきかについても、見解の相違がある。一部の学者によると、株主中心主義の法理上の基礎は、会社の営利性、株式の資本性、残余請求権、人民主権の考え方に由来していると考えられている。株主中心主義を再認識して発展させることが、株主に優しい社会の構築と会社の継続可能な発展につながると指摘されている[22]。他の学者によると、会社の権限が株主総会と取締役会の間でどのように配分されるかは、会社法の中核的問題の一つであると考えられている。株主優位主義と取締役会優位主義の文脈において、中国の会社法は前者に偏っているが、世界的な傾向として後者に偏っていると指摘されている[23]。また、コーポレート・ガバナンスの中心の判断は、所有に関する事項と所有者の権限の配分によるべきではなく、経営の事項と経営者の権限の配分によるべきもので、コーポレート・ガバナンスの各モデルにはそれぞれの長所・短所があり、完璧で最良のガバナンス・モデルは存在しないと主張する見解も存在する[24]。

⑵　国家出資会社が取締役会中心モデルを選択する必然性

①　国家出資会社は複数の機能目標を担っている

　一般的に、上場企業は多くの投資家を抱えており、典型的な「公開会社」で

22）劉俊海「株主中心主義の再理解」政法論壇2021年第 5 号。
23）許可「中国の株主総会と取締役会の分権化制度に関する研究」中国法学2017年第 2 号。
24）趙旭東「株主総会中心主義か、取締役会中心主義か？——コーポレート・ガバナンス・モデルの判別、検討及び選択」法学評論2021年第 3 号。

あると考えられている。実際、財産の最終的な帰属の観点から言えば、国家出資会社は、より純粋な別種の「公開会社」、あるいは一部の学者がいう「公共企業」に該当するものである[25]。国家出資会社が取締役会中心のガバナンス・モデルを採用することは、国家出資会社の機能目標の多様性と構造の特殊性に基づくものである。

　企業の機能目標はそもそも多様である。利益追求の観点から見ても、少なくとも株主の利益の最大化、会社の利益の最大化、社会的利益の最大化があり得る。では、国家出資会社の機能目標をどのように理解すればよいか？「国有企業改革意見」の関連規定によると、国有企業の機能的位置付けには主に四つの側面が含まれる。第一は発展の基礎である。すなわち「国有企業は、人民全体が所有し、国の近代化を促進し、人民の共通の利益を守る重要な力であり、党と国家の発展にとって重要な物質的基盤であり、政治的基盤である。」とりわけ、いわゆる中央企業は強力かつ大規模で、中国の国民経済において比類のない支配的かつ支柱的な地位を占めていて、「共和国の長男」と称されている。2022年フォーチュン・グローバル500に挙げられた中国企業145社のうち、47社が中央企業であり、32.4％を占めている。上位5社の中には、国家電網（State Grid）、中国石油天然気集団（PetroChina）、中国石油化工集団（Sinopec）の三つの中央企業がある。第二は国有経済の担い手である。つまり、国有企業は、「公有制の支配的地位を堅持し、国有経済の主導的役割を果たす」ことと「国有資産の価値を維持・向上させる」ことの基本的な支えである。第三は独立した市場主体である。すなわち、「国有企業が、法に従って独立して運営し、自らの損益に責任を負い、リスクを負担し、自己を規律して、独自で発展する、独立した市場主体となるよう促進すること」である。第四は社会的責任の手本である。つまり「社会主義市場経済の下での国有企業は、意識的に社会的責任を果たす模範を示さなければならない」ということである。

　同時に、「国有企業改革意見」は、「国有企業の経済的利益と社会的利益の有機的統一を促進する」と特別に強調している。これに基づいて、国有企業は商業型と公共福祉型に分類される。商業型国有企業の主な目的は「国有経済の活

25）蒋大興「『人民の』企業としての形態──国有企業改革の「私法的進路」を超えて？」政法論壇2023年第1号。

力を高め、国有資本の機能を拡大し、国有資産の価値を維持・向上させる」ことである。「商業型国有企業のうち、その主たる事業が国家安全保障又は国民経済の生命線に関わる重要な産業に属するもの、又は主に重大な専門的任務を担うもの」は、「国家戦略に奉仕し、国家安全保障と国民経済の運行を確保し、将来を見据えた戦略的産業を発展させ、特別な任務を完了しなければならない」とされている。公共福祉型国有企業の主な目標は、「国民の厚生を守り、社会に奉仕し、公共財とサービスを提供する」ことと、「市場メカニズムを積極的に導入して公共サービスの効率と能力を継続的に向上させる」ことである。したがって、国家出資会社は経済的目標だけでなく、重要な政治的目標や社会的目標も担っている。公有制は中国の基本的な経済制度であり、国有資本は社会主義近代化の物質的基盤である。国家出資会社は、経済社会の発展を促進し、民族の復興を実現する上で重大な歴史的使命と責任を担っている。

② 国家出資会社には構造上の特殊性がある

国家出資会社には二つの明らかな構造的特徴がある。一つは、所有者が実質的に不在しているため、運営管理コストが最も低く、効率性が最も高い個人事業モデルを採用できない。所有者の不在という現状に加え、国有株のみが支配する持株構造であるから、ガバナンス権の移転をもってバランスを取る必要がある。国家出資会社の「国有株のみが支配する」という特徴は、その資本構造や財産権構造の客観的な状態であるだけでなく、「国有」の身分を維持するための基本条件でもある。このような状況を踏まえて現代的な企業制度を構築・改善するために最も重要かつ困難な点は、権限と責任の明確化、及び行政と企業の分離をどのように実現するかということである。株主本位及び株主総会中心主義の論理に基づくならば、国家出資会社の主要なガバナンス権限は、形式的にも実質的にも国有資産監督管理機関によって行使されなければならない。国有資産監督管理委員会などの政府部門は、投資家責任を遂行する機関として、各会社の具体的なガバナンスに深く関与し続けることはあり得ない。このため、会社法は、完全国有会社について投資家責任を遂行する機関が株主総会の権限の一部の行使を取締役会に授権し、会社の重要事項を決定させることを許容している。また、投資家責任を遂行する機関は会社法上の一般投資家ではなく、政府機関であるから、同機関が国有企業に対してガバナンス権を行使す

ることについて、その実現可能性や実効性はともかく、行政と企業の分離という現代的な企業制度の特性を真に実現することは困難である。したがって、国有企業改革の展開とそれに関連する会社法の制度設計を見ると、国有資産監督管理機関がコーポレート・ガバナンスに直接介入する権限の範囲を明確化又は制限し、ガバナンス権限を資本側から企業側に可能な限りに移転させることが重要な手がかりとなっている。取締役会は、企業利益を代表する最適の機関であり、国家出資会社の複数の機能目標を実践する最適の機関でもあるから、当然にガバナンス権限の配置の中心になるべきである。このようなガバナンス権限の移転と均衡は、国有企業の現代的な企業制度の高度化、及び独立した市場主体の地位の形成にとって非常に重要である。

　国家出資会社のもう一つの構造的特徴は、多重の授権である。つまり、資産の最終的な帰属から経営管理の実施に至るまで、複数の授権行為のチェーンが存在する。よって、関連する制度設計は、ガバナンス権限をどのように配置すべきかを慎重に考える必要がある。国家出資会社の各機関の主要権限と特性から見ると、各機関の協力を重視し、達成する必要がある。まず、コーポレート・ガバナンス体制において党組織の法的地位と中核的役割は、政治的方向性を導くことにあり、会社法はこれを確認するだけで十分である。次に、国の投資家責任を遂行する機関について、その関連制度は、主に会社法によって規定されているわけではなく、行政機関としての性格もあり、国家出資会社のガバナンス責任の主な担い手としては不適切である。次に、取締役会はさまざまなガバナンス権限が交わる重要な結節点であり、国有資産監督管理機関の指示や命令を実行するだけでなく、政治的に党組織に指導されていて、経営に関する判断と管理職の監督をも担当している。実務においても、取締役会は常に国有企業のガバナンスの短所でもあり、改善の焦点でもある。2021年9月、国務院国有資産監督管理委員会の関係責任者は「中央企業取締役会業務規則（試行）」を説明した際に、「取締役会の運営について、機能上の位置付けが不明確であったり、授権や意思決定のプロセスが十分に正規化していなかったりするなど、解決すべき問題が依然としてある」と指摘した。最後に、経営者中心のモデルは、内部者の支配に固有の欠点を悪化させる可能性がある。一部の学者が指摘しているように、中国政府による分権化と利益譲渡、現代的な企業制度

の確立、改革・革新の過程において、経営者が国有企業の経営支配権を獲得し、変革期の国に特有の問題として内部者の支配が形成された[26]。よって、経営者はそもそも内部者の支配の問題が生じやすい。経営者を国家出資会社のガバナンスの中核とすれば、従来の国有企業における「工場長・マネージャー責任制」に戻るのと同じことになり、国有企業改革における現代的な企業制度の志向と一貫していない。

　したがって、国家出資会社は、内部及び外部の複数のガバナンス目標の調和を達成するために、取締役会中心のガバナンス・モデルを採用する必要がある。第一は、国有資産の監督と国有資産の運用の間の調和である。第二は、政治的方向性と経営目標の間の調和である。第三は財務上の目標と社会的使命の調和である。第四はコーポレート・ガバナンスと内部統制・コンプライアンスの調和である。この調和の枠組みの中で、各機関はそれぞれの責任を果たし、分業し、協力して国家出資会社の「良いガバナンス」を共同で達成する。その中で、ガバナンス・モデルの中心である取締役会は、当然、会社法における国家出資会社に関する制度設計の要となるべきである。

4　国家出資会社の取締役会のガバナンス上の役割

　取締役会の形骸化という問題は、国有企業において長年遍在してきた。国有企業の次期改革の設計でも、取締役会制度をコーポレート・ガバナンス体制の改善の最優先事項とされている。国家出資会社の機関に関する会社法の特別規定の重要な価値の一つは、取締役会が形骸化から「名実ともにつりあう」ものへの変革を支援することである。国家出資会社が取締役会中心のガバナンス・モデルを選択するのは、その固有の特性によるものであり、当然に取締役会制度が関連する制度設計の要となる。最初の課題は、国家出資会社のガバナンス体制における取締役会の役割を適切かつ合理的に定義することである。

---

26)　於小喆「国有企業の支配権メカニズムにおける『内部者の支配』の問題と解決策」財政研究2012年第11号。

⑴ 法制度における取締役会の役割に関する論争
──意思決定機関か執行機関か

　中国の2018年会社法では、取締役会は会社の「執行機関」と位置付けられていた。第1次検討草案でもこの表現が引き続き使われている。成立した改正会社法では、「取締役会は会社の執行機関である」という文言が削除されたが、その取締役会の権限に関する規定を見る限り、実質的に取締役会が依然として「執行機関」として位置づけられている。一方、2018年会社法及び改正会社法のいずれも株主総会を「会社の権力機関」と明確に規定しており、その権限は主に議決、承認、決議などの意思決定的な内容となっている。よって、いわゆる「権力機関」が「意思決定機関」に相当する。これらの規定はいずれも株主総会中心主義の立場を鮮明に反映している。株主総会が権力機関であることを前提とすれば、取締役会は当然「株主総会の決定を執行する」機関でしかあり得ない。マネージャー（経理）などの上級管理職については、会社法は基本的にガバナンス体制において独立した立場を明確に認めておらず、「マネージャー（経理）は取締役会に対して責任を負う」と規定しているだけで、執行機関として取締役会の付属としている。

　しかし、国有企業の次期改革に関する文書において、会社法と同様に株主総会が「会社の権力機関」と表現されているのに対し、取締役会が会社の「意思決定機関」と表現されていて、マネージャーが会社の「執行機関」と表現されていることは注目に値する。「国有企業改革意見」は、「取締役会の意思決定の役割を十分に発揮すべきである」と強調している。「国有企業ガバナンス意見」は、「取締役会は会社の意思決定機関である」と明確に述べている。国有資産監督管理委員会が2021年に公布した「中央企業取締役会業務規定（試行）」によると、取締役会は、企業の経営に関する意思決定をする主体であり、策略の考案、意思の決定、リスクの予防などを行うとされている。

⑵ 法理論における取締役会の役割に対する認識の分岐
──ゴム印かガバナンスの中心か

　「ゴム印」はもともと政治的な比喩であり、法的又は形式的に大きな権力が

与えられているが、実際にはそのほんの一部又は非常に形式的な部分しか行使できず、実質的な役割を発揮できない個人又は組織をいうものである。「ゴム印型取締役会」とは、取締役会のガバナンス機能を真に発揮できないものをいう。すなわち、取締役会が会社法の要請に基づいてのみ設置され、日常的な経営・管理について手続き上の機能のみを有し、無機的な「印鑑」のようなものである。実務において、一部の非公開会社では、取締役会の決議は大株主のみにより決定され、あるいは会社の重要人物が頻繁に集まるため、意思決定が株主総会又は経営陣で行われる。このような場合に、取締役会の決議があっても、法定の手続きを履行するだけであり、取締役会がほとんど形骸化している。また、ペーパーカンパニー又は海外のタックス・ヘイヴンにあるオフショア会社の取締役会もほとんどこの種類に属する。国有企業では、「一部の取締役会が形骸化して本来の役割を果たしていない」という現象も「ゴム印」と形容される。

　取締役会の実態とは異なり、学界において取締役会が会社のガバナンスの中心であるべきであると考えられている。例えば、取締役会が会社の中枢であると指摘され[27]、会社の権力が取締役会に帰属することがコーポレート・ガバナンスの通常の状態であり、会社法の中心条項であると指摘している[28]。中国の実務の状況について、「中国のコーポレート・ガバナンス・モデルは、法律上の取締役会中心主義と、一部の企業の事実上の経営者層中心主義又は支配株主中心主義という特殊な状態を示している」と指摘されている[29]。会社法の改正について、「取締役会はコーポレート・ガバナンスの中核であり、その権限配分はコーポレート・ガバナンス体制に対して体系的な影響を与えるだけでなく、会社の資本制度の整備や改革にも関与する」と指摘され、「取締役会の機能的位置付けを再設定すべきであり、株主総会の執行機関ではないことは言うまでもなく、会社の執行機関として位置づけることも避けるべきである」と主

---

27) 徐強勝「中国における会社の法人格の基本制度の再構築——会社の資本制度と取締役会の地位を中心として」環球法律評論2020年第3号。

28) 梁上上「会社の権限の帰属」政法論壇2021年第5号。

29) 趙旭東「株主総会中心主義か、取締役会中心主義か？——コーポレート・ガバナンス・モデルの判別、検討及び選択」法学評論2021年第3号。

張されている[30]。株主総会について定款の変更、取締役の選任及び解任などの限られた権限を留保する前提の下で、取締役会を経営判断の中心と再構成すべきであると主張する見解もある[31]。また、国有上場企業は取締役会中心主義の経営手法を部分的に参考してそのコーポレート・ガバナンスを改善すべきであるが、非国有上場企業は、現代的な大企業の管理ニーズに応えられる「取締役会中心主義」のコーポレート・ガバナンス・モデルを確立すべきだと指摘されている[32]。

(3) 現実の文脈における取締役会の役割の検討——執行機関よりは意思決定機関

株主総会を中心としたガバナンス体制は、一般の投資主体が設立する有限会社や株式会社ではまだ実現可能であるとしても、それを国家出資会社に適用しようとすれば大きな現実的な困難に直面することになる。したがって、取締役会を「執行機関」として位置づけることは、少なくとも国家出資会社にとっては適切ではない。よって、取締役会を「執行機関」ではなく「意思決定機関」と位置づけた方が、国家出資会社の客観的な需要に合致しており、コーポレート・ガバナンス体制における取締役会の位置の重要性を強調できるという結論に至る。

視点を変えて見ると、取締役会を国家出資会社のガバナンス体制設計の焦点にすることは、世界中に認められるガバナンス基準にも合致している。例えば、「OECD国有企業ガバナンス・ガイドライン」では、取締役会を「国有企業のガバナンスの主体」と明確に述べ、「国有企業の取締役会は、明確な受託者責任を負い、企業の業績に対する最終責任を負うべきである。会社法などの法律をもって、国有企業の取締役会の役割を明確に定めるべき」であり、「国有企業の取締役会の自主性を向上させ、ガバナンスの質と実効性を改善することは、国有企業が質の高いコーポレート・ガバナンスを実現するための根本で

---

30) 劉斌「取締役会の権限の焦点のぼけと是正」法律科学（西北政法大学学報）2023年第1号。
31) 傅穹＝陳洪磊「取締役会の権限の中心の成長と転回」北京理工大学学報（社会科学版）2022年第5号。
32) 劉凱湘＝劉晶「中国における株主総会中心主義の歴史的原因——国有企業の改革を手がかりとして」法学論壇2021年第6号。

ある」と指摘している[33]。

　取締役会を国家出資会社の「意思決定機関」と位置付けるということは、言い換えれば、国家出資会社において取締役会が全体としてさまざまな役割を果たさなければならないことを意味する。まずは会社の代表者である。会社の機関の中で、取締役会だけは、会社の利益を代表し、会社の経営に関する戦略的な意思決定を行うのに最も適している。次は出資者の受託者である。取締役会は出資者の委託を受けて会社のガバナンスを担当し、会社の経営業績について最終的な責任を負い、すべての株主を平等に扱う義務を負う。最後に、管理職の指導者及び監督者である。取締役会は、重要な事項についての戦略的な意思決定を通じて管理職の具体的な経営管理活動を指導し、管理職の日常業務への恣意的な介入を回避しつつ管理職が戦略的意思決定を執行することを効果的に監督する。

5　取締役会中心のガバナンス・モデルの制度的保障

　上述の通りに、国家出資会社が取締役会中心のガバナンス・モデルを採用し、取締役会を意思決定機関としてガバナンス体制を設計すべきである。これも、国有企業の次期改革において、国有企業のコーポレート・ガバナンス体制を改善するための政策的方向性でもある。国家出資会社の多様なガバナンス目標の実現を法的に支援するために、将来の会社法の変革も、これに従い国家出資会社の機関の法的位置づけを適切に定めるべきである。

(1)　法的機能の明確化――「公開運営法」を理念とする

　長い間、投資の促進と利益の保護が会社法の主な立法目的と機能とみなされてきた。もちろんこれらは非常に重要であるが、会社法が果たすべきもう1つの重要機能として、会社の公開性の保障と社会性の導入を実現することが挙げられる。公開性、つまり透明性は、会社と、会社ではない企業を区別する中心的な特徴の一つである。会社法は主に投資に関する法ではなく、経営に関する

---

33)　OECD「OECD の国有企業のコーポレート・ガバナンスに関するガイドライン――2015年版」15頁、26頁、63頁。

法である。とりわけ、会社法を一種の「民間主体が企業を投資・経営すること
に関する法」として理解し、さらには国有資本の出資によって設立された企業
を除外してはならない。しいて言えば、会社法は「公開運営法」である。すな
わち、どこに帰属する投資資本を問わず、「会社」という形態で運営すること
を選択する限り、「ブラックボックス」から「オープンボックス」へ変わり、
組織の内部構造と運営のプロセスを外部から見えるようにしなければならな
い。この意味で、会社法の中核的機能は、「会社」の形態を選択した企業組織
を世の中に公開し、その運営を透明かつ公開にすることである。換言すれば、
たとえ純粋な民間資本であっても、「会社」という形態で投資・運営すること
を選択する以上、会社が持つべき「公開性」と「透明性」を受け入れ、遵守し
なければならない。

　公開性と密接に関係していることとして、会社は社会性を持つべきである。
会社は「拡大した個人」ではなく「縮小した社会」であると主張する見解が存
在する[34]。営利性は経営をする市場主体としての自然な性質であるならば、社
会性は、社会資源の利用者及び社会的価値創造の担い手としてのあるべき性格
である[35]。この理解は、国家出資会社の特殊性を説明するときにより適切であ
る。すべての自然人と同様に、会社の営利性という自然な属性は生まれつきで
あるが、社会性の導入及び保障は法律などの外部強制力に頼らなければならな
い。一部の学者が言うように、現時点では会社の「社会性」を法的に確立する
ことが会社法改正の最大の課題となっている[36]。中国の国有会社制度を改造
し、市場目標と社会目標の両立を達成することは、会社法の改革が現在に直面
している困難な課題であり、立法者や改革者の知恵を試すものである[37]。

　会社法の上記の機能は、会社法の入力側と出力側の区別からも理解できる。

34）馮果「全体主義の視点からみた会社法の理念調整と体系の再構成」中国法学2021年第 2 号。
35）より強い社会的属性を備える企業に対する需要の高まりにより、さまざまな新しい形態の
　ビジネス組織が創設されている。例えば、株主の富やその他の公共の利益を生み出すことを
　目的とする共益会社（benefit corporation）がその一例である。共益会社の定款において、全
　てのステークホルダーの利益のために会社を管理すると記載されている。Julian Velasco,
　Shareholder Primacy in Benefit Corporations, in Arthur B. Laby & Jacob Hale Russell, eds., Fiduciary
　Obligations in Business, New York: Cambridge University Press 2020.
36）範健「制度の競争の下で中国の会社法改革」法治研究2019年第 3 号。
37）馮果「全体主義の視点からみた会社法の理念調整と体系の再構成」中国法学2021年第 2 号。

会社法が出力すべきなのは、市場理性に則り、商業倫理を遵守し、経済的・社会的価値を創造する行動能力を備えた市場主体である。この出力目標を達成するために、会社法は、会社の内部に対して、法人格を保護するメカニズム、信義則を遵守するメカニズム、ガバナンスのメカニズム、利益均衡のメカニズム、紛争解決のメカニズムなどを入力する必要がある。これらのメカニズムの設計が、投資主体、投資目的、財産権の構造、利益の実現などの多様性をより考慮に入れることができればできるほど、一般性と特殊性を組み合わせた制度設計をもって、これらをより高度な行動能力と社会性を備えた市場主体として出力できる可能性が高くなる。したがって、会社法は、国家出資会社に特化した内部メカニズムを入力することにより、政府の権力からより独立し、商業論理により合致する、競争に平等に関与できる市場主体を形成できる。

　国家出資会社は主に国有資本によって投資され設立された企業であり、本来は公共性を有する国有又は公有の財産であるから、より高い透明性及び正規性のある公開性を備えるべきに違いない。会社法制の機能という観点から見ると、会社を「ブラックボックス」から「オープンボックス」に変革するには、まず身分の公開性と透明性を実現する必要がある。したがって、会社法は、国家出資会社の定款の絶対的記載事項として「国家出資」の性格を追加すべきである。つまり、会社の定款において「完全国有」「全部資本国有」「国有資本支配」「国有資本の実質的支配」などの状況を明記すべきである。一方、上場会社は客観的には「公開会社」へと変貌しており、証券法や上場会社規制規則に従ってガバナンス・運営される必要があることを考慮すれば、たとえ国有資本が大きな割合を占めていたとしても、それは典型的な「混合所有」であるため、「国家出資会社」として扱うべきではない。

⑵　ガバナンス・モデルの選択──取締役会中心主義を一般とする

　コーポレート・ガバナンスに関する世界中の法制度の進化の歴史から見れば、コーポレート・ガバナンス・モデルは演繹的な論理の産物ではなく、市場における経験のまとめである。ある意味で、会社法の発展の歴史は、「最良のガバナンス・プラクティスを探す」という歴史である。現代の各法域における会社法制の経験と共通認識から見れば、全ての出資者が有限責任により保護さ

れる会社制度について、取締役会を中心としたガバナンス体制を構築することが、これまでの最善のモデルである。公正の観点からすれば、投資家が投資先の会社のガバナンスを他人に任せたくないのであれば[38]、有限責任の会社制度を採用すべきではない。株主がコーポレート・ガバナンスを過度に介入・支配した場合には、有限責任以上の責任を負うべきである。改正会社法第192条で導入された「影の取締役」に関する規定はまさにこのようである。

　会社法の性質と機能、及び会社にあるべき公開性からも、取締役会をコーポレート・ガバナンス体制の設計の焦点にすべきという結論にたどり着く。一部の学者が述べているように、株主総会中心主義の現代的な意義は、機関の分化の不足に対する確認である[39]。コーポレート・ガバナンスを依然として主に株主の手に委ね、いわゆる株主総会中心主義モデルをとれば、いわゆる「分権化」は達成しにくく、いわゆる「会社」は形骸化してしまい、依然として「個人事業」制の企業である。会社法にあるべき自由の性格に基づき、株主が主なガバナンス権限及び経営権を自らに帰属させることは許容されるべきである。ただし、会社法の立場として一種の例外に過ぎず、取締役会を中心とするガバナンス体制こそが会社にあるべき一般的な特徴であること明確に示すべきである。更に、例外の場合においては、定款の規定、特別な責任規定などの従属的な規則をもって会社の透明性及び公開性を保障すべきである。

　また、会社法は、実務において多く存在するグループ会社のガバナンスのニーズを積極的に対応すべきである。つまり、法人の独立性と取締役会中心のガバナンス体制という一般原則を遵守しつつ、グループ会社のガバナンスのために特別な変則を作るべきである。その主な内容は次の通りである。グループ内の「統一経営権・指示権」の法制化により、グループ支配の判断基準を確立する。これをもって、「支配―従属」関係に関する利益均衡のメカニズムを確立するとともに、従属会社の取締役や上級管理職などのフィデューシャリー・デューティーを再構成して、免責を許容できる「セーフハーバー」を確立す

38）少なくとも形式的には、株主自身が取締役を務めるなど、別の身分を通じて「ガバナンスを他人に任せる」ことを実現する。

39）潘林「会社の機関の意思決定権限の配分について」中国法学2022年第1号。

る[40]。このようにして、中国のグループ会社の親会社と子会社の間の管理・支配関係には、法的正当性及び従える規整規範が備えられる。

⑶　立法技術の運用──機関間の分権化と協働を手段とする

　立法技術の面では、権限制限と権限授与を組み合わせたモデルを採用すべきである。各機関の機能や特性を踏まえ、取締役会については包括的な権限授与を行い、その他の機関については列挙的な権限授与を行うべきである。すなわち、国家出資会社内の党委員会、投資家責任を遂行する機関、あるいは株主総会については、法律又は定款においてその権限を、その機能や地位に見合った範囲に限定して列挙することである。これを除いて、コーポレート・ガバナンスに関連するその他すべての事項は、一律、取締役会がこれを決定し経営陣がこれを執行することを包括的に授権すべきである。

　機関間の関係の面では、取締役会について、党委員会との関係と、出資者又は株主総会との関係との違いを明確にする必要がある。取締役会と党委員会の関係は役割分担と協働である。つまり、両者はそれぞれの責任と役割分担に基づいて、国家出資会社の全体的な管理と効果的なガバナンスを共同で達成しなければならない。取締役会と出資者又は株主総会との関係は、分権化と抑制・均衡の関係にある。取締役会の個々のメンバーは出資者によって任命されるか、株主総会によって選出されるかのいずれかであるが、全体としての取締役会は、独立したガバナンスの主体の地位と、自主的な意思決定機能を有している。法律又は定款によって出資者の手に留保されていない権限、又は取締役会に明確に授与した権限について、取締役会は自主的かつ最終的な意思決定権限を有するとすべきである。

　これに基づいて、各機関が協力し、共同でガバナンス機能を実行できるようにするには、いくつかの関係を適切に処理する必要がある。

　第一は、会社と国有資産監督管理機関の関係である。「国有企業改革意見」では、国有資産監督管理機関が法に従い投資家責任を果たすという位置付けを正確に把握し、企業の管理から資本の管理への転換を実現し、法律により企業

---

40)　汪青松「中国における会社グループ・ガバナンスの法的メカニズムの構築」法律科学2023
　　年第3号。

が自主的に運営・決定すべき事項を企業に帰還しなければならないと強調している。いわゆる「企業の管理」とは実質的にコーポレート・ガバナンスを意味している。国家出資会社のガバナンス権限を可能な限りにその会社の機関に移譲し、分業・協働を実現すべきである。

第二は取締役会と党委員会の関係である。党組織は、コーポレート・ガバナンス体制における法的地位が政治の中核であり、方向性を導き、全体の状況を管理し、実行を推進する。よって、取締役会の業務に関する党組織の立場は、介入・代替ではなく、支援・監督である。「中国共産党国有企業下部組織業務規定（試行）」に従い、企業の実態と合わせて党委員会が事前に検討すべき重大な経営事項の範囲を明確にしてリストを作成すべきである。党委員会の事前検討の目的は、政治的観点とマクロの情勢から方向性を把握し、株主総会、取締役会、監査役会及び経営陣が権限を行使できるように支援することである。党委員会の事前検討は意思決定に代わるものではなく、当該事項は依然として取締役会又は経営陣によって決定される必要がある。特に人員の選抜と採用について、経営者の選任は取締役会の法定権限に属する事項であり、党委員会は規定に則り監督と検査を行うことができるが、「党が幹部を管理する」という名目で、取締役会が市場メカニズムに基づき専門経営者を選任・管理することを干渉してはならない。

党委員会と取締役会の役割分担と協働関係をより一層改善するためには、両者の議事進行の関係について、現在一般的に理解されている「前後関係」を「並行関係」に変えることも検討に値する。つまり、両者がそれぞれの権限に基づき決定をするが、両方可決を要して議案を処理するというものである。

第三は取締役会と「トップリーダー」の関係である。一部の国有企業における取締役会の形骸化の問題は、「トップリーダー」の最終決定権の問題と密接に関係している。国有企業の次期改革において、国有企業に対する党の指導力を強化・改善するために、双方向参入と交差兼任の指導者体制を堅持・改善する必要性が強調され、党組織の書記と代表取締役は原則として同一人物が兼任するとされている。この場合に、取締役会の集団的意思決定と一人一投票権の原則を徹底し、代表取締役が招集者及び議長であり最終決定者ではないことを明確にし、「トップリーダー」のみが最終決定をする状況を回避すべきである。

⑷ 監督と責任追及の改造——統一された監督・責任追及メカニズムの構築

　現在、国有企業の監督と責任追及には関与者の過多という「九龍治水」とも比喩できる問題があり、企業の自主的な経営とイノベーションのインセンティブにある程度の影響を与えている。また、監督と責任追及が過度に分散すれば、関連する機関や個人は、経営上の意思決定又はその執行を行う際に、価値創造ではなく、自己の免責を考慮するようになりがちである。なお、内部統制システムについては、監査役会が無力であるが、他の機関に置き換えることで問題を解決できるわけではない。

　例えば、完全国有会社の監査委員会が監査役会に代わる場合、次のような問題が生じる可能性がある。第一は、監査委員会の位置づけの問題である。取締役会の下にある特別委員会なのか、それとも独立した監督機関なのか？　第二は平行監督の実現可能性の問題である。改正会社法に定められる監査役会の権限の重要な内容として、「取締役及び上級管理職の職務の執行に関する行為を監督し、法令・行政法規・定款又は株主総会決議に違反する取締役又は上級管理職の解任を勧告する」こと、「取締役又は上級管理職の行為が会社の利益を害する場合に、是正するよう請求する」こと、「法189条の規定に従い、取締役及び上級管理者に対して訴訟を提起する」ことが挙げられる。監査委員会がこれらの権限を行使する場合は、現実的な困難に直面するだろう。第三は、自己監督のパラドックスである。監査委員会が取締役会の下にある特別委員会のままであれば、自己監督をどうするかという問題が生じる。

　したがって、国家出資会社に関する監督と責任追及のメカニズムの構築は、専門化、統一、節度の原則に従う必要がある。専門化とは、比較的に独立した専門的機構が監督・責任追及を遂行すべきことを意味する。統一とは、分散した監督・責任追及機能を一つの機構の下に統一し、同一の部門がそれを実施することを意味する。節度とは、経営判断の自主性を十分に尊重し、ビジネス・リスクの客観性を考慮し、それに対応する試行錯誤を許容するメカニズムを構築し、結果主義的な責任追及を避け、イノベーションへのインセンティブを守る。具体的な制度設計として、現行の多重的かつ細分化された監督・責任追及のパラダイムを変更し、紀律検査、行政監察、監査、内部統制、コンプライア

ンス等を、監査役会を主体とする新たな監督メカニズムに統合することが考えられる。

さらに、現行の党委員会とそのメンバーの責任追及制度では、主に党の紀律及び行政上の紀律によって制約されているが、会社に対する法的責任、とりわけ会社の利益を損なった場合の民事責任が欠落している。このような制度を改善することによってのみ、法的な意味での権利、義務、責任を一致させる原則との整合性を高めることができ、会社及びその他の少数株主に対して訴訟による救済の手段を提供することができる。したがって、国家出資会社の党委員会のメンバーをフィデューシャリー・デューティーの対象に取り入れて、党委員会のメンバーに対して、会社に対する民事賠償責任を含む法的責任を追及できる可能性を実現すべきである。

6 おわりに

国家出資会社は、現実の中国経済において最も重要な企業類型であり、今や中国の会社法における新しい形態となっている。国家出資会社の導入により、国有企業への会社法の適用可能性が大幅に高まり、会社法の中国的特色さらに強化されることになる。会社法自体の組織法的な性質に基づいて、ガバナンス・メカニズムの設計はその重要かつ永遠のテーマであり、国家出資会社のためにより良いガバナンス・モデルを探求し、提供し続けることは、学界及び実務界の永続的な方向性でもある。本稿で提案している取締役会中心のガバナンス・モデルの構築は、国家出資会社の一般性と特殊性の関係に対する積極的な対応であるだけでなく、会社法の適応性とガバナンス・モデルの多様化に関する有益な探求にもなる。本稿の研究が国家出資会社制度に関する理論の研究と制度の改善を促進するのに役立つと思う。また、中国の会社法が国家出資会社制度を通じて、世界中の国有企業の発展に対して参考に値する中国的知恵及び中国的ソリューションを貢献することを期待している。

9 種類株式制度導入の意義

朱慈蘊

1　中国における種類株式の制度沿革
2　新会社法における種類株式制度の内容
3　種類株式制度が会社にもたらす価値
4　おわりに

1　中国における種類株式の制度沿革

　種類株式は2023年末に改正された会社法で本格的に導入されたものであるが、中国では種類株式の実践は古くから存在している。そのときの状況に基づいて整理すると、中国の種類株式制度は三つの段階に分けることができる。

　第一段階は、中国資本市場の設立初期から始まり、当時、中国がまだ経済体制を転換する前の特殊な時期であり、上場会社の中の国有株式は上場流通していないため、「股権分置」[1]という現象が現れた。「股権分置」現象を解決し、上場会社の株式の完全な流通を実現するため、中国証券監督管理委員会は、2004年から「股権分置改革」を全面的に打ち出し、2006年にこのような改革の一部が実現した。「股権分置改革」が円滑に推進できた重要な理由は、非流通株式の株主総会と流通株式の株主総会のそれぞれの特別多数決で可決されることを必要とする種類株主総会によって保証されているからである。そのた

1）「股権分置」は、中国株式市場特有の現象で、上場会社の株式の一部が流通のために上場され、残りの株式が一時的に上場されなくなることを意味する。前者は主に取引可能株式と呼ばれ、その主な構成は流通株式であり、後者は取引不可能株式（非上場株式）であり、主に国有株式と法人株式である（訳者注）。

219

め、この時期に種類株主総会制度を導入した国が優先株に関する専門的な規範
文書を発行した。

　第二段階は、会社法の公布と「股権分置改革」の時期であり、株式の流動性
問題が解決され、種類株主総会の議決権制度の確立・整備が効果的に推進され
た。

　第三段階は、2005年の会社法改正後である。中国のインターネット経済は
急速に発展しており、ビジネス慣行において、株式設計において差別化された
議決権行使メカニズムを採用する企業がますます増え市場の繁栄により、関連
する政策や規制の相次ぐ導入も促進された。

(1)　会社法の公布に至るまでの主な経緯

　まずは、優先株の実務についてである。1993年に会社法が公布される前、
中国ではすでに上場会社が優先株を発行しており、国も優先株に対する規範的
な文書を公布していた。例えば、上場会社である「深セン発展銀行」（深発
展）は、1990年に1148万株の優先株を発行した[2]。しかし、これは法定の種類株
式ではない。1992年、株式制のパイロット事業を円滑に進めるために、当時
の国家経済体制改革委員会は、「株式会社規範意見」（現在は廃止）を制定し
た。その中で第23条、第38条、第39条、第71条、第102条は、優先株式に関す
る規定であり、非常に詳細な規定となっている[3]。具体的には、優先株主の権
利内容、配当の優先順位付けの方法、過年度の未払い配当金を積み立てること
ができるかどうか、清算時に普通株式よりも投資回収を優先するかどうかなど
が含まれていた。その中で強調すべき点は二つある。一つは、普通株式の株主

2）馬慶泉『中国証券史』（中信出版社、2003年）41頁参照。
3）例えば、「株式会社規範意見」第23条は以下のように明確に規定している。すなわち、
　「会社は普通株式を創設し、優先株式を創設することができる。普通株の配当金は、優先株
　の配当金を支払った後に分配される。普通株の配当金が固定されておらず、会社は本規範に
　基づいて決定した手続によって決定される。会社は、優先株の配当金を約束した配当金の利
　率で支払わなければならない。優先株は、会社積立金の権益を享有しない。その年度に配当
　可能な利益が約束された配当利率で優先配当を支払うのに不足している場合には、次の年度
　の配当可能な利益で補足する。会社の定款では、優先株のその他の権益について具体的な規
　定を定めることができる。会社が清算を終了するとき、優先株主は普通株主より先に会社の
　余剰財産を取得する。」

総会では優先株主は議決権を有しない点である。もう一つは、会社が優先株式の配当を3年連続で支払わなかった場合、優先株主は、議決権及びその他の株主の権利を回復することになる点である。すなわち、株主総会への出席または出席の委任、議決権の行使を含む普通株式のすべての権利を有し、法令または定款の規定に従って株式を譲渡することができること、提案権や質問権などを行使することができること、会社解散後、法律などに従って会社の残余財産を取得することができることである。今日から見ると、1992年の株式会社規範意見における優先株の無議決権及び一定の状況での議決権回復に関する規定は、今回の会社法に関する規定よりも開放的である。

　次に、上場会社における「股権分置」現象が形成された。1990年代に上海証券取引所（以下、「上交所」という）と深セン証券取引所（以下、「深交所」という）が設立された際、上場会社の株式がすべて流通しているかどうかについては、厳格な規制がなかったため、上交所に上場している上場会社8社のうち、株式を全流通している会社がある。しかし、社会主義公有制の支配的地位や資本市場の秩序ある拡張を維持するなどの考慮に基づいて[4]、再編され上場された国有企業において、国有株及び法人株などは上場流通せず、非流通株式として場外で協議方式により譲渡され、公開株のみが上場流通し、流通株となる。それ以来、株式会社制度のパイロット事業を支援するため、関係部門は、一部のパイロット株式会社に対し、承認後に資金調達のために深交所及び上交所で新規株式公開を許可し始めた。パイロット株式会社の国有持株の地位を変更することなく株式会社の経営難を解決するために、政府は、「股権分置」に関する制度的取り決めを行った。すなわち、パイロット株式会社が承認後に一般に発行した新株は上場して証券取引所を通じて流通させることができるが、株式会社に移行した際の既存株式は一時的に流通することができないようにした。この便宜的な解決策は、国有持株と上場融資との間の矛盾を解決したが、股権分置下で流通株式と非流通株式との間の利益相反の隠れたリスクを埋没さ

4）例えば、1991年、元国家国有資産管理局、国家経済体制改革委員会、財政部、中国人民銀行、国家税務局の「株式制試行における国有資産権益の維持強化に関する通知」、1992年に元国家国有資産管理局、国家経済体制改革委員会が公布した「株式制パイロット国有企業資産管理に関する暫定規定」が挙げられる。

せ、資本市場と上場金融市場の健全な発展を制限した。

(2)　会社法及び証券法の相次ぎ公布と股権分置改革

　1993年会社法及び1997年証券法の施行は、中国資本市場の著しい発展を推進した。しかし、上場会社における股権分置の現状は、会社法、証券法の関連規定と一致していない。1993年会社法では、上場企業の株式すべてに同等の議決権を持たせる「同株同権」が明確に規定されていたが[5]、国有株、法人株、公開株はすべて普通株である。そのため、関連法令及び目論見書に定められた条件によれば、国有株及び法人株は上場できなかった。他方で、国有株、法人株の株主と流通株の株主は、株式を取得する価格の差が大きく、前者は、直接その管理する国有純資産で換算されるのに対し、公開株の株主は、上場できると同時に、国有株の株主と同じ数の株式を購入するには数倍から数十倍の割増金を支払う必要があった[6]。

　また、中国の資本市場の発展により、股権分置の弊害も徐々に明らかになってきた。第一に、股権分置が、「株価分置」をもたらし、資本市場の価格決定メカニズムを歪める。股権分置の存在により、非流通国有株や法人株が取引できなくなるため、一般に過小評価される。その一方で、流動性、希少性（通常、会社の総株式の1/3のみ）、容易性により取引可能な株式は過大評価される。この評価の細分化は、上場会社の真の価値の判断に影響を与える。第二に、股権分置が、資本市場の資金調達の機能を弱め、資本市場の革新を阻害する。例えば、ワラントやオプションなどのデリバティブが株式市場の価格設定を基礎としており、デリバティブが完全に流通していないベーシック商品に基づいている場合には、デリバティブのレバレッジを通じてベーシック商品の価格設定のゆがみがさらに増幅され、デリバティブの開発や取引にはリスクが伴うだけでなく、このリスクは資本市場全体のシステミックリスクに発展する可能性がある。第三に、股権分置が、「利益の分離」（利益分置）をもたらすため、上場会社のガバナンスに共通の利益基盤が不足し、コーポレート・ガバナ

5）1993年会社法第130条は、「株式の発行は、公開、公平、公正の原則を実行し、同株同権、同株同利でなければならない」と規定している。

6）談蕭「股権分置改革における若干法律問題の探索」証券市場導報2005年第12号参照。

222

ンスの向上には役立たない。非流通株式の株主にとっては、流通株の価格変動は直接的な影響を与えず、コーポレート・ガバナンスを改善して会社の株価を向上させようという意思もない。これに対して、流通株主にとっては、高プレミアム発行が基本であり、流通株式の持株コストが国有株、法人株その他の非流通株の数倍である場合には、同じ配当を支払うことは、取引可能な株主の利益を侵害することになる。これはまた、流通株主の市場投機の動機を助長し、コーポレート・ガバナンスの改善への無関心を引き起こした。

　また、股権分置が資本市場の発展を制約する制度的な問題になりつつあるため、股権分置改革も議題に上っており、これにより、中国の企業における種類株式の議決権制度の確立及び整備も大きく促進された。2005年4月29日、中国証券監督管理委員会は、「上場会社の股権分置改革の試行に関する問題の通知」を発表し、中国上場会社の股権分置改革の序幕を本格的に開き、その後、関係部門は、関連する規範文書を相次いで発行し、股権分置改革のための全体計画を行った[7]。2年も経たないうちに、股権分置改革は、基本的に完成した。注目に値するのは、股権分置改革の前に、中国証券監督管理委員会が流通株式と非流通株式の権益の違いに注目し、株主総会の議決制度にこのような違いを反映すべきだと提案したことである。しかし、中国証券監督管理委員会が2004年12月7日に公布した「公開株主の権益保護の強化に関する若干の規定」において、第1条では、公開株主による種類株式の議決権行使の5つの事項について、「新株発行、転換社債の発行、株式の割当て、重大な資産の再編、株式による社債の償還及びスピンオフIPO」などが含まれている。種類株式の概念については言及されていないが、これは、中小規模の株主が支配する公開株の権益を保護するための基礎を築いた。股権分置改革では、異なる種類の株主間の違いがさらに明確になり、議決権行使の仕組みも差別化される。今振り返ってみると、当初の股権分置改革は、種類株式、種類株式の議決メカニ

7）証券監督管理委員会が関連職能部門と共同で発行した「上場会社股権分置改革試行に関する問題の通知」、「上場会社股権分置改革に関する指導意見」、「上場会社股権分置管理弁法」などの規範的な文書を参照。2005年9月8日と17日、国資委も「上場会社の股権分置改革における国有株管理に関する問題の通知」、「上場会社の股権分置改革における国有株管理審査手続に関する事項の通知」を発表し、国有上場会社の株式改革に最後の政策的障害を取り除いた。

223

ズム及びどのように種類株式議決メカニズムの実現を保障するかについて、非常に意義のあるプラクティスである。

(3) 2005年会社法制定後の中国種類株式制度の発展状況

中国は、2005年に会社法を初めて全面的に改正したが、残念なことに種類株式制度を導入していなかった。しかし、中国の多くのハイテクや革新的な企業は、様々な種類株式の設計を通じて、海外上場に成功したビジネスプラクティスを達成し、企業の資金調達や支配力の維持という二重のニーズを効果的に実現した。主に以下のとおりである。

① 創業者は、取締役会の候補者を選出する特別な権限を持っている。取締役会は、会社の日常業務の管理者であり、取締役を選任するための他の株主の議決権を制限することで、支配者が自らの支配を実現するために信頼できる人を取締役として選任できるようにする。たとえば、アリババのパートナーシップグループは、取締役会メンバーの指名権を握っている。目論見書によると、株主総会の決議によって変更されない限り、アリババの取締役会のメンバーは9人以上となっている。湖畔パートナーズは、馬雲氏と彼のマネージャーチームで構成され、取締役会の議席の過半数を指名する権利を有する。指名権者は、自らの指名した取締役の候補者が株主総会で選任されなかった場合に、取締役の候補者以外の者を次回の株主総会の選任までの臨時取締役とすることができる[8]。汽車之家株式会社（Autohome Inc）の支配株主は、普通株式の39.3％を保有し、取締役の50％以上を取締役に任命する権利（取締役の指名権及び任命権）を有する。支配株主によって任命された取締役が解任される場合でも、支配株主は、その欠員を補充する権利を有しており、支配株主によって任命された取締役は交代で辞任する必要はない[9]。

② 取締役会に対する支配である。たとえば、京東商城株式会社（JD.com）は、取締役会は創業者の劉強東氏が出席している場合にのみ有効であると

8）朱徳芳「二重株式構造の分析——上場会社を中心に」月旦法学雑誌2018年第3号参照。

9）汽車之家株式会社「定款細則」（2013年11月27日保存文書のF-1/AにおけるFormsにて添付されたファイル3.2）、第87(1)、87(5)及び88(1)。

規定している。議案を採決する際に、取締役が決議に対して賛成票と反対票を同数投じた場合、創業者は決定票を保持する。新しい取締役の選任も創業者の劉強東氏の承認が必要となる[10]。

③ 複数議決権構造モデルである。これは差別化された議決メカニズムの中で最も広く使われているものの一つである。たとえば、京東商城株式会社の創業者である劉強東氏は、同社の株式の15.8％を保有しているが、議決権は80％にも上る。小米グループ株式会社（Xiaomi Co）は、香港が同じ株式に対する異なる議決権（同股不同権）という規則を導入した後、香港に上場した最初の中国本土企業として、同社の普通株式がA株とB株の二種類に分けられる。クラスA株式の保有者は、1株につき1議決権を有し、クラスB株式の保有者は、1株につき10議決権を有する。異なる議決権構造を採用することで、創業者の雷軍氏と共同創業者の林斌氏は、同社株式の29.92％しか保有していないが、議決権の81.02％を所有できるようになる[11]。美団点評株式会社（Meituan）はまた、AとBの二つのクラスの株式を用いる。このうち、クラスA株式の保有者は、1株につき10議決権を有し、B株の保有者は、1株につき1議決権を有する。52億2,000万株のうち、クラスA株が14.1％、クラスB株が85.9％を占める。創業者の保有株式は14.1％だが、議決権は48％にも上る[12]。蘭亭集勢株式会社（LightInTheBox）の定款には、議案に会社の支配権の変更がかかる場合に、創業者が保有する株式は1株につき3議決権を有すると規定されている[13]。

④ 無議決権株式または議決権制限株式である。この種の株式は、主に会社の配当に興味があるが、経営に興味がない投資家を引き付ける。優先株はこれに当たる。もちろん、配当や清算の優先権を享受できない無議決権株式または制限議決権株式は、主に投資家に高水準の配当を提供することで

---

10) 京東株式会社「定款細則」（2014年3月19日保存文書のF-1/AにおけるFormsにて添付されたファイル3.2)、第90(e)、112及び114。
11) 小米グループ株式会社「目論見書」〈http://www.hkex.com.hk〉。
12) 美団点評株式会社「目論見書」〈http:/www.hkex.com.hk〉。
13) 蘭亭集勢株式会社「定款細則」（2013年5月23日保存文書のF-1/AにおけるFormsにて添付されたファイル3.2)、第21.2。

投資家を引き付ける。アメリカに上場されている阿波羅グループ株式会社（Apollo）は、この場合に当てはまる。

中国の資本市場が成熟し発展するにつれ、関連部門は、種類株式の活用を促進する一連の政策や規制を次々と導入してきた。2013年末、会社法の授権に基づいて[14]、国務院は、「優先株のパイロットに関する指導意見」を公布し、中国の会社種類株式のパイロット事業を開始した。その後、中国証券監督管理委員会は、2014年3月に「優先株のパイロットに関する管理弁法」を公布し、上場会社及び非上場公開会社における優先株パイロットの施行を明確にした。2018年、中国政府は、上交所に科創板を設置し、議決権株式の差別化パイロットを開始すると発表した。2019年3月、中国証券監督管理委員会は、「科創板上場会社の継続的監督に関する弁法（試行）」を公布し、その中で第7条は科創板会社定款に定められた差別化された議決権の要件を定めており、取引所に具体的な規則を制定する権限を与えている[15]。また、上交所が発行する「上海証券取引所科創板株式に関する上場規則」では、第4章（内部統制）に議決権の差異に基づくコーポレート・ガバナンスの特別規定が設けられている。議決権差異の取り決めがコーポレート・ガバナンスに及ぼす影響、課題及び対応を非常に重視されていると言える。ビジネス慣行、政策や規制の継続的な深化により、新会社法における種類株式制度の本格的な導入のための強固な基盤が築かれている。

---

14) 2013年会社法第131条は、「国務院は会社に対して本法の規定以外の他の種類の株式を発行し、別途規定することができる」と規定している。

15) 証券監督管理委員会による「科創板上場会社における継続監督管理方法（試行）」の第7条は、「特別議決権株式が存在する科創会社は、会社定款において特別議決権株式の所有者資格、特別議決権株式の所有する議決権の数と普通株式の所有する議決権の数の比例配置、所有者の所有する特別議決権株式が採決に参加できる株主総会事項の範囲、特別議決権株式のロック配置及び譲渡制限、特別議決権株式と普通株式の転換状況などの事項を規定しなければならない。会社定款の上述事項に関する規定は、取引所の関連規定に合致しなければならない。科創会社は、定期報告において特別議決権配置の状況を継続的に開示しなければならない。重大な変化が発生した場合は、速やかに開示しなければならない。取引所は特別議決権株式科創会社の上場条件、議決権差異の設置存続、調整、情報開示及び投資家保護事項に関する規定の制定に対応する」と規定している。

2 新会社法における種類株式制度の内容

　2023年末、中国の会社法は、再び全面的な改正を迎え、種類株式制度が本格的に導入された。今回の会社法改正は、四回の審議を経て、種類株式に関する条文も審議過程で絶えず修正され、最終的に新会社法第144から第146条の三つの条項の中に反映され、それぞれ種類株式の種類、発行規則、開示規則及び種類株主総会の決議規則を規定している。

(1)　種類株式の法定性及びその発行規則

　新会社法は、種類株式の法定原則を貫徹し、発行可能な種類株式の種類について列挙した規定を設けている。種類株式の種類法定は、会社が発行できる種類株式の種類について会社法に明確に記載されている種類でなければならず、独自に他の種類の株式を創設することが認められない。なぜなら、種類株式は株主権であり、何者かが種類株式の株主権を侵害した場合には、株主は他人による侵害を排除し、株主権を適法な状態に回復または回復する請求権を行使する権利を有するからである。したがって、株主権の保護は、絶対性があり、一般の人に対抗することができる。しかし、同様に、種類株式は、排他性を有する絶対権であり、不確定な第三者利益にも及ぶ可能性がある。そのため、種類株式は、正当性を確保するために法定化されなければならない。会社法でどのような種類の株式が規定されるかについては、一般的に実務上の必要性に基づいて定められることになる。例えば、会社の経営に参加したくないが、投資収益をより重視する投資家のニーズを満たすためには、配当優先株を導入することができる。また、AI技術、バイオ技術、データアルゴリズムなどのハイテク企業の誕生に伴い、それらは融資の極大な需要や創業者の支配権を維持する強い願望に対して、複数議決権株式を創設することは、ハイテク革新性企業に対して非常に魅力的である。そこで、新会社法は、優先株式及び科創板で試行された複数議決権株式などのビジネス慣行をまとめた上で、株式会社が発行できる種類株式には①配当または残余財産を優先または劣後に分配する株式（優先株式または劣後株式）、②1株当たりの議決権数が普通株より多いか少ない株

式、③譲渡は会社の同意などを経て制限された株式（譲渡制限株式）、④国務院が定めているその他の種類株式の4種類と規定している。種類株式の発行規則については、以下の通りである。

まず、種類株式の発行は株式会社に限られている。今回の改正法における種類株式に関する立法条文は、第6章「株式会社の株式発行及び譲渡」の第1節「株式発行」に置かれており、有限会社はこれを規定していない。審議の過程においてある学者は、個性化の特徴が明らかで、極めて属人性や閉鎖性を備えた有限会社こそ、種類株式が機能する主な分野であり、種類株式の活用は創業会社の当然の要請であり、創業会社の多くは有限会社であり、少数は非公開の株式会社であり、会社法の改正時に種類株式の発行主体を有限会社に拡大すべきだと提案した[16]。ところが、明らかにこれは誤解である。その理由は以下のとおりである。すなわち、第一に、有限会社は、より優れた属人性を持つ会社であるため、株主は議決権や配当権をどのように設定するかについて、定款を通じて取り決めを行うことができる。第二に、株式会社は、閉鎖会社として、株主数が限られており、多くの公開株主が存在していない。そうすると、株主数が多くて議決権、配当権のような特別な取り決めを達成することが困難な合意を生むことはなく、社会公衆に不利な影響を与えることもないため、会社法を通じて種類株式制度を設ける必要性はない。

次に、上場会社が発行する種類株式の種類には特別な制限が設けられている。新会社法第144条第2項は、「株式を公開発行する会社は、公募前に発行したものを除き、前項2号及び3号に掲げる種類の株式を発行してはならない」と定めている。これは、すでに上場している会社が複数議決権株式や譲渡制限付株式を発行してはならないことを意味している。このような制限は、主に二つの考慮に基づく。第一に、株式流通は、上場会社の核心的な特徴であり、もし上場会社の中に大量の流通制限された株式が存在するならば、股権分置時期の経験からみて、資本市場の長期的な発展に不利な影響を与えることができる。第二に、どの制度にも二面性があり、種類株式の機能を見るだけでなく、存在する可能性のある不利な影響も見なければならない。たとえば、複数

---

16) 王丹「会社法改正を背景とした有限責任公司の株式種類の適用に関する実務的アプローチと理論的正当性」財経法学2023年第4号参照。

議決権株式のように、会社の経営陣が複数の議決権を持つ株式を保有している場合、会社の創業者は少ない持ち株比率で会社を支配することができ、それにより、モラルハザードも増える可能性があり、例えば冒険に傾き、内部統制を無視し、法律や監督管理を回避するなど、会社の支配権市場が機能せず、外部市場の監督を避け、独立取締役の地位を弱めることになり得る[17]。そのため、今回の法改正により、上場会社による複数議決権株式の発行に制限が加えられることになった。ただし、注目すべきは、股份公司が上場前にこれら二種類の株式を発行している場合には、上場後もそれを保有することが認められることである。

　最後に、種類株式の発行規則は自主性及び将来性を完全に反映している。新会社法第144条の規定によると、種類株式は会社の定款の定めに従って発行される。会社定款は株主全員によって制定されるため、種類株式を発行する権利は実質的に株主全員が享受することになる。これが今回の法改正の理由でもある。それだけではなく、ビジネス慣行は複雑で変化に富むものであり、種類株式制度が時代とともに前進することを維持するために、同条第4項「国務院が規定するその他の種類の株式」も今後の種類株式の種類の拡大への道が開かれ、経済社会の発展に伴い、国家政策法規が適時に能動的に対応できるようにしている。

⑵　種類株式の開示規則

　株主と社外者との利益の均衡を図るため、新会社法では種類株式の開示規則にも特別の規定を設けている。種類株式の発行は、株主間の合意であるだけでなく、その発行変更も会社の外部者の利益と密接に関係している。そこで、種類株式の法的根拠に基づき、開示を通じて持株関係を透明化することは必要である。具体的には、後続の投資家（債権者や新規株主を含む）が会社に投資する際には、会社の資本構成、会社がすでにどのような種類の株式を発行しているのか、投資家は、自分で種類株式が存在する会社に投資するかどうかを判断する必要がある。株主は、情報が十分であることを前提に自由意志に基づいて選

---

17) See Joel Seligman, Equal Protection in Shareholder Voting Rights: The One Common Share, One Vote Controversy, George Washington Law Review, vol.54, 1985-1986, pp.721-723.

択することで、投資家間の権利不均衡を緩和することができる。制度的実効性の観点から、種類株式の法定及び開示制度は、経済的利益権と議決権の分離による情報開示問題の解決に役立つ。

　新会社法第145条は、種類株式を発行する会社は定款の中で相応の情報開示義務を履行しなければならないと規定している。すなわち、「種類株式を発行する会社は、会社定款の中で以下の事項を明記しなければならない。（一）種類株式の剰余金配当または残余財産の分配の順番、（二）種類株式の議決権数、（三）種類株式の譲渡制限、（四）少数株主の権利を保護する措置、（五）その他株主総会が必要と認めた事項」。種類株式を発行する会社定款において、同条に列挙された関連情報は強制的な記載事項であり、これは社外者の知る権利の保障であり、種類株式の株主資格や権利の確認でもある。種類株式は、投資家の経済的利益及び会社の事実上の経営権、支配権と財産権の分離が投資家の期待される利益に直接影響を与える。そこで、投資家の理性的な投資選択をすることを確保するために、新会社法は、関連情報を強制的に開示することを要求している。また、同条は、支配株主による抑圧の発生を防止するため、少数株主の権利を保護する措置を定款に定めることを義務づけられており、これも投資魅力を高める有効な手段となり得る。その一方で、会社定款に記載される事項は、種類株主の権利を確認するものである。会社の発展の中で種類株式の株主の関連利益が損なわれた場合（例えば、財産の分配、議決権行使、株式譲渡等に関して株主間の契約が履行できない場合）には、会社定款は、種類株式の株主の権利行使及び訴訟提起の根拠となり、その後の権利保護コストを効果的に削減できる。

(3)　種類株主総会の決議規則

　種類株式により、経済的利益と議決権などの割合の会社構造とインセンティブの基盤を根本的に打破し、これによって種類株式を発行する会社の株主総会決議規則も再構築する必要がある。中国会社法は株主総会中心主義を採用し、株主総会は会社の運営及び意思決定に重要な役割を果たしている。株主総会の運営が規範化されているかどうかは、会社の運営及びガバナンスの規範及び効率に関係している。単一普通株式のみの株主総会の構造では、会社法は株主総

会規則一式を規定する必要がある。種類株式の導入は、株主総会の内容とレベルを豊かにする。種類株式と普通株式とが混在する会社では、種類株主の利益を保護しながら会社の意思決定の効率を向上させるために、種類株式の議決メカニズムを確立する必要がある。この点、新会社法では次の二つの点について規定が設けられている。

第一に、内部監督者の選任において、種類株主と普通株主は同等の議決権を有している。新会社法第144条第3項は、「会社が監査役又は監査委員の選任及び交替のために本条第1項第2号に定める種類株式を発行する場合には、種類株式及び普通株式の議決権の数は同数とする」と規定している。すなわち、複数議決権株式であろうと議決権制限株式であろうと、内部監督者の選任及び交替[18]に関しては普通株式と同じ議決権を有する。このような設計の理由は、一部の種類株式の株主の議決権が制限されており、特別な規定以外の関連事項は、意思決定に参加できないことが多いことにある。種類株主の利益が侵害されることを防止するために、会社の監督者の選任に参加させることができる。新会社法第78条及び第189条は、監査役の職務権限を規定する（監査委員会にも適用）。すなわち、監査役は、日常業務を監督するだけでなく、特定の違反に対して訴訟を起こすこともできる。したがって、監督者の選任において平等な議決権を維持することにより、社内監督者の独立性をさらに高めることができ、その結果、職務の遂行において種類株主グループの利益を十分に代表することができるようになる。

第2に、会社は、重要な事項の意思決定において種類株式制度を採用する際に、普通株主総会の承認に加えて、種類株主総会の承認を必要とする。新会社法第146条は、「種類株式を発行する会社は、本法第116条第3項に規定される事項等が種類株主の権利に影響を与える可能性がある場合には、第116条第3項の規定に従って株主総会の決議を経なければならないほか、種類株主総会に出席する株主が持つ議決権の3分の2以上を経て可決しなければならない」と

18）新会社法には単層制会社モデルが導入され、会社は定款の定めに従って取締役会に取締役からなる監査委員会を設置し、監査役会の職権を行使し、監査役会や監査役を設置しないことができる。

規定している[19]。同条は、定款変更、資本金の増減、合併・分割・解散及び会社形態の変更の4種類の事項のみが種類株式議決を触発することができる、という限定列挙型の立法モデルを採用している。それは、多すぎる事項が差別された議決権行使制度を採用する必要がある場合には、ペースの速い現代のビジネス社会で、複数議決メカニズムは必然的に意思決定の効率を大幅に低下させ、会社にビジネスチャンスを失わせるからである。列挙した四種類の決議は、会社の存続発展に関わるものであり、種類株主にとっても直接的な利害関係を有する。決議の効率性と公平性を両立するため、四種類の特別事項については、普通株主総会と種類株主総会の二重議決が必要とされ、両株主総会の議決権基準は同じであり、いずれも出席株主の有する議決権の3分の2以上が可決要件となる。

　第三に、種類株式の議決権規定については、新会社法において依然として企業の自主性の余地が残されている。これは、種類株式の議決権の適用範囲には、種類株主の保護及び会社の行動自由との間の利益相反に対する立法政策上の考慮に関わっている[20]。新会社法第146条は、種類株主総会で決議しなければならない事項を第4項に定め、さらに第2項で「会社の定款には、その他種類株主総会の決議を必要とする事項を定めることができる」と規定している。これにより、種類株式の議決メカニズムがより柔軟になり、その後の投資家と会社との間の交渉の余地が残り、より個別化された議決ルールを策定できるようになる。

3　種類株式制度が会社にもたらす価値

　金融革新や融資市場の発達は、会社制度の現代化の内在的な原動力である。アメリカの会社法の動態的発展は、会社金融市場の発達と多元化と密接に関連

---

19) 新会社法第116条第3項は、「株主は会社定款の変更、登録資本の増加または減少の決議、及び会社の合併、分割、解散または会社の形式の変更の決議を行い、会議に出席する株主が持つ議決権の3分の2以上を経て可決しなければならない」と規定している。

20) 劉勝軍「種類株式議決権：種類株主の保護と企業の行動の自由との均衡――『優先株パイロット管理弁法』10条に対する検討」法学評論2015年第1号参照。

しており[21]、金融市場が会社法の進化を促進する基本原理を反映している。第一に、「資金調達、約束、ガバナンス」は、コーポレート・ガバナンスの進化を推進するための企業金融の基本的なロジック及びパラダイムである。コーポレート・ガバナンスは、実際には投資家の保護、投資家間の利益相反、投資家と会社経営陣の間のエージェンシーコストなどの問題を扱うことである。投資家の種類が異なれば、会社の経営陣に対する制約メカニズム及び影響力が異なる。たとえば、債権者は契約条件の設計に依存し、株主は議決権及び株式譲渡に依存する。種類株主の出現と株主利益の重層化により、コーポレート・ガバナンスに対する要求が更に高まっている。第二に、種類株式は企業金融（資金調達）の革新であり、資金調達の革新はコーポレート・ガバナンスの三つの側面（権限配分、行動規範、全当事者の権利）に深刻な影響を与えている。権限配分の側面では、コーポレート・ガバナンスの資本構造が多様化しており、投資家は企業の投資回収方法の差別化を求めており、資本構造に応じた財産権関係や利益構造の形成を求めている[22]。行動規範及び権限の定義に関しては、種類株式の二重性により、会社法及び契約法規則が適用される。種類株式の創設は、企業の資金調達に大きな余地を生み出すだけでなく、組織法での制度革新とその関連制度の整備に対して重要な価値を持たせる。

(1)　株主権価値の理念変化

　株主権は、投資家が会社に出資して得た対価であり、財産権と身分権を一体にする権利である。伝統的な株主権価値の理念は、株式の所有者である株主を会社の剰余金請求権者に位置させることであり、債権者の収益が会社の収益性とは関係ない特質に比べて、株主は残余権者として、企業が利益を上げた場合にのみ配当を受け取ることができ、企業が損失を被った場合には、企業運営や投資決定の失敗のリスクを主に負うことになる。したがって、会社法の基本原

21）Berle と Means が記述した状況を見ると、19世紀末、20世紀初頭には、アメリカの会社種類株式の創設種類が極めて発達していた。種類株式制度は、アメリカの会社の実務及び司法裁判ですでに形成され、成熟している。See Adolf A. Berle, Jr. and Gardiner C. Means, The Modern Corporation and Private Property, The Macmillan Company, 1932, pp.127-200.

22）馮果＝李安安「コーポレート・ガバナンス統合の行方に関する制度発生学的解釈——ストラクチャードファイナンスを中心に」現代法学2012年第1号参照。

理は、議決権を会社の残余権者に割り当て、利益及び支配が一致する株式価値体系を形成することである。このように、経済的利益権と議決権の割合が等しいことは、株主にとって議決権行使や経営の監督に対するインセンティブとなる。この2つの権利の結合は、会社に対する支配権市場の出現の基礎となる。経済的利益の所有者の取締役を選出する権利を有することは、会社における経営者の権限行使と会社資産の管理の正当性の中核的基盤となる[23]。また、1株1議決権はエージェンシーコストの節約にも役立つ。これらは、基本的な会社モデルを構成している。しかし、種類株式は、経済的利益と株式の議決権との間の均等な割合という伝統的な構造及びインセンティブ原則を打ち破り、株主権の本質的価値を分裂させる。収益権と企業収益との相関関係は大幅に低下し、債権へと進化する一方、議決権の大きさは、必ずしも保有株式数に関係しているとは限らない。種類株式やその他の金融デリバティブの発展により、株主権の会社から経済的利益を受ける権利（自益権）と議決権の分離・不均衡は避けられず、企業構造の変化をもたらしている[24]。

(2)　株主平等原則の内包を豊かにする意味合い

株主平等は、会社法の基本原則である[25]。先行研究は、株主平等という概念には、株主が平等であるかどうかを判断するための様々な基準を含めるべきであると指摘する。すなわち、株主の独立した行動の自由の平等、株主が利益を得る機会の平等及び株主間の適切な差異化の原則である[26]。複合主義の株主平等観念の会社法における立法表現は、抽象的な私法主体として、すべての株主は法的人格上平等であること、株主の身分に基づいて享受される権利の種類と

---

23) See Henry Hu and Bernard Black, The New Vote Buying: Empty Voting and Hidden (Morphable) Ownership, Southern California Law Review, vol.79, no.4, 2006, p.850.

24) See Shaun Martin and Frank Partnoy, Encumbered Shares, University of Illinois Law Review, vol. 2005, no.3, 2005.

25) See James Cox, Equal Treatment for Shareholders: An Essay, Cardozo Law Review, vol.19, 1997, pp.615-616; Lucian Arye Bebchuk, Toward Undistorted Choice and Equal Treatment in Corporate Takeovers, Harvard Law Review, vol.98, no.8, 1985, p.1782.

26) 田堯「株主平等原則：本体及びその実現」吉林大学法学院博士学位論文（2013年）62-64頁参照。

性質は同じであること[27]、配当及び議決権について株主の権利の平等は比例的平等、というものである。また、株主平等の原則は会社の運営の多くの側面に反映されている。すなわち、株式が発行されるとき、それと同時に発行される株式は同じ価格になること、1株1議決権であること、会社の剰余金配当及び残余財産の分配は株式の割合に基づくこと、株式平等の原則ではすべての株主を平等に扱うことが会社と取締役に求められる。

しかし、株主間に存在する客観的な不平等または会社による株主に対する不平等な扱いが（たとえば、一部の株主は優先配当権を享受し、一部の株主は1株当たり10個の議決権を享受するなど）、すべての株主、特に不利な立場にある株主の利益を効果的に高めることができる場合には、このような差別または会社による株主に対する異なる扱いは株主平等の原則に合致する。株主の形式的平等原則の前提は、株主が同じ種類に属するということである。異なる種類の株主に対しては、実質的平等の原則に従う必要があり、異なる株式には異なる権利が与えられる。実質的平等の原則は、株主間の選好やニーズの違いを考慮し、株主が会社との特別な株主権の内容や契約内容について合意し、それと同時にその情報を第三者に開示することを認める。投資家は、会社に投資する際に、会社が種類株式を創設する状況を考慮して、投資するかどうか、またはどの価格で投資するかを決定する。そのため、種類株主であれ普通株主であれ、種類株式の発行前の株主であれ後に加入する株主であれ、彼らの同一の株式、同一の権利という形式的平等を維持するだけでなく、異なる種類の株主間の実質的平等を実現する。種類株式の創設は、実際に株主平等原則の内包を豊かにするものである。

理論的には、株主平等原則の立法趣旨は、少数株主を保護し、支配株主が多数決を濫用して少数株主に不利な決定を下すことを防ぐことである[28]。したがって、会社法では、支配株主が資本の過半数の議決権を行使する際には、会社及び少数株主に対して信認義務を負うと規定されている。その目的は、支配

---

27) 顧功耘＝井涛「論株主平等原則」浜田道代＝呉志攀編『コーポレート・ガバナンスと資本市場監督 - 比較と参考』（北京大学出版社、2003年）171頁。

28) 田澤元章「日本における敵対的買収と買収防衛策」楊東ほか訳、王保樹編『組織再編：理論と実務理』（社会科学文献出版社、2012年）129頁参照。

株主による資本多数決の濫用を防止することであり、株主間の利益の均衡を図るため、支配株主に対し自己の利益の最大化を追求する際に他の株主の利益を害しないよう要求するものである。これに対し、種類株式の場合、会社は、「株主が異なれば処遇も異なる」（不同股东、不同对待）という実質的公平原則に基づいて行動する必要があるため、種類株式の権利変更を伴う決議を行う場合には、別途種類株主総会を開催する必要がある。したがって、株主による多数決が種類株主の利益を害することはない。

現代会社法では、大陸法であれコモンローであれ、硬直した株主の形式的平等を固守せず、株主の形式平等原則の例外を認める。第一に、大陸法系の一部の国は、種類株式間の株主権の差異化が実質平等の原則に一致することを認めている。例えば、フランスでは、株主間の地位平等の原則は絶対的な価値を持たず、特定の株主に特別な権利を与えることで、株主間の平等を破る。また、「安定株主」に複数の議決権を付与したり、配当金を増額したりする企業も少なくない[29]。例えば、ドイツの株式会社は、同等の条件の下ですべての株主を同等に扱わなければならないが、法令や定款が株主の権利や義務に関して異なる規定を定めている場合には、会社は議決権のない優先株を発行できることを含む異なる株主を区別することができる[30]。第二に、コモンローでは原則としてすべての株式は平等であるが、これに反する合意がある場合には、不平等な取扱いが行われることが認められている[31]。

(3) 会社法における信認義務の進化と階層化

利益相反の多様性を考慮すると、種類株式は、信認義務の規範を縦方向と横方向の二つの方面で進化させることになる。縦方向の側面では、取締役の信認義務は、勤勉と忠実義務に基づいて、異なる種類の株主を公平に扱う義務へと進化し、会社と社会全体の利益に向けてより明確に向けられるようになる。横方向の側面では、支配株主の少数株主に対する信認義務から、異なる種類の株

29）居栄（羅結珍＝趙海峰訳）『フランス商法（第1巻）』（法律出版社、2004年）814頁参照。

30）Thomas Raiser & Rudiger Veil, Recht der Kapitalgesellschaften, 高旭軍ほか訳（法律出版社、2005年）118-119頁。

31）See Shanghai Power Co. v. Del. Trust Co.,316 A.2d 589,593(Del. Ch. 1974); Melissa M. McEllin, Rethinking Jedwab: A Revised Approach to Preferred Shareholder Rights, pp.908-909.

主間の信認義務に進化している。

　株式の種類が多様化する会社の資本構造の中で、会社の利益相反は二種類に分かれている。すなわち、株主と経営陣の間の縦方向の利益相反、及び支配株主と少数株主、異なる種類の株主の間の横方向の利益相反である。前者は、エージェンシーコストの問題であり、取締役などの信認義務を規定することで解決できる。後者は、異なる投資目的を達成する種類株式として、株主間の利益相反を避けられない。例えば、優先株主と普通株主の間では、参加型の優先株を除いて、ほとんどの優先株主は、会社利益の増加による投資収益ではなく、固定配当を取得することによって、投資収益を得ることができる。それと普通株主との間の利益相反の根本はリスク選好の違いである。普通株主と比べて、優先株主は、固定配当のリターンを得るか、会社を清算することによって優先残余財産分配権を行使し、投資及び合理的なリターンを取り戻すために、会社の投資のリスクを嫌う。普通株主は、会社の存続及び業績の改善によって利益を得ている。会社の財産の分配はゼロサムゲームであり、優先株と普通株は、同じ資産プールから収入を得て、会社の総財産が与えられた前提の下で、一方はより多く得れば、もう一方はより少なくなることを意味している[32]。取締役の信認義務は、会社の意思決定者が普通株主と優先株主の利益を平等に扱い、保護することを求めているが、取締役会は議決権を持つ普通株主、さらには支配株主によって支配されている。横方向の利益相反は、普通株主の種類株主のはく奪と利益移転として表される。優先株は、優先配当権があるが、会社が利益を得た場合にのみ会社が配当する。配当の有無及び四半期ごと、毎年または数年ごとに配当するかなどの具体的な事項を含む決定権は取締役会に握られており[33]、普通株主の取締役会に対する支配権を利用して優先株主の当然の利益を侵害することが多い。

　種類株式制度の確立は、中国におけるコーポレート・ガバナンスのより高い基準を設定することになる。取締役の信認義務の伝統的内容は、勤勉と忠誠の義務である。普通株式か種類株式かに関係なく、株主利益の保護は主に会社の

---

32) See Lawrence E. Mitchell et al., Corporate Finance and Governance, Carolina Academic Press, 2006, p.653.
33) See Franklin Gevurtz, Corporation Law, 2 nd ed., West, 2010, pp.117-118.

取締役会の忠誠さと勤勉さに依存しており、異なる種類の株主間の利益相反は客観的に存在する。株式の類別化及び株主平等の原則は、取締役がビジネス上の意思決定を行う際に勤勉で忠実であるだけでなく、異なる種類の株主に対しても平等に対応しなければならないことを要求している。平等に扱われる義務は、取締役の会社全体の利益に対する信認義務を強化する。すなわち、取締役は、指名または選任によって支配される株主ではなく[34]、個別の株主にのみ役務を提供する会社の全体的利益を維持しなければならない[35]。会社の利益は団体の利益として、普通株主と種類株主の利益の交差である。取締役の信認義務の対象を会社の利益に設定してこそ、各種類の株主及びその他の利害関係者を平等に扱い、各種類の株主間の利害対立を調整することができる。種類株式の創設及びその派生した取締役の平等に扱われる義務は、中国の取締役の意思決定及び信認義務が会社の利益をより明確に向けられ、さらに会社の社団性を強化するのに有利である。

株主訴訟や外部金融機関からの圧力を受けて、企業組織における取締役会の中心的な役割及び公平な意思決定が強化され、取締役会及び株主総会の権限が再構築される可能性がある。かつて、中国の会社法は株主総会中心主義を採用しており、裁判実務においては、会社は株主の財産の延長線上にあるものとみなされ、「取締役会は会社に対する支配株主の支配権の延長に過ぎ」ず[36]、これは企業融資の多様化や投資ニーズの多様化のトレンドに対応できない。個人の富が増大するにつれ、種類株主は、重要な外部投資勢力として、株主総会中心主義から取締役会中心主義への変革を促進することになる。

第一に、取締役会は様々な株主の利益を守るためにより大きな責任を負う。責任と権限は対応しており、より大きな責任にはより大きな権限が必要となる。そのため、権限は株主総会と取締役会の間で再配分されることになる。第二に、種類株式制度の導入により、会社の機関意思決定や利害関係者間の利益調整が複雑化し、株主総会の意思決定の効率が低下するため、必然的に取締役

---

34) 鄧峰「取締役会制度の起源、進化及び中国に対する示唆」中国社会科学2011年第1号参照。

35) In re Trados Inc.S' holder Litig., No.1512-CC,2009 WL 2225958, at* 7 (Del. Ch. July 24, 2009).

36) 鄧峰「取締役会制度の起源、進化及び中国に対する示唆」中国社会科学2011年第1号参照。

会の権限が増大することになる。実際には、株主総会の決議も取締役会が作成した案に基づいているが、集団行動のジレンマ、株主の集団効果、分散投資により、株主総会の集団意思決定を形式に流すことが多い。それだけでなく、取締役会のメンバーは、受託者としての信認義務を履行しなかったことに対する防御手段として株主総会での決議を利用することがよくある。

⑷　法律による強制と会社定款自治の相互作用の強化

　法的強制と会社の定款自治の機能との間の相互作用は、種類株式制度の私的創設の過程でより広範囲に発揮されることになる。種類株式の法定原則に基づき、新会社法は、股份公司が発行できる種類株式の種類を規定し、会社が種類株式を創設し、運用するには、法定の枠組みの下で行わなければならず、かつ会社法の規定に従って種類株式の創設及び変更を開示しなければならない。その一方で、投資家及び会社は、定款自治の機能を最大限に活用して、投資家の投資目的に応じて、法定種類株式制度内で法定種類株式の種類と内容を異なる組み合わせで運用することができる。したがって、種類株式制度の導入や会社法の整備においては、定款自治の機能がより重要視されることになる。具体的には、第一に、会社の定款には公示性及び対立性があるため、他の投資家や取引当事者が会社を正確に理解できるように、会社の資本構成、種類株式、保有者、特定の状況などの情報を外部に伝える必要がある。投資家などは、会社の定款自治機能によって与えられる法的余地を最大限に活用して、会社の適切な資本構造及び株式対負債の比率を形成することができる。第二に、株主権保護の観点から見ると、定款を通じて創設された種類株式は変動が容易ではなく、増資や定款変更は種類株式の決議によって承認される必要があるし、また、新株発行、種類株式の新設、種類株式の権利変更など、種類株主の権利に影響を及ぼす関連事項についても、定款変更などの法的手続が必要となる。これはすべて株主の利益を侵害から保護するのに有利である。

⑸　硬直した会社資本制度及び観念に対する挑戦

　種類株式は、中国の会社法が定める資本制度に挑戦をもたらすものであり、その導入により現在の会社資本制度にある程度の柔軟性と弾力性を持たせる。

中国の会社法は、長い間、資本確定原則、資本維持原則、資本金不変原則という大陸法系の「資本三原則」を原則としており、その目的は、取引における第三者（特に債権者）の安全を確保することであった[37]。資本の厳格な規制に基づいて、株主の会社への投資によって、会社の資産及び会社の独立した人格が形成される。株主は、会社に対する剰余金配当請求権を除き、会社からいかなる利益を得てはならない。ただし、次の二つの場合はこの限りではない。すなわち、会社は、法令の規定及び手続に従って株主に配当する場合、及び会社は解散して清算する場合である。中国の資本に対する厳格な規制は、硬直的で非効率な制度であると考えられている[38]。

　種類株式は、中国の伝統的な会社法における株式の固定収益のリターンを得ることができないことに関する基本理念を覆した。一般に、株主は、経済的利益の観点から、出資比率、株式保有比率または法律で認められた比率に応じて配当を受け取る権利のみを有しており、得られる利益は企業の業績に連動する。明らかに、所定の収益率及び配当金を受け取るか最初に清算する種類株式は、会社の利益分配及び清算分配の規則に影響を与え、資本制度の硬直性を緩和している。

4　おわりに

　中国の種類株式制度の導入は、立法と実務の連動を十分に反映している。30年にわたる種類株式の実務的探索は、成功経験もあれば、反省に値する不足点もある。種類株式は、同株同権の伝統的な考え方を打破し、市場主体間で契約を通じて創設されたコーポレート・ガバナンスの新しいモデルであり、商事効率の向上に顕著な役割を果たしている。しかし、実務的経験から、種類株式の導入は、株主間、株主と債権者間の利益不均衡をもたらし、会社のエージェンシーコストの増加を招く可能性もあることが明らかになる。そのため、効率性と公平性をどのようにバランスさせるかは、国家規制と意思自治という

37）朱慈蘊『会社法原論』（清華大学出版社、2011年）204-210頁参照。
38）鄧峰「資本制約制度の進化と仕組み設計 - 日米会社法の比較を中心に」中国法学2009年第
　1号参照。

二つの関係が特に重要である。新会社法は種類株式の導入により、市場投融資業務の展開はより健全な制度供給を持つようになった。同時に今回の改正法も中国の国情に立脚し、種類株式の法定原則を貫徹し、種類株式の発行、開示及び採決の一環に対して詳細な規範を行い、種類株主と社外者の利益が侵害されないよう最大限に保障するように努める必要がある。諸外国の有益な経験を活用しながら、種類株式制度が中国のビジネス慣行に花を咲かせることを確保すべきである。

10 有限会社における持分譲渡の制度構造と その問題点

陳　彦晶

1　序
2　持分譲渡制限の限度
3　譲渡制限に違反した持分譲渡の効力
4　持分譲渡の瑕疵担保
5　持分移転の時期
6　持分の善意取得
7　契約による株式の買取

1　序

　中国では、2023年会社法改正に伴い、持分譲渡制度が大きく変化した。①持分を譲渡する場合、他の株主の過半数の同意を要するといった制限が撤廃され、他の株主による優先買取権のみが改正されずに残された。②持分を譲渡する株主による会社への通知義務及び名義書換・変更登記の請求義務、請求を受けた会社の協力義務が新設された。会社法第86条は、「株主は、持分を譲渡する場合、書面により会社に通知し、株主名簿の変更を請求しなければならない。変更登記を行う必要がある場合、会社に会社の登記機関に対して変更登記を行うよう併せて請求する。会社がこれを拒否し、又は合理的な期限内に回答しない場合、譲渡人、譲受人は、法により人民法院に訴訟を提起することがで

　本稿では、「持分譲渡」は、中国法における有限責任会社の持分の譲渡を指しており、株式会社の株式の譲渡とは異なるものである。

きる。持分を譲渡する場合、譲受人は、株主名簿に記載された時点から会社に対して株主の権利の行使を主張することができる。」と定めている。③株主が出資を引き受けたが出資期限の到来していない持分の譲渡、出資に瑕疵のある持分の譲渡に関する規定を新設した。会社法88条は、「株主が出資を引き受けたが出資期限の到来していない持分を譲渡する場合、譲受人が当該出資を払い込む義務を負う。譲受人が期日どおりに出資を全額払い込まない場合、譲渡人は、譲受人が期日どおりに出資金を払い込まないことについて補充責任を負う。会社定款に定める出資日どおりに出資を払い込まない株主、又は出資する非貨幣性財産の実際の価額が引き受けた出資額を著しく下回る株主が持分を譲渡する場合、譲受人は、譲受人と連帯して出資不足の範囲内において責任を負う。譲受人が上記状況の存在を知らず、かつ知りうべきでない場合、譲渡人が責任を負う。」と定めている。今回の会社法改正は有限責任会社の持分譲渡に関する司法実務上の問題の一部を解決したものの、依然としていくつかの問題点が存在する。例えば、持分譲渡制限の限度、譲渡制限に違反した持分譲渡の効力、持分譲渡の瑕疵担保、持分移転の時期、持分の善意取得、契約による株式の買取に関する問題が挙げられる。

2 持分譲渡制限の限度

(1) 同意規定の撤廃

中国会社法は、伝統的に有限責任会社の人的信頼関係を重要視し、株主以外の者に持分を譲渡する場合、譲渡制限を設けていた。2005年会社法は、株主以外の者に持分を譲渡する場合、他の株主の過半数の同意を得なければならず、同意しない株主が当該譲渡持分を買い取らなければならず、買い取らない場合は譲渡に同意したとみなすとし、株主が譲渡に同意した譲渡持分は、同等の条件において、他の株主が優先買取権を有するとしている。この規定においては制限が重複しており、他の株主は、個人としての同意・不同意の表明にかかわらず、全体として同意または買取りの選択肢しか存在しない。そのため、「他の株主の過半数の同意」という規定は有っても無くてもよいと指摘されて

いる[1]。個人としての他の株主から見れば、その過程では以下の結果が予想される。①譲渡に同意する。これには真実の同意と擬制の同意が含まれる。後者は、当該株主が不同意を表明し、かつ不同意の株主が半数以上に上るものの、当該株主が当該譲渡持分を買い取らないため、譲渡に同意したとみなす場合である。②譲渡に同意しないものの、同意の株主が過半数に上るため、多数決の結果に服することで不同意の意味を失う。③譲渡に同意せず、かつ不同意の株主が半数以上に上り、当該株主が当該譲渡持分を買い取る場合、「当該株主の買取りは義務を履行する性質をもつ」[2]。この結果から見れば、2005年会社法では、当該同意プロセスは容易に実現できる。立法者が有限責任会社の人的信頼関係を極力に維持しようとしているものの、持分が譲渡可能であることは絶対的であり、ルール設計の結果から見れば、株主が持分の譲渡を望むのであれば、必ず譲渡が実現できる。これに対し、ある学者は、「中国会社法は、株主が同意しない場合の強制買取義務を定めるのではなく、同意しない株主が当該譲渡持分を買い取らなければならず、買い取らない場合は譲渡に同意したとみなすと定めており、一周回ってまた譲渡に同意するという原点に戻るため、他の株主の過半数の同意という制限をより容易にクリアできる。ここからは、同意権と優先買取権との価値選択に会社法の迷いがわかるのであり、現行法の同意権の規定は実際の効果を発揮できていない」[3]と批判した。これを受けて、2023年会社法改正では、当該同意規定が削除された。

(2) 譲渡禁止規定の効力

会社が定款において持分の譲渡を禁止することも考えられる。このような定款規定の効力について、ある学者はそれを有効とし、「その理由は株主の意思を十分に尊重することにある。有限責任会社と株式会社との一つ大きな違いは、人的信頼関係があるという特徴を持つことにある。実務上、有限責任会社には人的信頼関係があるからこそ株主がその会社に投資する。言い換えれば、

---

1) 伍堅「会社法における類推適用規則」法学2007年第5号96頁。
2) 張勇健「有限責任会社における株主以外の者への持分譲渡の制限」法律適用2003年第12号41頁。
3) 王艶麗「有限責任会社の持分譲渡制度の再認識」法学2006年第11号19頁。

株主が有限責任会社に投資する理由は、その会社に信頼できる株主がいるからである。このような関係を維持するために、会社定款に特約を設けるのである。持分譲渡禁止の定款規定を許さないのであれば、このような株主間の信頼関係を維持できなくなるおそれがある。また、このような定款規定は、会社設立時の株主間の約定であり、株主の利益を害するものではない。そのため、持分譲渡禁止の定款規定について、当然その効力を認めるべきである」[4] としている。もっとも、ここでは、原始定款と現行定款を区別すべきである。「二者を比較すれば、次の二つの違いがある。①原始定款の制定主体は株主または発起人であるのに対し、現行定款の変更主体は会社（株主会または株主総会は会社の機関であり、その決議は会社の意思決定と言える）である。原始定款の作成は株主または発起人全員の同意を要するのに対し、定款変更は資本多数決を採用する。この二つの違いには、原始定款の制定と現行定款の変更に関する異なる法理が示されている。……原始定款は全株主または発起人が制定し、全体一致の計算ルールを採用するため、原始定款は株主間の平行一致の合意を形成し、その制定は契約行為である。一方、原始定款は会社組織・行為を規律する内部自治規範でもある。……資本多数決によって変更された定款は、会社の内部自治規範という性質しかない」[5]。

ある学者は、会社設立時に定款において、株主はいかなる理由があっても持分を対外的に譲渡してはならないと定めた場合、これは法律の強行規定に違反しておらず、有限責任会社の本質にも反しないものであり、株主が法に従い自らの意思で行った行為であるため、全ての株主はこの定款規定を尊重すべきであるとしている。その上で、対外的な持分譲渡を完全に禁止する代わりに、株主の権益の十分な保護及び円滑な代替メカニズムが必要であるため、株主の退社、会社の司法解散等の制度を整備すべきであるとしている[6]。

これに対して、持分譲渡の絶対禁止規定は無効であり、法によって認められるべきではないと考える。その理由は次のとおりである。

4）劉康復「有限責任会社における持分譲渡制限の定款規定」湖南社会科学2009年第4号67頁。
5）銭玉林「持分譲渡制限の定款規定の効力」法学2012年第10号107頁。
6）段威「有限責任会社持分譲渡に関する他の株主の同意権」法律科学2013年第3号118頁。

第一に、財産は譲渡可能である。持分は一種の財産として、その流動性を失うべきではない。「会社法における有限責任会社の持分譲渡の制限は……譲渡禁止ではない。……さもなければ、株主の持分は株主に『固定』されてしまう。これは当然譲渡可能である財産の属性に反するものである」[7]。また、財産が譲渡可能であることは所有者の財産への支配権の表れである。ヘーゲルは、「私が自分の財産を譲渡できるのは、その財産は私のものだからである。その財産が私のものである理由は、私の意思が財産に表れているからである」[8]と述べている。このように、持分譲渡の制限は財産所有者の意思に制限を加えるため、持分譲渡の絶対禁止規定は私法の自由の理念と相反する。私法の伝統的な考え方として、財産流通の禁止は公共政策に反すると思われる[9]。

また、持分譲渡の絶対禁止規定は会社の基本性質にそぐわないものである。「持分の完全自由譲渡性は、組合または他の企業形態と異なる商事会社の基本的な特徴である。持分に自由譲渡性があるから、株主が変わっても、会社の取引活動が続けられ、組合などで見られる構成員の投下資本の回収による不都合を避けることができる。逆に言えば、持分の自由譲渡性は持分の流通性を高め、株主の投資の多元化に役立つものである」[10]。

第二に、持分の売却は株主の基本的権利の一つである。会社法は株主に会社関係から離脱する方法を提供しなければならず、持分の売却は重要な方法の一つである。持分譲渡制限の定款規定が厳しすぎて、株主による出資の譲渡が事実上不可能である場合、株主の基本的権利が事実上奪われてしまうため、当該規定は無効というべきである[11]。

第三に、有限責任会社の人的信頼関係の保護から見れば、会社関係からの離脱を考える株主は、他の株主との協力関係の継続よりも、持分譲渡の実現を重要視する。譲渡する株主にとって、会社の人的信頼関係は重要でなくなったた

7）施天涛『商法学〔第3版〕』（法律出版社、2006年）201頁。
8）ヘーゲル『法哲学原理』（商務印書館、1982年）73頁。
9）羅培新「持分譲渡のエージェンシーコスト削減の法律構造」中国社会科学2013年第7号138頁。
10）劉俊海等訳『会社法剖析』（北京大学出版社、2007年）13頁。
11）胡明玉「有限責任会社持分譲渡の自由と制限」湖北経済学院学報（人文社会科学版）2006年第4号78頁。

め、このような株主を会社に残留させることは人的信頼関係の保護に逆効果になる。

　もっとも、一定の場合に持分譲渡を短期間禁止する規定は有効である。例えば、会社が成立した直後、経営の安定を図るため、全株主に対して1年以内に持分を譲渡してはならないと定める場合である。このような譲渡禁止規定は、会社の正当な商業目的に適したものであり、持分の流動性を完全に剥奪するものではないため、その合理性は認められる。

(3)　譲渡株主の取消権

　中国では、法的拘束力を持つ司法解釈によって譲渡株主の取消権が定められている。「中華人民共和国会社法の適用にかかる若干の問題に関する最高人民法院の規定（四）」（以下、「司法解釈四」という）20条は、「他の株主が優先買取権の行使を主張した後、有限責任会社の持分を譲渡する株主が一転して譲渡に同意しない場合、他の株主による優先買取の主張に対し、人民法院はこれを支持しない。ただし、会社定款に別段の定めがある場合または全株主に別段の約定がある場合を除く。他の株主が譲渡株主に対し合理的な損害賠償請求を主張した場合、人民法院はこれを支持すべきである。」と定めている。司法解釈が譲渡株主の取消権を定めたため、持分の譲渡は、優先買取権者が一方的に決定するのではなく、譲渡株主の同意を要する。ここでは、次のように二つの解釈ができる。①優先買取権は形成権であるものの、譲渡株主に解除権が与えられているため、優先買取権の行使によって成立した契約を解除することができる。②優先買取権は請求権であり、持分譲渡契約の成立は株主の同意が必要である。伝統的な学説・理論を守る視点から、前者の方がより合理的である。

　しかし、この規定の正当性に対して大きな疑念がある。ある学者は、「優先買取権制度の目的は会社の人的信頼関係と閉鎖性を維持するためであるものの、根本的には持分の譲渡行為は商事取引に属する。優先買取権制度の趣旨から見れば、まず保護すべき対象は、同等の条件における他の株主であり、譲渡人や譲受人ではない。会社法司法解釈四は優先買取権を請求権と見ているため、株主は株主以外の者と比べて持分譲渡契約の締結においてまったく優先されない。これは会社の人的信頼関係を維持するという優先買取権制度の趣旨に

そぐわないものであり、株主の権益の保護に資するものではない。優先買取権は法定の形成権であり、優先買取権を主張する株主は同等の条件において権利を行使すればよく、侵害された場合は相応の請求権が発生する。譲渡株主に取消権を与えることは、法理上会社の人的信頼関係と矛盾し、体系上優先買取権の性質と衝突しており、実務上かえって譲渡株主の不誠実な行為を助長しうる」[12] と批判している。

　司法解釈の制定・改正は会社法改正の前に行われたため、会社法改正を受けて、最高人民法院による司法解釈の再度の改正が予想される。司法解釈四第20条は制定以後大きな波紋を呼んでおり、今後の行方が注目される。

3　譲渡制限に違反した持分譲渡の効力

(1)　譲渡制限に違反した持分譲渡契約の効力

　譲渡制限に違反した持分譲渡契約の効力について、学説上、有効説[13]、無効説、条件付説、法定効力発生条件付説[14]、効力未定説がある。効力未定説は、さらに元「契約法」第47条類推の効力未定[15] と元「契約法」第51条類推の効力未定[16] に分けられる。なお、会社法に関する共通認識として、持分譲渡契約と持分の移転を区別すべきであると思われる。

　司法解釈四第21条は、「有限責任会社の株主が株主以外の者に持分を譲渡するにあたって、当該譲渡について他の株主に意見を求めない場合、または詐欺、悪意通謀等の手段により他の株主の優先買取権を侵害した場合、他の株主による同等の条件において当該譲渡持分を買い取る主張に対し、人民法院はこれを支持すべきである。ただし、他の株主が優先買取権行使の同等の条件を

---

12) 趙磊「株主優先買取権の性質と効力」法学家2021年第1号142頁。
13) 葉金強「有限責任会社持分譲渡に関する一考察」河北法学2005年第6号、肖竜等「事案からみる有限責任会社持分譲渡の諸問題」法律適用2003年第9号参照。
14) 鄒海林「株主以外の者への持分譲渡に関する一考察」人民法院報2003年6月20日参照。
15) 万玲「全株主の過半数の同意を欠く持分譲渡の効力」法律適用2004年第5号参照。
16) 趙万一＝呉民許「有限責任会社持分譲渡の条件に関する一考察」法学論壇2004年第5号40頁、劉関春「持分譲渡の成立と効力発生」法学2004年第3号97頁。

知ったもしくは知るべきであった日から30日以内に主張しなかった場合、または持分移転登記の日から１年を超えた場合を除く。

前項に定める他の株主が持分譲渡契約及び持分移転の効力を確認する等の請求のみを行い、同等の条件において当該譲渡持分を買い取る主張をしなかった場合、人民法院はこれを支持しない。ただし、他の株主が自己の責めに帰さない事由により優先買取権を行使できず、損害賠償を請求する場合を除く。

他の株主による優先買取権の行使で契約の目的を達成できない場合、株主以外の持分譲受人は、法に従い譲渡株主に相応の民事責任を負うよう請求することができる。」と定めている。

これにより持分譲渡契約と持分移転の効力を区別するようなルールが確立されている。現在は学説と司法実務の共通認識として、譲渡制限に違反した持分譲渡契約は有効であると思われる。すなわち、当該譲渡持分契約は有効であり、株主以外の持分譲受人は有効な持分譲渡契約に基づいて譲渡株主に対して違約責任を主張できるものの、当該契約の履行を主張できないのである。

(2) 譲渡制限に違反した持分移転の効力

譲渡制限に違反した持分譲渡契約は有効であるものの、そのまま当該契約を履行し持分移転の法的効力を発生させられるわけではない。会社は譲渡制限違反を理由に、譲受人が株主になるのを拒否できる。論理的に考えれば、持分譲渡契約は持分移転より先に効力が発生する。契約効力の発生と契約による権利の移転は異なる法的概念である[17]。持分の移転は持分譲渡契約を履行した結果であるものの、当該契約の効力発生により自動的に完成するものではない。逆に言えば、持分の移転は持分譲渡契約を有効に履行した結果であり、法的手続き及びプロセスを経て初めて株主の権利義務の移転が法律上実現するのである。そのため、持分の移転は関連する会社法及び定款の制限規定を遵守する必要があり、当該規定に反するいかなる持分移転行為も、適法性を欠くことによりその法的効力を失う可能性がある。言い換えれば、法定要件とプロセスを完全に満たしている場合に限り、持分譲渡による持分の移転が法律上認められ、

---

17) 劉俊海『新会社法の制度革新』（法律出版社、2006年）301頁。

保護されることになる。

　持分は目に見えない無形資産として、その公示方法は占有ではなく、法定登記制度によってその帰属及び移転が確定する。言い換えれば、持分の公示メカニズムは現実的な物的支配ではなく、登記手続きに表れており、これにより持分の安全性及び市場の流通秩序を守るのである。譲渡制限に違反した持分譲渡についても、その移転の効力は登記によって発生する。中国では、一般的な不動産登記制度と異なり、持分移転登記は通常①株主名簿の名義書換と②工商登記が必要である。2005年会社法及び2023年会社法は、株主が会社に権利を主張するにあたり株主名簿がその根拠であり、持分に関する権利を完全に享受できるのは株主名簿に記載された株主のみであると定めている。持分の譲渡が完了し株主名簿の名義書換が行われた場合、新株主はこれをもって株主会に参加し、議決権等の株主の権利を行使することができる。工商登記は持分の移転に対外的効力を持たせるものである。中国民法典第65条は、法人の実際の状況と登記事項が一致しない場合、善意の第三者に対抗できないと定めている。また、会社法第34条は、会社の登記事項に変更が生じた場合、法に従い変更登記をしなければならず、会社の登記事項につき登記しないまたは変更登記をしない場合、善意の第三者に対抗できないと定めている。これらの規定は中国法における外観主義制度を構成する。

4　持分譲渡の瑕疵担保

　有限責任会社の持分は譲渡可能の財産として、実際の使用価値がある土地、建物または動産と異なり、その価値は通常会社の資産または資産が持つ営利能力に表れている。そのため、対象会社の資産価値と持分の譲渡人の説明が一致しない場合には、売買契約法上の「物」的瑕疵の適用があるかという疑問が生じる[18]。持分の譲受人が会社に入って資産の減少または債務の増加を発見した場合、通常譲渡人に対して物的瑕疵担保責任を主張することになる[19]。持分譲

---

18) 出資に瑕疵がある場合は、本稿の検討対象外とする。出資に関する譲渡人の瑕疵担保責任については、何飛「持分譲渡の契約紛争における瑕疵担保責任」人民司法2020年第 8 号参照。
19) 中国では、通説は独立した瑕疵担保責任を認めないとする。民法典は違約責任から独立し

250

渡契約に別段の約定がない場合、司法実務上これについては意見が分かれている。民法上の瑕疵担保責任を適用し譲受人の主張を支持する裁判例とそうでない裁判例は両方存在する。譲受人の主張を支持する裁判例の中、支配株主による持分譲渡に関するものがある一方、持分の比率を考慮せず、中小株主である譲渡人の瑕疵担保責任を認めるものもある。これは裁判所の民事・商事法律の適用方法についての考え方が異なるからである。譲渡人の瑕疵担保責任を認める裁判例は、通常民事・商事法律の「一般法—特別法」の方法を採用し、会社法において持分譲渡について民法上の瑕疵担保責任を適用しないという規定がないため、一般法である民法の規定を適用すべきであるとする。これに対し、反対する裁判例は商事法律関係の特殊性を重要視し、持分の譲渡は使用価値のある有体物の売買と異なり、持分譲渡は会社資産と同一の法律関係ではなく、物的瑕疵担保責任を適用すべきではないとする。

(1) 瑕疵担保規定を適用する持分比率の条件

　持分の価値は会社資産の価値を反映するものであり、両者は相当程度融合しているものの、全ての持分譲渡には物的瑕疵担保責任を適用できるわけではない。譲渡する持分が会社全体に占める割合は持分の瑕疵担保責任を判断する際の重要な要素である。会社の支配権の移転が生じるような持分譲渡に限り、譲渡人が瑕疵担保責任を負うことになり、持分の価値と会社資産の価値との真の融合が実現するのである。

　比較法的には、ドイツ法は事業譲渡理論をもって会社資産瑕疵による持分瑕疵担保の問題の解決を図る。すなわち、実質上全ての持分が売却され、かつ譲受人が支配的地位を取得し、経済的に事業の売却を実現した場合に限り、事業に関する物的瑕疵担保責任を認めるのである[20]。

　中国法には事業譲渡の概念が存在しないため、「支配持分の譲渡」によって

た瑕疵担保責任を認めず、違約損害賠償責任と瑕疵担保責任との競合も存在しない（謝鴻飛＝朱広新編『民法典評注・契約編：典型契約準契約1』（中国法制出版社、2020年）100頁〔武騰〕）。厳密に言えば、これを瑕疵担保義務違反による違約責任と呼ぶべきである。本稿では、便宜上瑕疵担保責任と呼ぶものの、これは独立した瑕疵担保責任を認めるものではない。

20）高旭軍等訳『ドイツ資本会社法』（上海人民出版社、2019年）625頁。

譲渡人の瑕疵担保責任の有無を判断すべきである。支配持分を譲渡する場合、すなわち、支配株主に変更が生じる場合には、譲渡人は会社資産の変化による瑕疵担保責任を負うべきである。そうでない場合は当該責任を負わない。持分の譲渡は資産の譲渡とは異なるものである。資産の譲渡人は資産の状況を知っているまたは知るべきであり、これは譲渡人の瑕疵担保ルールの倫理的基礎である。これに対し、持分の譲渡人は会社資産に表れている持分の価値について必ずしも把握していない。「現実生活において抽象的な株主はほとんど存在しない。株主は、その法的地位及び会社統治における影響力と支配力がそれぞれ異なる」[21]。支配株主以外の株主は、通常会社資産について詳しく把握していないため、当事者の間に明確な合意がない場合、譲渡人にとって、自分がコントロールできない事項について責任を負うよう求める推定規定は酷である[22]。そのため、支配株主のみが瑕疵担保責任を負うのは妥当である[23]。

⑵　民法の瑕疵担保規定の直接適用による不公平な結果

　持分の譲渡は有体物の売却と異なるものである。有体物の売買契約は通常双方当事者のみが影響を受ける。これに対し、「持分譲渡契約の締結及び履行は、双方当事者の利益に直接影響するだけでなく、対象会社、他の株主、債権者、会社従業員等の利害関係者の利益にも、間接的に影響を及ぼすのである」[24]。持分譲渡人の瑕疵担保責任は、持分譲渡人、譲受人、会社、会社債権者、会社債務者等の主体と関係する可能性があり、有体物の売買より法律関係が複雑である。また、持分の「物」的瑕疵は、会社という法律実体を通じて間接的に表現する必要がある。すなわち、持分の価値は会社の価値を反映するものであり、有体物のように物の価値に直接表れるものではない。持分譲渡に民法の瑕疵担保規定を直接適用すると、次のような不公平な結果をもたらすおそ

21）中国国際経済貿易仲裁委員会編『持分譲渡仲裁事案精選』（法律出版社、2020年）279頁〔劉俊海〕。

22）許徳風「持分譲渡における瑕疵責任」『判解研究（17）』（人民法院出版社、2004年）195頁。

23）中国では、「瑕疵担保責任を持分比率と結びつけるべきである」という共通認識まだ司法実務上形成されておらず、持分比率の低い譲渡人の瑕疵担保責任を認める判決もある。例えば、広東省佛山市禅城区人民法院（2018）粤0604民初2788号民事判決書、陝西省西郷県人民法院（2015）西民初字00887号民事判決書。

24）禹海波『持分譲渡裁判例精要』（法律出版社、2020年）10頁。

れがある。

　まず、民法の瑕疵担保規定を直接適用すると、会社経営のリスクが持分譲渡人に転嫁されるおそれがある。民法上瑕疵担保責任は無過失責任であり、譲渡人は、目的物の瑕疵の存在を知っているか否かにかかわらず、瑕疵担保責任を負うのである。これを持分譲渡に適用すると、持分の譲渡人が会社資産の減少を知っているか否か、故意または過失により譲受人に告知しなかったのかは一切問わないことになる。しかし、有体物売買における財産の静止状態と異なって、商事取引は瞬息万変で、会社の経営活動は常に進行中であり、会社資産も経営とともに変化し続けている。瑕疵担保責任を適用するにあたって、瑕疵の発生について譲渡人の過失の有無を問わず、譲受人が通常要求される注意義務を果たしたか否かも問わず、対象会社のビジネスリスクを譲渡人の違約行為と区別しないとすれば、譲渡人にとって酷である。民法では、物的瑕疵担保責任は引渡しを境に、引渡前にあった瑕疵は譲渡人の責任であり、引渡後にあった瑕疵は譲受人の責任である。これに対し、持分の「引渡し」の定義について現在学説上、意思主義説、修正的意思主義説、形式主義説等があり、意見が分かれている[25]。この論争に関係なく、実務上持分譲渡にあたって基準日を定めることが多い。通常基準日は引渡日より前であるため、民法の「引渡し」を直接適用すると、基準日から引渡日までの対象会社の経営リスクが持分の譲渡人に不当に転嫁されることになる。基準日を持分瑕疵担保責任問題における「当事者間の別段の約定」とみるしかないものの、民法典第617条はこれについて但書が存在しない。

　次に、民法の瑕疵担保規定を直接適用すると、持分の譲渡人の救済策が失われるおそれがある。会社の債務が増加した場合、持分の譲受人が支配する会社は債務について積極的に抗弁しないまたは公法上の救済を求めないことが多い。背後に持分の譲渡人という「保証人」がいるからである。譲受人が会社資産の減少または債務負担の証拠を得た後に譲渡人に対して瑕疵担保責任を主張した場合、譲渡人は全ての救済策を失うことになる。第一に、会社は既に債務を履行したのであり、さもなければ譲受人は譲渡人に対して瑕疵担保責任を主

25）李建偉「会社承認効力発生主義の持分移転モデル」法律科学2021年第3号参照。

張できるはずがない。多くの場合、会社はこの時既に私法または公法上の免責
または減責の機会を失っている。第二に、会社にはまだそのような機会がある
としても、譲渡人は既に会社の株主ではないため、会社に対して債務の増加に
ついて免責を主張するよう促すことができない。第三に、瑕疵担保責任を負う
ことになった持分の譲渡人は、会社の債務を認めない時でも、会社債権者に対
していかなる抗弁の資格も有さない。そのため、会社が確かに債務を負担して
いる場合、持分の譲渡人は会社資産に瑕疵が存在するかについて弁解する機会
もない。

⑶　持分譲渡契約への民法瑕疵担保責任規定の準用

①　持分の譲受人の検収義務

　民法典第620条は、買受人は、目的物を受領した後、合意した検収期間内に
検収しなければならず、検収期間についての約定がない場合、速やかに検収し
なければならないと定めている。すなわち、売渡人が目的物を引き渡した後、
買受人は検収義務を負う。民法典の売買契約の章及び他の章には、引渡前また
は契約締結前の物的瑕疵についての買受人の検収義務に関する規定が存在しな
い。しかし、これは、持分の譲受人は持分譲渡契約の締結前に検収義務を負わ
ないことを意味するものではない。

　民法典に引渡前または契約締結前の買受人の検収義務に関する規定が存在し
ない理由は、有体物は種類物と特定物に分けられ、種類物については引渡前の
検収義務を定めることができず、特定物については、引渡後の検収義務だけで
十分であり、契約締結前の買受人の検収義務を定める必要がないことが挙げら
れる。もっとも、民法典第613条は、買受人が契約締結時に第三者が目的物に
ついて権利を有することを知り、または知り得べき場合は、売渡人は権利瑕疵
担保責任を負わないと定めている。これについて、全国人民代表大会常務委員
会法制工作委員会は、「買受人が契約締結時にこのような状況を知っているこ
とは、権利瑕疵のある目的物を買い受ける意思を示したことを意味する。これ
は、買受人が貨物に質の瑕疵があることを知りながら、買い受ける意思を示し
たのと同様である」[26]と説明している。そのため、民法典に明確な規定がな
くても、買受人が目的物の瑕疵の存在を知り、または知り得べき場合は、売渡

人は瑕疵担保責任を負わないと解すべきである。これは物的瑕疵担保への権利瑕疵担保責任免責事由の類推適用である。

　また、民法典の瑕疵担保責任に関する不確定条項を解釈することにより類似の結論も得られる。民法典第617条・第615条・第616条・第510条・第511条第1項によると、売買契約の目的物の質の基準は、約定がある場合にはその約定に従い、売渡人が質に関する説明を提供した場合にはその説明に合うべきである。約定がない場合には、補充できるときは補充し、補充できないときは、契約の関連条項または取引の慣習に従って確定すべきである。それでも確定できないときは、国家基準、業界基準を順次に適用し、通常の基準または契約の目的に適する特定の基準に従うべきである。これを持分譲渡に当てはめると、持分は質の要求を満たすべきであり、持分の質の要求について約定がある場合にはその約定に従い、譲渡人による説明がある場合にはその説明に合うべきである。約定がない場合には、契約条項または取引の慣習に従って確定すべきである。契約条項または取引の慣習がない場合には、持分譲渡契約に関する通常の基準または契約目的基準に従うべきである[27]。持分の譲受人が会社資産の瑕疵の存在を知っている場合、知っていることは、「契約の関連条項または取引の慣習」の一部を構成する、または「契約の目的に適する特定の基準」により軽減されると解すべきである。もっとも、これは不確定法律条項と意思表示の解釈に関わる問題であり、不確定要素が多い。

　比較法的に見れば、明確な規定を設ける例もある。ドイツの民法典第442条第1項は、買受人が契約締結時に瑕疵の存在を知っている場合、買受人は瑕疵による権利を有さないとし、買受人が重大な過失により瑕疵の存在を知らなかった場合、売渡人が故意に瑕疵を告知しないまたは物の質を保証するときに限り、買受人は瑕疵による権利を主張できるとしている。中国台湾地区の民法典第355条は、買受人が契約成立時に瑕疵の存在を知っている場合、売渡人は担保責任を負わないとし、買受人が重大な過失により瑕疵の存在を知らなかった場合、売渡人が無瑕疵を保証しないときは、売渡人は担保責任を負わないとしている。ただし、売渡人が故意に瑕疵を告知しない場合はこの限りではない。

26）黄薇編『中華人民共和国民法典釈義（中）』（法律出版社、2020年）1186頁。
27）紀海竜「企業買収における瑕疵担保責任」北大法律評論2015年第2号78〜79頁。

この規定の抽出は持分譲渡の瑕疵担保に極めて重要である。譲受人が持分の物的瑕疵の存在を知り、または知り得べき場合は、譲渡人は瑕疵担保責任を負わない。「知っている」は一種の確定的な事実状態であり、譲渡人は、譲受人が知っていることを立証できれば免責できるのである。問題は「知り得べき」をどう判断するかにあり、ドイツ及び中国台湾地区の民法典の「重大な過失により瑕疵の存在を知らなかった」とは表現が異なるものの、同様に理解すべきである。

　譲受人の「知り得べき」または「重大な過失」は、デューデリジェンスの有無で判断できる。実務上、支配持分の譲受人は通常フィナンシャルアドバイザーと法律事務所に依頼し、対象会社に対する財務・法律のデューデリジェンスを行う。デューデリジェンスを行わない支配持分の買取は非常に珍しい。これは有体物の売買契約では見られないものである。民法典第620条に固持し、持分譲渡における譲受人のデューデリジェンス義務を否定する場合、法律の天秤が譲受人に傾きすぎるおそれがある。持分譲渡の双方当事者の利益衡平を図るため、支配持分の譲渡における譲受人のデューデリジェンス義務を明確化すべきである。裁判官等は検証するにあたって次の四つのアプローチがある。①民法典第620条を適用しつつ、検証の開始時点を持分譲渡契約の締結前に設定する。②民法典第613条を類推適用する。③「契約の関連条項または取引の慣習」、「契約の目的に適する特定の基準」等の不確定概念を含めて、民法典第615条・第616条・第510条・第511条第１項を解釈する。④民法典第10条の慣習を直接適用する。①〜③は前述のとおりであり、④は裁判官等が持分譲渡実務を尊重することに基づき、民商法において持分の譲受人のデューデリジェンス義務が明文化されていないことに鑑み、民法典第510条の事実的意義の取引慣習ではなく、規範的意義の商事慣習を適用するものである。

　持分の譲受人のデューデリジェンス義務が明文化されていないものの、最高人民法院は複数の判例において当該義務を認めている。最高人民法院は、商事活動はリスクを伴うものであり、商事主体は必要とされる注意義務を尽くし、相応のデューデリジェンスを実施すべきであるとしている。譲渡人の告知義務と譲受人のデューデリジェンス義務は衝突しないのであり、互いに取って代わ

ることもできない[28]。持分の価値は構成要素が複雑であり、持分譲渡の対価と対象会社の純資産、資本金等は必ずしも一致しておらず、買取の持分に対する価値評価は譲受人が負うべき責任である。譲受人が対象会社の資産投入、経営状況等を調査する能力を持っているにかかわらず、譲渡人の説明及び提供された財務資料等を調査せずに鵜呑みにし、明らかに注意義務を尽くさなかった場合、これにより生じた取引のリスクを負うべきである[29]。このように、最高人民法院は、デューデリジェンス義務は持分譲受人の注意義務を具体化したものであるとし、前述した四つの検証方法を採用しない。

　持分の譲受人がデューデリジェンスを実施しなかった場合には、重大な過失があると言えるため、民法典の「知り得べき」に該当する。デューデリジェンスを実施した場合には、ケースバイケースで判断すべきである。買取の金額に対し、第三者機関にデューデリジェンスの実施を依頼することが財務上大きな負担になる場合、譲受人は自らデューデリジェンスを実施すべきである。譲受人が自然人である場合、一般人の理性で会社のプラス財産が予想より少ないことを発見できるのに対し、譲受人がそれを発見できなかったときは、重大な過失があると認められる。最高人民法院は、自然人である譲受人も自ら調査する義務を負うとしている[30]。

　譲受人が法人または非法人組織である場合、そのスタッフの専門知識不足で財産の瑕疵を発見できなかったときは、重大な過失があると認定すべきである。スタッフとして招聘した財務及び法律の専門家も瑕疵を発見できなかったときは、重大な過失がないと認定できる。譲受人が第三者機関にデューデリジェンスの実施を依頼したときは、その判断が難しい。第三者機関は譲受人からの依頼を受けたものの、デューデリジェンスの過程において譲受人の代理人として対象会社と取引するわけではないため、民法の代理規定は直接適用できない。もっとも、その基本法理は同じであり、すなわち、デューデリジェンスにおける第三者機関の重大な過失により瑕疵を発見できなかったときは、譲受人の重大な過失となり、譲受人は譲渡人に対して瑕疵担保責任を主張できな

28）最高人民法院（2021）最高法民申6686号民事裁定書。
29）最高人民法院（2018）最高法民申869号民事裁定書。
30）最高人民法院（2015）民申字2931号再審民事裁定書。

い。一方、譲受人は第三者機関に対して違約責任を主張できる。譲受人は、そ
れは第三者機関の重大な過失であり自身の重大な過失ではないことを理由に、
譲渡人に対して瑕疵担保責任を主張することができない。さもなければ、第三
者機関の過失を放任することになり、第三者機関に対して責任を主張できない
譲渡人が全ての不利益を負担することになる。

② 持分譲渡人の情報開示義務

持分譲渡人の情報開示義務は譲受人のデューデリジェンス義務によって免除
されるものではない。「買収者は情報の非対称性により対象会社の資産、負債
及び経営状況を十分に把握できないことが多いため、対象会社の既存株主と実
質的支配者が会社資産及び経営状況を隠すというモラルハザードが生じるおそ
れがある」[31]。このようなモラルハザードに対応するために、持分譲渡人は情報
開示義務を果たすべきであり、違反した場合は民法典第500条の契約締結過失
責任を負う。ここまでは瑕疵担保責任とはまだ無関係である。民法典第615条
第2項は、売渡人が目的物の質に関する説明を提供した場合、引き渡された目
的物はその説明と一致すべきであるとしている。持分譲渡においては、譲渡人
が会社資産の質について約束または保証することが多い。譲渡人がその約束ま
たは保証に違反した場合、契約締結過失責任と瑕疵担保責任との競合が生じる
ため、競合原理の適用により解決すればよい。問題は譲渡人の情報開示義務と
譲受人のデューデリジェンス義務との関係である。

中国民法典第500条、第615条第2項に鑑みて、持分譲渡人の情報開示義務
と譲受人のデューデリジェンス義務について、次のようにまとめることができ
る。支配持分の譲渡においては、譲渡人は対象会社についての情報開示義務を
負う。譲渡人が故意に対象会社資産の真実を隠した場合、契約締結過失責任を
負う。譲渡人が故意に対象会社について虚偽の情報を提供したものの、譲受人
がその情報を信用していない場合、譲渡人は契約締結過失責任を負う。譲渡人
が故意に虚偽の情報を提供し、譲受人がその情報を信用している場合、契約締
結過失責任と瑕疵担保責任との競合が生じる。当然これらの場合には、譲渡人
は契約締結過失責任と瑕疵担保責任の構成要件を満たす必要がある。譲渡人の

---

31) 中国国際経済貿易仲裁委員会編『持分譲渡仲裁事案精選』(法律出版社、2020年) 165〜
166頁〔董純鋼〕。

その他の主観状態及び譲受人の異なる主観状態が瑕疵担保責任に与える影響については、複雑な問題であるため、その考察は別稿に譲る。

③ 譲渡双方当事者の主観状態

比較法及び民法典第500条第2項では、売渡人の故意が重要視されると思われる。持分の物的瑕疵について持分譲渡人が過失状態である場合、変わらず瑕疵担保責任を負うべきであろうか。中国民法において、売渡人の瑕疵担保責任は無過失責任であり、買受人の主観状態は免責事由である。そのため、持分譲渡人が過失状態であっても、瑕疵担保責任を負うべきである。もっとも、譲受人が持分の物的瑕疵の存在を知っている場合、譲渡人が故意であっても免責されるべきである。譲受人が持分の物的瑕疵の存在を知り得べき場合、譲渡人は故意に隠したときに限り責任を負い、過失のときは瑕疵担保責任を負わない。これは瑕疵担保責任が無過失責任であることと矛盾せず、「責任発生─責任阻却─阻却の除去」という過程である。

また、民法典第618条は、当事者が売渡人の瑕疵担保責任を軽減または免除することに合意した場合、売渡人が故意または重大な過失により買受人に目的物の瑕疵を告知しなかったときは、売渡人は責任の軽減または免除を主張できないとしている。本条は当事者が瑕疵担保責任を軽減または免除することに合意した場合を明確化したものである。一方、本条からは、瑕疵担保責任が任意規定であり当事者の特約で排除できることも読み取れる。買受人の主観状態として、瑕疵の存在を知っていることと知らなかったことが挙げられる。買受人が瑕疵の存在を知らなかったことに重大な過失がない場合、売渡人は一般の過失があるときに限り、契約の特約条項を適用し免責できる。この点は明らかである。しかし、瑕疵担保責任を軽減または免除する契約の特約条項が存在する場合、売渡人が故意または重大な過失により買受人に目的物の瑕疵を告知しなかったものの、買受人が瑕疵の存在を知っているまたは知り得べきときは、売渡人は瑕疵担保責任を負うべきであろうか。これは持分譲渡の瑕疵担保責任の問題ではなく、全ての売買取引に存在する問題である。私見として、売渡人はこの場合においても瑕疵担保責任を負わない。当事者が既に瑕疵担保責任を軽減または免除することに合意した以上、法律がこれを干渉する必要がなく、当事者の意思を尊重すればよい。売渡人だけでなく、買受人にも過誤があるた

め、民法典第618条を適用すべきではない。

④　通知義務

瑕疵担保責任は買受人が通知義務を果たすことを要件とする。買受人は、法に従い売渡人に瑕疵について通知しなければ、瑕疵担保責任に基づいて請求することができない[32]。買受人の通知義務は民法典第621条に定められている。同条第2項は、「当事者が検収期間を約定していない場合は、買受人は、目的物の数量又は品質が約定に合致しないことを発見し、又は発見すべき合理的な期間内に、売渡人に通知しなければならない。買受人が合理的な期間内に通知しておらず、又は目的物を受領した日から2年以内に売渡人に通知していないときは、目的物の数量又は品質が約定に合致しているものとみなす。ただし、目的物につき品質保証期間があるときは、品質保証期間を適用し、当該2年の規定を適用しない。」と定めている。持分譲渡は検収期間について約定できないため、この規定の類推適用を考えるべきである。持分譲受人の通知義務については、次の四つの問題が挙げられる。①持分譲受人の「発見し、又は発見すべき」をどう確定するか、②合理的な期間をどう確定するか、③2年という期間をどう適用するか、④持分の品質保証期間をどう理解するかである。

持分譲受人の「発見し、又は発見すべき」については、ケースバイケースで検討すべきである。会社資産の減少が外部的要因によらない場合、民法典第621条の通知義務を直接適用すればよい。外部的要因による会社資産の減少である場合は、前述したように、外部的要因がその効果を発揮した後または会社が実際に不利益を受けた後に通知義務を果たすのではなく、譲受人の「発見し、又は発見すべき」時期を対象会社が資産減少のリスクを発見した時に早めるべきである。同時に注意すべきなのは、対象会社の資産瑕疵は結果であり、その原因は譲受人が会社を支配した時ではなく、譲渡人が会社を支配していた時に発生している必要がある。持分譲渡契約が持分譲渡基準日を定めた場合、瑕疵は基準日の前に発生している必要があり、基準日と実質的支配権の移転日との間に発生した資産瑕疵について、譲渡人は瑕疵担保責任を負わない。譲渡人がその間に故意に対象会社の資産に瑕疵を発生させた場合は、株主の会社利

---

32)　崔建遠「物的瑕疵担保責任の性質と位置付け」中国法学2006年第6号参照。

益侵害責任を適用し、または取締役、高級管理職責任を通じて解決すればよい。

　合理的な期間の確定については、持分譲渡は有体物の売買と異なり、会社資産と持分価値は瞬息万変であるため、当該期間は長すぎないようにすべきである。当該期間は、まず上記 2 年という期間を超えてはならず、さらに会社の特徴、持分譲渡価格などの要素を考慮し、30〜90日が妥当である。もっとも、「合理的」か否かは個別で判断する必要があり、統一基準の制定は困難である。

　2 年という期間の適用については、ケースバイケースで検討すべきである。会社資産の減少が外部的要因によらない場合、民法典第621条に定める「目的物を受領した日」という起算日が適用可能であり、すなわち、持分が移転した日である。外部的要因による会社資産の減少またはマイナス資産の増加である場合、第621条の定めは適用できない。譲渡人が会社を支配する時に起きた会社の行為とそれによる不利な結果との間にタイムラグが発生する可能性がある。持分の移転から 2 年以内に不利な結果が明らかにならなければ、譲受人はその存在を知り得ない。第621条に定める「目的物を受領した日から 2 年以内」を適用すると、2 年後に権利が消滅し、これは譲受人にとって酷である。そのため、この 2 年という期間制限の規定を適用せず、対象会社が当該外部的要因の存在を知った日から合理的な期間内に通知するのが妥当である。例えば、行政機関の処罰通知書等を受領した日、または債権者から債権を主張する通知等を受けた日である。

　持分の品質保証期間については、当事者が持分譲渡の価値保証を約定した場合、その約定に従う。このような約定がない場合、民法典第621条第 2 項但書は当然適用できない。実務上、持分譲渡の当事者は、譲受人が株主になった日からの一定期間を過渡期として約定することが多い。過渡期は通常 3 ヶ月または 6 ヶ月であり、これを品質保証期間と見るべきである。

5　持分移転の時期

　持分移転の時期は長い間中国持分譲渡法上の争点と難点である。持分移転の時期に関する学説は、①純粋意思主義に基づく契約効力発生移転説、②債権形式主義に基づく公示移転説、③修正意思主義に基づく会社譲受認可説、④財産

権・人身権区分移転説が挙げられる。

(1) 純粋意思主義

　ある学者は、譲受人と元株主との持分譲渡契約の効力が発生したとき、譲受人は直ちに会社の株主になり、その株主としての地位は出資証明書の発行、株主名簿の名義書換または登記の有無に左右されないと主張している[33]。実務上、多くの裁判官もこの見解を支持する。この見解によると、持分移転は債権行為のみが発生し、他の権利移転の行為を必要としない。すなわち、譲渡契約の効力が発生すればよい。この見解の下では持分譲渡契約の法的効果意思のみで持分移転の意思が発生するため、このような持分移転モデルは持分移転の純粋意思主義モデルとも呼ばれている。

　この見解は持分譲渡と持分移転との関係を簡素化したように見えるものの、このモデルは操作性に欠ける。また、これは会社法の持分譲渡規定の趣旨に反し、会社の他の株主の利益を無視し、会社を独立人格の主体として見ていない。純粋意思主義の本質は持分譲渡を純粋に一般当事者間の取引として見ることにあるため、当事者双方が合意すればよい。しかし、この見解の下では、会社は一種の投資の道具に過ぎず、さらに言えば完全に株主の決定に左右される道具である。つまり、持分移転は会社自身と何の関係もなく、完全に持分の譲渡を希望する株主が決めることである。しかし、これは明らかに会社法の持分譲渡規定の趣旨に反する[34]。純粋意思主義移転モデルの下では、譲渡人と譲受人との持分譲渡契約の効力がいつ発生するかについて、会社と他の株主は全く知ることができない。この場合は、譲受人による持分権利の行使が妨げられる可能性が高く、譲受人と会社との関係を混乱させるおそれがある[35]。

(2) 債権形式主義

　中国では、学説上、登記時を持分移転の時期とする有力説もある。この説

---

33) 劉俊海「持分譲渡における持分移転規則」上海政法学院学報2022年第5号98頁、李後竜「持分譲渡契約の効力認定の諸問題」南京社会科学2002年第11号73〜79頁。
34) 徐強勝「持分譲渡制限規定の効力に関する一考察」環球法律評論2015年第1号138〜152頁。
35) 李建偉「有限責任会社の持分移転モデルに関する一考察」暨南学報（哲学社会科学版）2012年第12号18〜29頁。

は、契約効力の発生と契約の履行を区別し、持分譲渡契約の効力が発生した時は持分の移転まだ完了していないとしている。契約の効力が発生した後、持分譲渡人は持分譲渡義務を負うものの、直ちに契約を履行しないことまたは全く契約を履行しないことを選択する可能性もある。

この見解は契約効力の発生のみで持分の実質的移転が実現するという純粋意思主義モデルと異なる。この見解の下では、持分の移転は契約の効力発生という前提条件だけでなく、実際に契約を履行する必要がある。これは通常持分の交付行為という公示手段に表れている。もっとも、持分の移転を完成させる手段については、外部の工商登記と内部の株主名簿名義書換で見解が分かれている。

① 外部の会社登記

ある学者は、「持分譲渡の変更登記は持分譲渡効力発生の法定要件であるとともに、持分譲渡の公示方法である。変更登記手続きを行わなければ、持分譲渡の効力は発生しない」[36]という見解を述べている。実務上、この見解を支持する裁判例もある[37]。この見解によると、持分譲渡契約の効力発生は持分譲渡の前提条件に過ぎず、持分の実質的な移転は登記を行う必要がある。この見解は、持分移転について契約効力の発生だけでなく、物権移転のような公示手段をも必要とするため、債権形式主義モデルと呼ばれている。

この見解は完璧に見えるものの、次のような欠陥もある。物権移転においては、変更登記の義務者は当事者双方であるのに対し、持分移転においては、工商登記の義務者は会社である。会社が速やかに当該義務を履行しないまたは履行を拒否する場合、持分譲渡は有名無実の状況に陥り得る。株主の持分譲渡の権利及び退社の自由は、会社が協力するか否かによって大きく左右される。会社が持分譲渡契約の承認または執行を拒否する場合、当該取引が難航するおそれがある。また、契約の効力発生から履行までの間、譲渡人が譲受人の合法的権益を侵害するような短期行為をするおそれもある[38]。

---

36) 孫暁潔『会社法基本原理』（中国検察出版社、2006年）293頁。
37) 山東省高級人民法院（2020）魯民終547号民事判決書。
38) 李建偉「有限責任会社の持分移転モデルに関する一考察」暨南学報（哲学社会科学版）2012年第12号18〜29頁。

②　内部の株主名簿名義書換

　ある学者は、内部の株主名簿名義書換は持分譲渡の効力発生要件であり[39]、外部登記は持分譲渡の対抗要件であると主張している。会社内部関係について、内部の株主名簿名義書換は持分の実質的交付の完了を意味し、新株主は名義書換後持分による全ての権益を享受する。会社外部関係について、会社登記機関の持分変更登記によって第三者への対抗力が生まれる。このような登記モデルは中国会社法が定めた持分移転モデルであるものの、実務上多くの問題が存在する。

　中国の持分移転の実務においては次のような現象が見られる。①株主名簿の設置規定を守らず、出資譲渡の事実を株主名簿に反映できない会社もある。②株主からの請求にかかわらず、会社が株主の出資譲渡を株主名簿に記載しないこともある。③出資した株主が速やかに会社に対して株主名簿の名義書換を請求しないこともある。これらの場合、出資の譲渡は当事者間で有効であるものの、法に従い株主名簿の名義書換を行う前に会社及び第三者に対抗できるかは、具体的な状況に応じて分析する必要がある。会社がそれを正しく記載しないまたは記載しない場合、第三者と関係しないときは、株主の資格を確認するにあたって、主に株主契約、出資証明書類、株主会決議等の証拠によって判断する。

　今回の会社法改正はこのモデルを改善し、2023年会社法第86条は、「株主は、持分を譲渡する場合、書面により会社に通知し、株主名簿の変更を請求しなければならない。変更登記を行う必要がある場合、会社に会社の登記機関に対して変更登記を行うよう併せて請求する。会社がこれを拒否し、又は合理的な期限内に回答しない場合、譲渡人、譲受人は、法により人民法院に訴訟を提起することができる。持分を譲渡する場合、譲受人は、株主名簿に記載された時点から会社に対して株主の権利の行使を主張することができる。」と定めている。この規定は持分譲渡後の会社の株主名簿名義書換義務を明確化し、譲渡人と譲受人に義務違反の会社を提訴する権利を与えている。また、この規定は譲受人が会社に対して権利を主張できる時期を明確化した。このモデルは今後

---

39)　張双根「有限責任会社株主の資格認定に関する一考察」法学論壇2014年第5号65〜82頁。

中国の持分移転の具体案になり得るものの、将来会社が株主名簿を設置するか
は不明であるため、依然として先行きが不透明である。

⑶　修正意思主義

　ある学者は、「持分移転は修正意思主義モデルを採用すべきである。すなわ
ち、純粋意思主義モデルの枠組みに会社が通知を受ける及び承認するプロセス
を導入する。これにより、譲渡人、譲受人及び会社の三者間の関係を明確に
し、各利害関係者の利益のバランスを図る」[40] という見解を述べている。この
見解によると、持分譲渡は三つの段階に分けられる。まず、譲渡当事者間で持
分譲渡契約を締結する。次に、会社が持分譲渡通知を受けて持分移転の状況を
正式に確認したときは、実質上持分の譲渡が完了する。最後に、工商行政管理
機関での株主変更の登記手続きにより、新株主の権益が公示され、第三者に対
抗できるようになる。この見解では、持分譲渡の過程において、効力発生した
持分譲渡契約が持分移転の前提とされている。登記主義は、登記しなければ持
分譲渡の効力が発生しないという原則を堅持するのに対し、この見解は、会社
による登記のプロセスを避け、譲受人が譲渡通知を行い、会社が当該通知を受
けて確認するというプロセスを通じて持分移転を進める。その目的は、会社が
速やかに持分変更登記義務を履行しないまたは履行を拒否する場合、譲受人が
潜在的損害を被ることを防ぐことにある。

　しかし、このモデルは次のような欠点がある。①このモデルでは、会社によ
る登記義務の履行を避けることができるものの、会社は、通知を受けた後の合
理的な期間内に書類の真偽を審査し、持分譲渡証明及び出資証明書の真実性を
確認できた後、譲渡人の出資証明書を破棄し、譲受人に新しい出資証明書を交
付し、株主名簿の名義書換を行う必要がある[41]。これは同様に会社による義務
履行を要し、取引のリスクを高めることになる。②持分譲渡の完了から工商登
記の完了までの間、新株主の権益が十分に公示されず、公信力を欠くため、

---

40)　李建偉「有限責任会社の持分移転モデルに関する一考察」暨南学報（哲学社会科学版）
　　2012年第12号18～29頁。
41)　李建偉「有限責任会社の持分移転モデルに関する一考察」暨南学報（哲学社会科学版）
　　2012年第12号18～29頁。

公示の遅滞により法的紛争が起きるおそれがある。③修正意思主義モデルは現行法制度及び司法実務とはかなり異なるため、法律適用上の混乱が起きるおそれがある。

⑷　区分説

　ある学者は、当事者間に別段の約定がなければ、契約成立時に財産権の移転が発生し、譲渡人が会社法と定款に定める持分譲渡のプロセスを実行したか否かは、財産権移転の効力に影響しないとしている[42]。もちろん、財産権の移転は譲受人が株主の資格を取得したことを意味するわけではない。人身権と財産権が分離されているため、人身権の譲渡は、会社法及び定款に定める持分譲渡規定に従わなければならず、財産権譲渡契約の効力発生により当然効力が発生するわけではない。人身権譲渡契約は効力発生条件付の契約であり、会社の他の株主が持分譲渡に同意し、かつ優先買取権を放棄した場合、当該契約及び人身権移転の効力が発生する。

　しかし、この譲渡モデルは実務上限界がある。理論上持分は財産権と人身権に分けることができるものの、実際には、効力発生条件付の人身権譲渡契約の効力発生要件がなかなか満たされない場合、持分の中の人身権と財産権が長時間に分離状態に陥るおそれがある。さらに、会社が持分移転後速やかに変更登記を行わない場合、元株主がその人身権を利用して新株主に不利な短期行為をするおそれがある。

6　持分の善意取得

　持分の善意取得について、「中華人民共和国会社法の適用にかかる若干問題に関する最高人民法院の規定（三）」（以下、「司法解釈三」という）に規定が設けられている。司法解釈三第25条第1項は、名義株主[43]がその名義で登記さ

---

42) 蔡元慶「株権二分論と有限責任会社持分譲渡」北方法学2014年第1号50頁。
43) 中国法では有限責任会社の持分の代理保有行為が認められている。名義株主は、株主として登記されているものの、実際には出資していない。一方、実際の出資者は株主として登記されていない。両者は代理保有契約に基づいて法的関係を結ぶ。代理保有契約の性質について、中国では学説上意見が大きく分かれている。

れた持分について譲渡、担保権の設定その他の処分を行い、実際の出資者が当該処分行為の無効を主張する場合、人民法院は民法典第311条[44] の規定に基づいて処理できると定めている。司法解釈三第27条第1項は、持分譲渡後変更登記が行われる前に、元株主がまだその名義で登記された持分について譲渡、担保権の設定その他の処分を行い、譲受人である株主が当該処分行為の無効を主張する場合、人民法院は民法典第311条の規定に基づいて処理できると定めている。この二つの規定は多くの学者に批判されている。ある学者は、持分譲渡は物権譲渡とは根本的に異なり、有限責任会社の持分譲渡は物権法上の善意取得規定を適用できないと主張している[45]。ある学者は、上記持分善意取得制度は理論上構造的な乖離があり、実務上利益保護について著しい不公平をもたらすと述べている。問題の根源は、移転モデル及び参加主体に関する持分と物権との重大な差異を無視し、工商登記の公示役割と不動産登記簿の公信力を混同することにある。善意取得制度の上位概念は権利外観法理であり、持分善意取得制度は権利外観法理に基づいて各要件を決めるべきである[46]。ある学者は、現行法における株主登記は持分「権利外観」の役割を果たす能力がなく、その利益衝突を解消するために持分善意取得制度を構築することができないと主張している。司法解釈三が株主登記に基づいて構築した持分善意取得制度は、法政策上称賛に値するものの、現行法の解釈論上成り立たない。持分善意取得に関する立法論的検討は時間を要する[47]。

44）第311条（善意取得）は以下の通りである。

「処分権のない者が不動産又は動産を譲受人に譲渡した場合、所有権者は取り戻す権利を有する。法律に別段の定めがある場合を除き、次の各号に掲げる事由が生じたとき、譲受人は当該不動産又は動産の所有権を取得する。

(1) 譲受人が当該不動産又は動産を譲り受けた時に善意であったとき

(2) 合理的な価格で譲渡されたとき

(3) 譲渡された不動産又は動産につい て、法律が登記をしなければならないと規定する場合にすでに登記をしているか、登記が必要でない場合はすでに譲受人に引き渡されているとき

譲受人が前項の規定に従い不動産又は動 産の所有権を取得した場合、原所有権者は処分権のない者に損害賠償を請求する権利を有する。

当事者がその他の物権を善意取得した場合は、前二項の規定を参照し適用する。」

45）王湧「株権の善意取得」曁南学報（哲学社会科学版）2012年第12号参照。

46）余佳楠「有限責任会社株権善意取得制度の欠陥と構築」清華法学2015年第4号参照。

47）張双根「株権善意取得に関する疑問点」法学家2016年第1号参照。

筆者も持分譲渡に善意取得を適用することには反対である。その理由は以下のとおりである。

(1) 善意取得は持分譲受人を過度に保護している

所有権者の利益保護と取引の安全を考慮する際、立法者は後者を選択したため、善意取得は原所有者の所有権を犠牲にする制度である。しかし、利益関係がより複雑な取引においては、新たに価値判断を行う必要があろう。有限責任会社の持分は一種の特殊な権利であり、その譲渡は元株主の持分の喪失と関係するだけでなく、元株主の身分の喪失、有限責任会社の「人的信頼関係」への衝撃、会社持分構造の変動、他の株主による優先買取権の行使などとも関係する。持分は物権法に定める典型物権と異なる特殊性があるため、安易に善意取得制度の適用を認めると、誤った結論を導くおそれがある。

(2) 物権善意取得の要件は持分に当てはまらない

民法典第311条によると、善意取得を適用するには、①無権処分であること、②譲受人が善意であること、③合理的な価格であること、④登記する必要がある場合は登記済みであること（登記する必要がない場合は引渡済み）という四つの要件を満たさなければならない。④の要件は難点である。前述したように、中国会社法においては持分の移転について意見が分かれている。これは民法上各種の財産の移転時期が持つ確実性とは明らかに異なる。持分移転時期の不確実性に鑑みて、上記善意取得制度④の要件を満たすことは困難である。

また、民法典及び改正会社法の施行に伴い、善意取得を使わなくても持分処分の問題を解決できる。民法典第65条は、法人の実際の状況と登記事項が一致しない場合、善意の第三者に対抗できないと定めている。会社法第34条は、会社の登記事項に変更が生じた場合、法に従い変更登記をしなければならず、会社の登記事項につき登記しないまたは変更登記をしない場合、善意の第三者に対抗できないと定めている。これらの規定があるため、上記司法解釈三第25条、第27条の善意取得者は、善意取得制度を適用する必要がなく、これらの規定に基づいて持分の取得を主張できる。

7 契約による株式の買取

　株式の買取を約束する契約は、バリュエーション調整メカニズム契約とも呼ばれている。その法的効力及び適用は中国民商法の分野においてこの十年の最も重要な問題の一つである。実務上契約による株式の買取について、初期はその効力を認めなかったものの、その後は認めるようになり、契約の履行問題について議論が白熱している[48]。中国知網の統計データによると、2024年4月まで、株式の買取を約束する契約をテーマとする法学論文は309本に達し、修士または博士課程の学位論文は486本に上る。これは株式の買取を約束する契約の議論の激しさを物語っている[49]。

(1) 株式の買取を約束する契約議論の焦点の変化

　「全国法院民商事審判工作会議紀要」（以下、「九民紀要」という）第5条によると、投資者と対象会社との株式の買取を約束する契約に関する法定無効事由が存在しない場合、対象会社が持分の買戻しまたは金銭補償約定だけを理由に株式の買取を約束する契約の無効を主張するときは、人民法院はこれを支持しない。ただし、投資者が実際の履行を主張するときは、人民法院は「株主の出資分持ち逃げ禁止」及び持分の買戻しに関する会社法の強行規定に反するか否かを審査し、当該主張を支持するか否かを判断すべきである。

　投資者が対象会社に対して持分の買戻しを請求したときは、人民法院は、会社法第35条の「株主の出資分持ち逃げ禁止」及び第142条の持分の買戻しに関する強行規定に基づいて審査すべきである。審査の結果、対象会社が減資手続きを実施していない場合、人民法院はその請求を棄却すべきである。

　投資者が対象会社に対して金銭補償義務の履行を請求したときは、人民法院は、会社法第35条の「株主の出資分持ち逃げ禁止」及び第166条の利益分配に

48）趙旭東「第三の投資──株式の買取を約束する契約の立法対応と制度革新」東方法学2022年第4号90頁。

49）議論の中心は投資者と対象会社との株式の買取を約束する契約の問題であるため、以下では、他に説明がなければ、株式の買取を約束する契約は投資者と対象会社との株式の買取を約束する契約を指す。

関する強行規定に基づいて審査すべきである。審査の結果、対象会社に利益が
ないまたは利益で投資者への補償を賄えない場合、人民法院はその請求を棄却
または部分的に支持すべきである。将来対象会社に利益があるときは、投資者
は再び当該事実に基づいて訴訟を提起できる。

　上記規定では、株式の買取を約束する契約の効力と契約の履行が区別されて
いる。九民紀要公布前の中国では、株式の買取を約束する契約の効力と契約の
履行が混同されており、株式の買取を約束する契約が無効と認定されていた。
ギャンブル契約に関するリーディングケース[50]では、投資者と対象会社との金
銭補償約定が無効と認定された。その後、最高人民法院（2016）最高法再審
128号民事判決書では、対象会社が投資者と株式の買取を約束する契約を締結
した株主に対して提供した担保について、有効と認定された。株式の買取を約
束する契約の無効について、最高人民法院の考え方が変化し始めたと思われ
る[51]。また、江蘇省高級人民法院（2019）蘇民再62号再審判決書では、投資者
と対象会社との株式の買取を約束する契約が有効と認定され、対象会社が投資
者に対して持分の買戻しの代金を支払うよう命じられた。最終的には、九民紀
要では、対象会社との株式の買取を約束する契約は原則として有効であると明
確化され、契約の効力と契約の履行が区別されている。しかし、これによって
株式の買取を約束する契約をめぐる実務上の混乱と理論上の論争がなくなった
わけではない。九民紀要によって株式の買取を約束する契約の効力の争いが収
まるように見えるものの、実体条件及び訴訟手続き上株式の買取を約束する契
約履行訴訟についてどう判断するかという新たな疑問が生じ、後者の問題は前
者よりも複雑である[52]。

(2)　株式の買取を約束する契約履行可能性問題の核心

　株式の買取を約束する契約の履行可能性問題は中国民法典と会社法を跨ぐ難
問である。この問題の核心は、会社法上の特殊規定は契約の履行に影響するか

50）最高人民法院（2012）民提字11号民事判決書。
51）王東光「株式の買取を約束する契約の効力及び裁判例」現代法学2023年第3号125頁。
52）趙旭東「第三の投資―株式の買取を約束する契約の立法対応と制度革新―」東方法学2022
　　年第4号91頁。

否か、影響するならどう影響するかにある。

　中国では、資本維持の原則とは、会社は存続期間中その資本金に相当する資産を維持する必要があると解されている[53]。株式の買取を約束する契約履行問題の本質は、会社法が株主間の利益衝突を処理するにあたって、債権者、株主及び会社という三者の利益のバランスをどう図るかにある。金銭補償であれ持分の買戻しであれ、株式の買取を約束する契約における資本の流れは実質上会社と株主との間の資本取引を構成するため、資本維持の原則を厳格に守らなければならない[54]。会社法の理念の下では、金銭補償であれ持分の買戻しであれ、会社が無対価で財産を交付することを意味し、会社による株主（投資者）への無対価での財産交付は、資本維持の検証を受ける必要がある[55]。しかし、株式の買取を約束する契約の金銭補償条項と持分の買戻し条項は資本維持の原則と衝突している。「利益なれば分配なし」は資本維持の原則の基本理念である。これに対し、実務上、投融資双方は株式の買取を約束する契約において一連の特定の業績基準を設け、達成できなければ、投資者は相応の補償を受けられる[56]。つまり、会社の経営状況がどうであれ、株式の買取を約束する契約の約定に従い、投資者に相応の金銭を支払わなければならない。特に注意すべきなのは、投資者による最初の出資は通常投資プレミアムが発生し、投資者は会社が約定の業績基準を達成できなかった時に投資の元本返還を求める。この場合、会社は経営難に陥っている可能性がある。これは明らかに会社法の「利益なれば分配なし」の理念に反している。

(3)　九民紀要の解決策とその弊害

　資本維持の原則による実務上の問題を解決するために、九民紀要は、株式の買取を約束する契約の持分買戻し条項の履行可能性の判断について、対象会社が法に従い減資手続きを実施したか否かを判断基準とし、「減資前置」と「債権者利益至上」という確信原則を確立した。最高人民法院は、「まず、減資を

53）朱慈蘊「中国会社資本制度の再構築」法律科学2023年第3号51頁。
54）劉燕「株式の買取を約束する契約の裁判例と政策選択」法学研究2020年第2号130頁。
55）劉燕「株式の買取を約束する契約と会社法の資本制度」環球法律評論2016年第3号128頁。
56）謝海霞「株式の買取を約束する契約の法的性質」法学雑誌2010年第1号73頁。

行わなければならず、会社債権者の利益を保護しなければならない。これについてどのような曖昧さもあってはならない」[57]と強調している。その目的は、持分買戻しの法定要件を守りつつ、減資過程における債権者保護措置を十分に利用し、会社資産の株主への逆流がもたらした債権者権益保護の問題を解消することである。また、九民紀要は、「利益なれば分配なし」という資本維持の原則の基本理念を堅持し、投資者が対象会社に対して金銭補償義務の履行を請求したときは、人民法院は、会社法第35条の「株主の出資分持ち逃げ禁止」及び第166条の利益分配に関する強行規定に基づいて審査すべきであると明確に定めている。審査の結果、対象会社に利益がないまたは利益で投資者への補償を賄えない場合、人民法院はその請求を棄却または部分的に支持すべきである。注意すべきなのは、2018年会社法第166条によると、会社は、欠損を填補し法定積立金を十分に計上した後に余った利益がある場合に限り、利益を分配できる。違法に利益を分配した場合、株主は違法に分配された利益を会社に返還しなければならない。九民紀要は上記の規定を通じて株式の買取を約束する契約と資本維持の原則との衝突を調和し、市場契約精神を尊重しつつ会社の資本安全と債権者保護を強化した司法裁判規則を構築した。

　しかし、株式の買取を約束する契約の履行問題を処理するにあたって、九民紀要の解決策は次のような問題点がある。①九民紀要は持分買戻しの履行において買戻しと減資の順番を間違えた。2018年会社法第142条と2023年会社法第162条によると、会社による株式の買戻しは原則として禁止であり、ただし、減資など一定の例外の場合は買戻しが可能である。つまり、減資は株式買戻しの前提条件であり、減資あっての買戻しである。これに対し、九民紀要は、対象会社に対し、株式の買取を約束する契約の持分買戻し条項を履行するにあたって、まず減資手続きを実施するよう求めている。これは会社法のロジックとは一致しない。②九民紀要は株式の買取を約束する契約の本質とは相反する。九民紀要は、株式の買取を約束する契約の金銭補償問題を処理するにあたって、金銭補償を利益分配制度と結びつけ、金銭補償は利益分配の前提条件を満たす必要があるとしている。その目的は、資本維持の原則を遵守し、株主

57）最高人民法院民事審判第二廷編著『「全国法院民商事審判工作会議紀要」の理解と適用』（人民法院出版社、2019年）117頁。

への分配が会社の返済能力と持続可能な経営能力に影響しないよう確保することである。しかし、これは株式の買取を約束する契約の「利益に賭ける」という本質とは相反する。株式の買取を約束する契約の本質は、投資者と対象会社が将来の業績について共同でリスクを負担し利益を享受することにある。金銭補償を会社の現在の利益と結びつけることは、株式の買取を約束する契約が持つ激励と制約機能を歪めるおそれがある。③九民紀要では、投資者が株式の買取を約束する契約により得られる利益について、分配可能の範囲は不明確である。当該「利益」が投資者名義の持分の分配可能利益か、対象会社の全ての分配可能利益か、または投資者との株式の買取を約束する契約に同意する株主名義の持分の分配可能利益かについては、見解が分かれている。そのため、実務上分配可能利益の範囲を確定することが喫緊の課題となっている[58]。

　上記の問題点があるから、学界では、株式の買取を約束する契約に関する九民紀要の解決策は厳しい批判を浴びている。

(4)　株式の買取を約束する契約履行可能性に関する学説の見解

　株式の買取を約束する契約履行可能性問題の解決策について、学説上次のような見解がある。①返済能力テストを導入する。「会社資本制度の機能、企業統治の水準及び会社債権者保護の実効性を高めるために、資本維持の原則が主導する中国の資本制度において、返済能力テスト制度を参考に、柔軟な利益（資産）流出制度を構築すべきである」[59]。②資本維持の原則を否定し、取締役会を中心とする履行可能性基準を確立する。資本維持の要件と技術は財務能力を正確に反映できず、株主の利益が衝突するときは、機会主義的行動が隠されて見えなくなる。資本維持の原則の下では、株式の買取を約束する契約の履行は操作上の煩雑さとコスト増をもたらすおそれがある。とりわけ、減資を実施するにあたって、厳格な手続きが有効な契約履行の妨げになるおそれがある。そのため、ある学者は、取締役会中心主義に基づいて、取締役の信認義務と結びつける衡平返済能力テストと持続可能な経営能力基準が現状に合致するとし

58）劉燕「株式の買取を約束する契約の裁判例と政策選択」法学研究2020年第2号130頁。
59）朱慈蘊＝皮正徳「会社資本制度の改革と返済能力テスト」法学研究2021年第1号54頁。

ている[60]。③関連する例外規定を設ける。ある学者は、資本維持の原則を根本から否定する、または会社の利益分配と持分買戻し規制を大幅に改正する必要がなく、関連する例外規定を設ければよいと主張している。すなわち、株式の買取を約束する契約に基づく投資者への金銭補償は会社利益分配規制の制限を受けないと定め、株式の買取を約束する契約に基づく持分の買戻しを持分買戻し規制の新たな例外とすることである。これにより、株式の買取を約束する契約について、関連する法律問題は全て解決し、その効力への疑問も解消され、その履行も法的障害が全てなくなる。司法裁判においては、株式の買取を約束する契約の紛争を普通の契約紛争として対応すればよく、九民紀要が設定した各種の裁決要件と前提を適用する必要がなくなり、株式の買取を約束する契約の紛争を迅速かつ完全に解決できるようになる[61]。

　これらの見解は、全て新しい制度または判断方法を導入することによって、株式の買取を約束する契約履行可能性問題の解決を図るものである。現行制度の下で問題が頻発し、かつなかなか解決できない場合は、現行制度を適時に更新し、現実とのギャップを埋めることが期待される。もっとも、今回の会社法改正は株式の買取を約束する契約履行可能性問題について触れていない。

60）潘林「会社による株式の買取を約束する契約の履行の組織法進路」政法論壇2024年第2号53頁。

61）趙旭東「第三の投資―株式の買取を約束する契約の立法対応と制度革新―」東方法学2022年第4号100頁。

274

11 会社清算主体のモデル
──二元制から一元制への転換

胡改蓉

---

1 はじめに

2 中国における二元的会社清算主体モデルの形成

3 二元的会社清算主体モデルに起因する困惑

4 二元制から一元制への転換─「清算義務者」制度の廃止

5 「法定清算人」の適合主体

6 一元的モデル下の「清算人」に関する制度設計

7 終わりに

---

1 はじめに

　会社清算制度は会社が秩序よく市場から退出するための重要規則であり、投資者、会社債権者、従業員、ないしは国家などの利害関係人の合法的権益を保障するための会社法上の重要な制度である。中国における中小企業の平均寿命が3年前後であるといわれているため[1]、ビジネス実務においては会社清算に関する合理的かつ実効性のある法律制度に強いニーズがある。しかし、中国の旧会社法においては、会社解散制度と会社清算制度は非整合的であるため、実務においては多くの会社が解散後になかなか清算を行わなかった。清算を行わずに登記抹消したケースもあった。会社債権者その他の利害関係人の合法的権

---

1) 中国人民銀行の統計によると、中国の中小企業の平均寿命は3年前後である。成立して3年経過後の小規模企業が継続して通常運営できるのは約3割にとどまる。統計データについては、中国人民銀行・中国銀行保険監督管理委員会が共同公布した「中国零細企業金融サービス報告（2018）」（2019年6月24日）を参照。

益は著しく侵害されることになった。そのような制度欠陥に対応するため、中国特有の「清算義務者」制度が創設され、「清算義務者＋清算人」という二元的清算主体モデルは形成された。しかし、会社終了段階における「散而不算」の現象を抑止できるか否か、制度設計上、屋上屋を架すことになるか否か、そのモデルの合理性については、さらなる検討が必要である。

2　中国における二元的会社清算主体モデルの形成

　中国旧会社法においては、清算主体に関する規定は「清算人」[2]についてのものにとどまり、「清算義務者」には触れなかった。旧会社法183条により、会社は解散後に、合併、会社分割の場合を除き、清算を行わなければならない。有限責任会社の清算グループは株主で構成し、株式会社の清算グループは董事（訳者注：「取締役」と類似する中国会社法上の会社役員の名称である。）または株主総会によって選任された者で構成することになる。法定期間内に清算グループを成立せず、清算を行わない場合、会社債権者は、人民法院（訳者注：中国の裁判所）に対し、構成員を選任して清算グループを成立させて清算を行わせるように請求することができる。

　旧会社法施行後、実務においては多くの会社が解散後になかなか清算を行わず、さらに、清算を行わずに登記抹消したケースもあった。それにより会社債権者の利益は著しく害され、市場における取引秩序を乱すこととなった。その是正を図るために、最高人民法院及び各下級人民法院は様々な対策を模索した。「最高人民法院の企業法人解散をめぐる民事紛争事件の審理における法律適用についての若干の具体的問題に関する規定（意見徴収稿）」(2002年) 11条は、清算義務者は企業法人の投資者または主管部門であると規定した。さら

2）清算人は会社清算業務の執行者のことをいう。他国の会社法においては、清算人は単独の自然人であるか、数人によって構成される集合体である。中国においては、法律が異なると、清算人についての呼称も異なる。例えば、合伙企業法、個人独資企業法及び信託法の中では「清算人」という。民事訴訟法の中では「清算組織」という。また、民法典、会社法及び保険法の中では「清算グループ」という。本稿では、これらをすべて「清算人」の意味として用いる。なお、本稿では使う場面により、「清算人」は清算グループを指す以外、清算グループの構成員を指す場合もある。

に、有限責任会社の場合は株主であり、株式会社の場合は支配株主であると定められた。また、「最高人民法院の企業法人解散事件の審理についての若干の問題に関する規定（審査用提出稿）」（2004年）第5条は、企業法人の投資者または創業者は清算義務者であるべきだと規定した。上記の二つの定めにより、最高人民法院のかかる問題への重視及び「清算義務者」制度創設に関する前向きな態度が浮き彫りになった。他方、下級法院による司法実務においては、以下の試みが見られた。すなわち、「関東省高級人民法院の企業法人解散後の訴訟主体資格及び民事責任帰属問題に関する指導意見」（2003年）4条は、有限責任会社の株主、株式会社の支配株主は清算義務者であると規定した。また、「江蘇省高級人民法院の会社法適用事件の審理についての若干の問題に関する意見（執行）（三)」（2003年）第82条は、会社解散後、清算グループを成立しない場合には、有限責任会社については株主が清算主体であり、株式会社については董事が清算主体であると規定した。上記の二つの定めでは、「清算義務者」か「清算主体」といったように、表記が異なるが、それぞれの趣旨は同様であり、清算責任を負う主体を明らかにした。当該主体は清算責任を果たさなかった場合、債権者の損害について賠償責任を負わなければならない。

その後、2008年5月に、最高人民法院が「『中華人民共和国会社法』の適用についての若干の問題に関する規定（二)」（以下、「会社法司法解釈二」と称する。）を公布した。会社法司法解釈二では、「清算義務者」の概念を明確に用いてはいなかったが、その第18条～21条の内容から、「清算義務者」制度が実質的に確立され、中国特有の「清算義務者＋清算人」という二元的清算主体モデルが形成されたといえる。さらに、民法総則及び民法典の公布により、「清算義務者」制度は立法により正式に確立された。民法総則第70条は、「法人が解散した場合は、合併または分割のときを除き、清算義務者は遅滞なく清算グループを成立し、清算を行わなければならない」と規定し、さらに、「法人の董事、理事等の執行機関または意思決定機関の構成員は、清算義務者となる。法律または行政法規に別段の定めがある場合は、その定めによる」と規定した。この規定は、「法律上の空白を填補した」と評価され[3]、中国において二元

3）梁慧星「『民法総則』の重要条文に関する理解及び適用」四川大学学報（哲学社会科学版）2017年第4号。

的会社清算主体モデルが正式に確立されたメルクマールであるともいえる。のちに公布された民法典もその規定を継受することになった（民法典第70条）。しかし、民法総則の上記規定は、文意上不明確なところがある。すなわち、会社解散後、清算義務者は執行機関の構成員か、それとも意思決定機関の構成員かという問題が残る。民法典時代になってもその問題は同様に未解決のままである。その問題については、学界では、民法総則第70条・民法典第70条と会社法司法解釈二第18条の適用問題をめぐって大いに検討が行われていた。司法実務においては、法的判断を下す際に採用する学説が異なることにより、「同案不同判」（訳者注：類似する事案について異なる法的判断が下されることをいう。）という現象が起きている[4]。

　2019年より、中国の会社法改正作業が発足し、清算主体の問題は再び注目されることになった。改正会社法第232条は、「董事は会社清算義務者であり、解散事由が生じた日から15日内に清算グループを成立して清算を行わなければならない」と規定し、さらに、「清算グループは董事によって構成される。ただし、会社定款に別段の定めがある場合、または株主総会決議によって別の者が選任された場合は、この限りでない。」とも規定した。民法総則・民法典の規定に比べて、改正会社法の規定は明確に「董事」が清算義務者となると定め、前述の清算義務者になる主体が不明確であるという問題は一応解決したようにみえる。しかし、清算義務者は董事であると定めた同時に、海外の立法例を参照に、清算グループの構成員も董事であると定めることになっている。清算義務者と清算グループとの二つの概念を用いることは必要であるか。また、改正会社法第232条第3項は、「清算義務者は遅滞なく清算義務を履行しない場合は、会社または会社債権者に損害を被らせたとき、賠償責任を負わなければならない。」と規定した。ここにいう「遅滞なく清算義務を履行しない」ことをどのように理解すべきであるか。清算義務者は清算人ではなく、清算義務を履行すべき者は清算人であると考えれば、ここに用いられた「清算義

4）司法実務においては、大部分の人民法院は会社法司法解釈二の規定に基づき、清算義務者を確定することになっているが、民法総則70条を法的根拠にした裁判例もある。例えば、方自炎 vs. 長沙市岳麓区城市建設開発会社の清算責任事件【（2020）湘01民終6328号】では、人民法院は民法総則70条に基づき、当事会社の株主は清算義務者の地位を有しないと判示した。

務」の用語の妥当性は疑わしい。民法総則公布時にかかる問題は既に指摘されていた[5]。清算義務者は一体どのような具体的な義務を負うべきか、かかる義務は清算人の義務とどのように区別されるか、現段階の研究では共通認識たる結論に至っていない。かかる問題の背後にあるのは、現行法制上の二元的会社清算主体モデルをもって解散制度と清算制度の不整合の解消を図る合理性に関する疑問であるといえよう。

3　二元的会社清算主体モデルに起因する困惑

民法典に基づく二元的会社清算主体モデルについては、「それは中国の国情に合致し、清算を遅滞なく行わない問題の解決に寄与し、株主及び会社債権者の合法的権益を効果的に保護することができる」との見解がある[6]。しかし、民法典は「清算義務者」の具体的な職務や義務違反に係る法的責任について明確に定めず、改正会社法も同様である。一つの制度が立法によって認められるには、明確な制度目的を有し、その目的を実現するためには関係者の権利、義務及び責任について明確な制度内容を有しなければならないはずである。そうでなければ、当該制度の合理性や必要性について疑われても仕方あるまい。

(1)　「清算義務者」の職務不明

清算義務者の「職務」または「義務」については様々な見解がある。清算義務者の主な職務内容は、会社解散時に清算決議を按配し、清算人を選任し、清算業務の執行を監督することであるとの見解がある[7]。他方、清算義務者は主に、清算人による清算開始まで按配するうえ、清算業務に協力することについ

5）民法総則第70条3項は、「清算義務者は遅滞なく清算義務を履行しない場合は、損害が出たとき、民事責任を負わなければならない……」と規定した。
6）龔鵬程「民法典時代における会社解散清算制度の困境及び解決─会社法改正に会社清算制度の改善に関する検討を兼ねて」学海2021年第6号。
7）劉敏『公司解散清算制度』（北京大学出版社、2010年）226頁。白莉『公司清算制度法律問題研究─以債権人利益保護為中心』（法律出版社、2011年）68頁。

て責任を負うとの見解もある[8]。さらに、清算義務者の主な職務は法定の清算組織業務及び重要な清算事項の決定であるとの見解もある[9]。このように、学界では清算義務者の具体的な職務内容については考えが一致していない。司法実務においては、最高人民法院二廷の見解によれば、清算義務者の主な職務には、清算を按配すること、清算グループ構成員を選任すること、解散登記をすること、清算グループ成立までに善良な管理者の注意をもって、会社財産、帳簿を管理・保管すること、会社債権者とともに清算グループによる清算業務の執行を監督することが含まれる。さらに、清算義務者には、清算グループに対する質問権、関連帳簿等の閲覧権及び清算グループ構成員を解任する権限をも有する[10]。その見解は下級人民法院に実質的な影響を及ぼしている。裁判官の中には、清算義務者の職務には、株主総会を招集して清算決議をすること、清算人の職務遂行を監督すること、清算人を解任すること並びに会社財産及び帳簿・重要文書を保管すること以外に、清算案及び最終清算報告を承認すること、横領財産・流出財産を取り戻すこと、仮装出資者や出資分滞納者に遅滞なく責任追及すること等も含まれるべきであるとの見解も主張されている[11]。司法実務では清算義務者の職務範囲を広く解する傾向があり、それは学界の理論研究と明らかに差異がある。そのような状況においては、清算義務者の職務範囲についてさらなる検討が必要である。

　まず、清算決議を按配する義務については、それを設ける必要性が乏しいと考える。そもそも、決算決議は中国会社法制上の既存概念ではない。会社清算は会社解散の必然的な結果であるため、株主総会が解散決議したとき、清算を行う決定まで決議内容に含まれることになる。自主的な解散でなくても、行政機関や司法機関が解散に関する決定や判決をした後に、会社は当然に清算段階に入るべきであり、清算決議を行う必要はない。そうでなければ、解散制度と清算制度は一層非整合的になるに違いない。

8）李建偉「会社清算義務人の基本問題に関する研究」北方法学2010年第2号。
9）蒋大興「会社清算義務人に関する規則の適用及び再構築─『経営者＝清算者』vs.『投資者＝清算者』」学術論壇2021年第4号。
10）最高人民法院民事審判第二廷〔編著〕『最高人民法院関于公司法解釈（三）、清算記要理解与適用（注釈版）』（人民法院出版社、2016年）478頁。
11）徐力英「有限責任会社の清算義務人の責任紛争に関する検討」人民司法2011年第1号。

次に、清算人による清算業務の執行を監督する義務については、それはコーポレート・ガバナンスの基本原理に合致しないと考える。清算義務者が当該義務を負うとの見解の理由は以下のとおりである。すなわち、清算義務者は清算が法定の手続きにより行われ、各項目の事務の処理が合法的に行われることを確保しなければならないと考えられる。したがって、清算義務者は清算人による清算業務の執行を監督し、違法行為が発覚すれば、差止または是正するように求めるべきである[12]。このような監督に係る職務を強化するため、清算義務者は清算人を変更し、すなわち清算グループ構成員を解任することもできるとの見解もある[13]。しかし、これらの見解はコーポレート・ガバナンスの基本原理に合致しない。清算義務者の責任期間は解散事由が生じた時から清算開始までの間だと考えられ、監督や清算人の解任は清算開始後であり、清算義務者の責任期間外となる。もっとも、監督や清算人の解任は清算業務について監督権や決定権を有する機関の為すべきものであり、それらの権限の所在は明らかに清算義務者ではない。清算段階における監督体制をみると、清算中の会社の業務執行機関は董事会から清算人に変わったが、「清算中の会社の株主総会及び監事（訳者注：「監査役」と類似する中国会社法上の会社役員の名称である。）は依然として存在し、それらの権限の行使は清算の目的の範囲内にとどまる」ことになる[14]。海外の立法例をみると、ドイツ株式法268条は、清算人は取締役の権利義務を有し、監査役会の監督を受けると規定した。したがって、清算人の職務遂行状況に対する監督権は依然として監査役会にある。清算人を解任することは、会社の最高意思決定機関である株主総会によらなければならない。実際に、ドイツ株式法第265条により、株主総会は、裁判所に任命された者以外の清算人を解任することができる。中国においても同様に解すべきであり、清算義務者は監事会、株主総会の権限に係る事項を行うことができず、清算業務の執行を監督することができないはずである。仮に会社は清算段階においてガバナンス不調に陥り、人民法院による介入が必要な場合でも、清算人の職務遂行

---

12) 劉敏・前掲 7 ）226頁。
13) 白莉・前掲 7 ）68頁。
14) 柯枝芳『公司法論（下）〔修訂 9 版〕』（三民出版社、2015年）302頁、王文宇『公司法論』（元照出版社、2019年）199頁。

状況の検査または清算人の解任は人民法院によって為されるべきである。

　続いて、資本充実・維持を図る義務については、それは清算義務者ではなく、清算人の義務である。清算義務者は具体的に清算業務を執行する者ではない。会社解散時に、株主による仮装出資等の会社の資本安全を害するような行為があった場合には、その責任追及は具体的に清算業務を執行する清算人によるべきである。なぜなら、清算人は清算中の会社の代表及び業務執行機関である。仮に清算義務者の独立存在価値を認めたとしても、清算人と異なる主体であることに違いない。清算人は清算中の会社の執行機関として具体的な清算業務を執行し、清算義務者は清算を按配することにとどまる。清算義務者も具体的な清算業務に携わるようになると、清算人の地位と重なってしまうことになる[15]。

　最後に、清算業務に協力する義務については、清算義務者の義務としては一見合理的であるが、ビジネス実務にそぐわないことになる。清算義務者は会社の資料及び財産の保管及び移転について責任を負い、それは清算義務者の主な職務だと考える見解がある[16]。その主張理由は主に以下の2点である。すなわち、①解散事由が生じた後、通常の経営管理システムが停止し、清算義務者は直ちに会社を接収管理し、会社財産及び帳簿等を管理下におくべきである。それは株主の利益だけではなく、会社債権者の利益にも係ることである[17]。②清算業務が順調に進むことを確保するためである。特に、清算グループ構成員が人民法院によって選任された、会社の内部状況を把握していない部外者である場合は、清算義務者が清算業務に携わり、財務会計報告、会計帳簿、原始的証拠、会社財産明細書等を提供するように協力することは重要であると考えられる[18]。そのように考えている学者は一般的に以下の見解を持つことになる。すなわち、会社解散時より、清算義務者は善良な管理者の注意をもって、会社財

15）馮果『公司法要論』（武漢大学出版社、2003年）246～247頁。

16）張新宝『「中華人民共和国民法総則」釈義』（中国人民大学出版社、2017年）134頁。劉俊海『現代公司法〔第3版〕』（法律出版社、2015年）1156頁。趙吟「会社清算義務人の不法行為責任に関する体系的解釈・構築─民法典70条と会社法司法解釈二の関連規定の適用関係に関する検討を兼ねて」法治研究2030年第6号。黎淑蘭＝王麗娜「会社清算義務人に関する問題の研究」人民司法2012年第7号。

17）翟雨桐「会社清算義務人の責任に関する検討」法律適用2022年第22号。

18）李建偉・前掲8）。

282

産、帳簿を管理・保管する義務を負う。清算グループ成立後、清算義務者はそれらを清算グループに引き渡し、確認を受けた後に、当該義務が解除される。上記の見解は一見して合理的であるが、ビジネス実務にそぐわない。清算人が清算業務を執行する際に、会社財産、帳簿及び重要な文書について把握しなければならないが、通常、会社が清算手続きに入る前に、かかるものは会社の法定代表人、高級管理職、財務責任者または関係する業務担当者が管理・保管している。清算業務が順調に進むことができるようにするためには、それらの者が清算業務に協力し、財産、帳簿等を適切に管理、保管して清算人に引渡すことは重要である。清算義務者の義務とそれらの者に課すべき義務を混同してはならない[19]。そもそも、会社の外部董事または会社経営管理に関与しない株主は、会社財産、帳簿及び重要な文書の管理・保管する権限はなく、会社清算について全面的に協力する義務を持つべき者は会社の内部者ほかならない。その点については、企業破産法上の規定は合理的である。同法15条は、債務者である企業の法定代表人及び人民法院によって指定された企業財務管理者その他経営管理者は清算に協力する義務を負うと規定した。同法127条は、債務者は破産法の規定に違反し、財産、印章、帳簿、文書等を管財人に引き渡さないか、財産に関する証拠資料等を偽造、棄損することにより財産状況が不明である場合には、直接責任者を罰金に処することができると規定した。旧会社法にも会社清算段階において清算に協力する義務を負うべき主体についての規定がある。同法第204条2項は、会社が清算時に財産隠匿、貸借対照表もしくは財産明細表上の虚偽記載、または債務弁済前の会社財産分配があった場合、直接に責任を負うべき会社管理者その他の直接責任者を罰金に処することができると規定した。この規定と同様に解すると、会社解散後、清算手続きに入った時、会社の帳簿や財産等について法的責任を負うべき者は会社管理者その他の直接責任者であり、清算義務者ではない。会社が資産の減損・滅失、会計資料の欠缺、文書の遺失等の原因により会社債権者に損害を被らせた場合、それに係る法的責任は会計担当者や保管者が負うべきである[20]。

　なお、重要な清算事項の決定に関しては、それは明らかに清算義務者の職務

19）王欣新「清算義務人の義務及び破産手続との関係を論ずる」法学雑誌2019年第12号。
20）梁上上「有限会社株主の清算義務人地位に対する疑問」法学雑誌2019年第12号。

に含まれない。前述したように、コーポレート・ガバナンスの基本原理に基づき、その決定は株主総会の権限または裁判所の職権によるべきである。

　要するに、現段階においては、学界及び実務界における清算義務者の職務に関する理解は広すぎることは明らかである。清算義務者、清算人、及び業務担当者・直接責任者のそれぞれの職務を混同し、または清算義務者の権限、清算会社の監事会・株主総会の権限、及び人民法院の職権を混同するきらいがある。「清算義務者」制度は2008年に会社法司法解釈二が公布してから十数年を経たが、その職務範囲についての正確な共通認識は未だに形成されていないといえる。

⑵　「清算義務者」に関する責任体制のミスアライメント

　責任とは、義務を履行しないことによって生じる法律上の消極的効果のことをいう。清算義務者がどのような状況においてどのような法的責任を負うべきかについては、司法実務で一定の誤解があるように見受けられる。その誤解により、会社内部のいくつかの責任体制間の混乱が起きている。前述したように、「清算義務者」制度を確立した目的は、会社解散制度と会社清算制度を一層整合的にすることであり、会社解散後、遅滞なく清算を行うことである。そのため、清算義務者の主な役割は清算グループを成立し、清算を開始させることである。それは明らかに作為義務である。当該作為義務を積極的に履行しない場合、すなわち消極的で不作為である場合には、法律上の消極的効果たる不利益を甘受すべきである。しかし、清算義務者の責任認定については司法実務では異なる立場となる。すなわち、清算義務者の義務違反としては、①清算を按配しないこと、②清算に瑕疵があること、または③悪意的に清算を行うことの3類型があるとの見解がある[21]。最高人民法院による会社法司法解釈二第18条～20条はその見解に沿うものだと考えられる。同第18条は、清算義務者が清算を怠った場合の法的責任を規定する。すなわち、清算グループは成立せず、清算を開始させない場合には、清算義務者はそれによって生じた会社財産の損失についての賠償責任、またはそれで会社が清算できない場合に残存債務

---

21) 徐力英・前掲11)。

についての連帯弁済責任を負う。同第19条、20条は清算義務者が積極的に悪意のある行為をする場合に関する規定である。すなわち、清算義務者は、悪意を持って会社財産を処分し、または虚偽の清算報告を利用して抹消登記をする場合の賠償責任、及び清算せずに会社を抹消した場合の残存債務についての弁償責任を負う。これらの規定でわかるように、所定の清算義務者の責任には、清算を怠った場合の法的責任のほかに、財産の悪意処分や違法の抹消登記等に関する賠償責任等をも含まれる。清算義務者の負うべき責任のほかに、清算人の負うべき責任も含まれることになる。

　まず、積極的な侵害行為に関しては、財産の悪意処分にしろ、違法の抹消登記にしろ、それらに係る責任は清算義務者の負うべきものではない。この点に関しては、前記の会社法司法解釈二の規定（第19条、20条）は、清算義務者が無償または低廉な価格で会社財産を処分してしまうことを防止し、等価有償の原則の下で会社財産が処分されることを確保し、会社債権者の合法的権益を保護するためのものであると主張されている[22]。しかし、清算義務者は会社の法定代表人でも清算人でもなく、会社を代表し、会社財産を処分すること及び会社抹消に関する業務を行うことに要する合法的な権限を有しないはずである。清算義務者にはかかる権限を有しない以上、仮にそのような違法行為が実際に行われたとしても、それは行為者が法定代表人として、または董事、高級管理職として悪意的に行ったものとみるべきである。清算義務者の地位を利用して為すことができるものではない。

　次に、清算義務者の「不作為」の認定についても、司法機関は誤解しているところがある。最高人民法院は清算義務者の清算義務を強化するため、会社法司法解釈二の適用に関する説明の中には以下の内容がある。すなわち、清算義務者が清算グループを成立しても、清算グループは遅滞なく清算を開始しない場合、または法定期間内に清算を結了しない場合は、依然として清算義務者に「不作為」責任を追及することになる[23]。これは明らかに非合理的であり、清算義務者の責任と清算人の責任を混同していると考えられる。

---

22) 劉俊海『現代公司法〔初版〕』（法律出版社、2008年）827頁。

23) 最高人民法院民事審判第二廷編著『最高人民法院関于公司法司法解釈（一）（二）理解与適用』（人民法院出版社、2008年）400頁、412～413頁。

これまでの検討をまとめると、以下のことがいえよう。すなわち、制度目的からみて「清算義務者」制度が必要であるとしても、その義務は遅滞なく清算グループを成立し、清算を開始させることにとどまるべきである。清算業務の執行を監督すること、清算に協力し、資本充実・維持を図ること及び重要な清算事項を決定すること等は、清算義務者とは無縁である。同様に、清算義務者が遅滞なく清算グループを成立し、清算を開始させることをしない場合にのみ、義務違反による法的責任を負うべきとなる。清算義務者の地位では、清算グループ成立後に清算を開始しない、もしくは法定期間内に清算を結了しないこと、または虚偽の清算報告を利用して抹消登記をすること等の清算業務の執行に関する不当行為とはそもそも無縁である。それらに係る法的責任も当然に、清算義務者が負うべきものではない。

4 二元制から一元制への転換──「清算義務者」制度の廃止

上述した「清算義務者」制度をめぐる種々の問題については、その原因は、制度が完備していないか、それとも制度自体の存在意義が乏しいか、制度の起点に遡って検討する必要がある。「清算義務者」制度の主な役割は会社法の制度上の欠陥に対応し、会社解散制度と会社清算制度を整合的にし、遅滞なく清算を開始させることであり、具体的な清算業務を執行することではない。そのため、会社解散後、清算義務者が清算人を選任した後には、清算義務を負う主体は清算人となり、清算義務者の義務は履行済であるとみるべきである。したがって、「清算義務者」制度の必要性の有無については、清算が効率的に開始できるか否かという点が判断のカギとなる。この点は、清算業務の執行者を効率的に選任する体制をどのように構築するかという問題に帰結する。

現在、海外の立法例をみると、多くの国や地域は一元制の清算人制度を採用している。特に、「法定清算人」を設けることにより、会社解散後に遅滞のない清算開始を図っている。会社は企業組織であり、その存続期間においては従業員、会社債権者、管理部門及び消費者等との間には入り組んだ法律関係が構築されている。会社が解散してしまうと、その法人格が消滅する。合併、会社分割の場合以外には、権利義務の継承者を有せず、会社をめぐる種々の法律関

係は大きく影響されることになる。そのため、各国は強行法規で会社の法人格を消滅させるには清算を行わなければならないと定めている。さらに、遅滞なく清算を開始させるために、多くの国や地域においては立法によって清算業務の担い手を明確に規定している。例えば、ドイツ株式法第265条により、株式会社においては取締役は清算人となり、定款または株主総会決議によってほかの者を清算人とすることもできる。ドイツ有限会社法第66条もこれと類似する規定である。日本会社法第478条により、①取締役（②、③の場合を除く[24]）、②定款で定める者、③株主総会の決議によって選任された者は清算人となる。スイス債権法第740条により、清算は取締役会の責めに任ずる。ただし、定款または株主総会決議によってほかの者を清算人とした場合を除く。韓国商法第531条により、会社解散時、合併、会社分割または破産の場合以外に、取締役は清算人となる。ただし、定款に別段の定めがある場合または株主総会決議によってほかの者が選任された場合を除く。上記の海外立法例では、「清算義務者」の概念を用いらず、「清算人」のみという一元的モデルを採用し、「法定清算人」制度が構築されている。定款上の定めがなく、株主総会の選任決議もない場合でも、清算業務の執行者が明確に法定されている。そのような制度設計の下では、遅滞のない清算開始が実現されることになる。

(1) 「清算義務者」の語意の曖昧さ

「概念は法律問題を解決する際に必要不可欠な道具であり、厳格かつ限定的な専門概念がなければ、我々は法律問題を明晰かつ論理的に考えることができない」といわれる[25]。一つの法律概念をほかの法律用語と区別するためには、明確かつ明晰な内包及び外延を有しなければならない。それは一つの新制度を創設する際の論理的出発点である。言葉の文面上の意味としては、「清算義務者」とは、清算義務を負う者を指すことになる。実際に誰が清算義務を負うかというと、「清算人」は清算業務の執行者として清算義務・それに係る責任を

---

24)「②、③の場合を除く」とは、②定款で定める者、③株主総会の決議によって選任された者が存在しなければ、取締役は当然に法定清算人となることを意味する。

25) Edgar Bodenheimer（鄧正来訳）『法理学、法律哲学与法律方法』（中国政法大学出版社、2004年）504頁。

負うべきである。このようなことから、語意の面においては「清算義務者」は「清算人」と有効に区別することができず、混同が生じやすいと言わざるを得ない。旧会社法第183条により、「会社は……解散した場合、解散事由が生じた日から15日内に清算グループを成立し、清算を開始しなければならない」と規定されたため、どうしても「清算義務者」の概念を用いるなら、本当の清算義務者は会社または清算グループであるとの見解もある[26]。「清算義務者」という用語については、不明確なのは内包だけではなく、その外延も同様である。清算義務者には清算を開始させる者だけでなく、清算に協力する者も含むべきであるとの見解がある。その見解によると、法律の適用に関して実務上種々の問題が生じたのは、旧会社法が清算協力義務を設けず、清算義務者の主体種類及び義務範囲を明確に規定していないため、清算開始義務の所在、清算協力義務の所在が不明確であるからである[27]。その見解は学界が清算義務者についての一般的な認識、すなわち「清算義務者は会社に対して清算を按配する義務を有する民事主体である」ことを明らかに超越したものである[28]。実際に、司法解釈の形で最初に「清算義務者」制度を確立した最高人民法院も、「清算義務者」に対する理解は、「清算人」との混同に陥ったように見受けられる。最高人民法院民二廷は「清算義務者が任務を怠ったこと、または不適切な行為をしたことによって生じた会社財産の損失」については、2種類のものが含まれると説明した。すなわち、「①清算会社の資産の直接的な損失、②会社債務の増加との二種類である。例えば、清算人が管理を怠って会社財産が毀損、流失した場合や、清算人が会社の有する債権について積極的に弁済を求めないため、結局訴訟時効の到来によって法的保護を失った場合を含む。」との説明があった[29]。説明の中には、「清算義務者」の行為に関する例示として挙げたのは、「清算人」の行為である。それは「清算義務者」の語意の曖昧さが災いし、混同が生じた恰好の例であるといえよう。

---

26) 叶林＝徐佩菱「中国会社清算制度に関する評述」法律適用2015年第1号。
27) 王芳裁判官の観点、中国法学会商法学研究会編『「公司法修改巡回論壇」演講与論辯輯要』306頁。
28) 劉敏・前掲7）229頁。王欣新・前掲19)。
29) 最高人民法院民事審判第二廷編著・前掲23）347頁。

(2)　制度コストについての考量

　会社の清算業務の執行は清算機関に頼らざるを得ない。清算機関の生成は中国旧会社法の下では理想的な仕組みを有せず、株主による選任か、人民法院による選任の二種類の方法しかない。そのため、会社解散時に株主は清算人を選任せず、かつ会社債権者は会社解散のことを知らず、または知っているが、人民法院に清算人選任の申立てをしない場合には、清算人不在により、会社清算は開始できないことになる。このようなトラブルにおいては、誰が会社債権者に対して責任を負うべきかについては司法機関を悩ませた問題の一つである。その解決を図るために誕生したのは「清算義務者」制度である。「『清算義務者』は中国会社法に法定清算人制度が設けられていない状況で、司法実務上の需要に応え、その欠缺に対応するために解釈によって作り出した概念である」といわれる[30]。前述したように、「清算義務者」制度は明らかに欠陥を有する。それに比べて、海外において一般的に採用されている「法定清算人」制度は単純明快である。清算人が法定であるゆえに清算制度の効率性要請に応えることができる。各利害関係人の損失を抑え、清算は遅滞なく開始でき、清算会社から各種資源を素早く解放し、市場に回帰させることができる。そのため、「法定清算人」制度を通じて「解散」と「清算」を隙間なく嚙合わせることができれば、「清算義務者＋清算人」の二元的主体モデルを採用することは無意味ではないかと考えられる。

　法的妥当性の観点からも、立法により直接に清算人を決め、清算の効率性の向上を図る方法が望ましいと考える。「法定清算人」制度の本質は、特定状況下において会社清算業務への公権力による介入である。会社が市場から退出する場合、債務超過に陥ったときは、破産清算となる。企業支配権理論に基づき、そのときは、清算業務は会社債権者によって司るべきである。しかし、会社資産をもって総負債を弁済できる状況、すなわち破産清算でないときは、株主は残余権者として清算業務を司るべきである。株主は事前に会社定款を通じて清算人を明確に決めず、さらに会社解散後も清算人を選任せず、清算を開始

---

30)　韓長印＝楼孝海「会社法における法定清算人制度の創設」法学2005年第8号。

させない場合、会社をめぐる他の利害関係人の利益は危険に晒されることとなる。このようなことを踏まえて、立法側は各利害関係人の利益の均衡を保ち、直接に「法定清算人」を定め、遅滞なく清算を開始させることは合理的かつ必要であろう。

中国改正会社法においては、董事が清算義務者となる一方、定款に別段の定めがある場合や株主総会によってほかの者が選任された場合を除き、清算グループは董事によって構成されるとも規定した。この二元的体制は解散と清算を分断し、両者のかみ合いに隙間を与えることとなる。会社解散後も清算人が選任されず、清算が遅滞なく開始できない場合が依然として生じうる。現行制度の下では、清算義務者への責任追及が可能であるが、制度設計の趣旨から、責任追及に主眼を置くべきでなく、解散制度と清算制度を一層整合的にすることが真の目的である。現行の「清算義務者＋清算人」との二元的主体モデルでは、かかる目的の実現に力不足である。改正会社法の下では、定款に別段の定めがある場合や株主総会によってほかの者が選任された場合を除き、清算義務者も清算グループ構成員も董事となる。同一人格者に複数の地位が重なる。「清算義務者」制度の不足を考えて、それを抜きに、直接に「法定清算人」を定めたほうがより合理的であると考えられる。

5 「法定清算人」の適合主体

会社清算は、清算段階において会社の対内的・対外的な事務を処理することであり、依然として会社の私的自治範囲内の事項である。そのため、会社清算主体モデルは二元制から一元制に転換したとしても、定款より事前に清算人を決めること及び株主総会によって清算人を選任することは認められるべきである。ただし、前記の方法によって清算人を決めない場合、立法によって直接に法定清算人を定め、遅滞のない清算開始を実現できるようにすることは妥当である。それは多くの国や地域が会社法制上採用した制度である。この制度の下で新たに生じたのは、「法定清算人」にすべき者は出資者である株主か、会社の経営管理者である董事か、という問題である。海外の立法例をみると、董事（取締役）が法定清算人となるものが多数派である。出資者が法定清算人とな

る例もあるが、無限責任社員を有する人的会社に関するものがほとんどである。また、有限責任会社でも法定清算人は出資者である個別の例もある（台湾会社法第113条）。「法定清算人」として相応しい主体は一体誰であるか、さらに検討する必要がある。

(1) 清算義務の性質

　清算業務は会社経営業務の延長線上にある。「設立―運営―解散―清算―抹消」の流れにおいて、会社清算は会社が市場から退出する前の最終ステップである。会社は清算段階に入っても依然として法人格を有し、会社清算段階の事務を処理するための管理体制が必要である。会社解散時においても、会社本来の管理体制は構造的に根本的な変化が生じていない。董事、監事は株主総会によって解任されたわけではなく、依然として本来の職務を有し、職務を行う際に負うべき善管注意義務や忠実義務等も変わらない[31]。そのため、「会社清算時の清算義務は董事が会社存続中のある段階における善管注意義務の表れである。その本質は、董事が会社運営段階における善管注意義務と変わらない」といわれる[32]。したがって、清算義務は会社管理者が会社に対して有する信義則上の義務であり、それは董事の善管注意義務及び忠実義務からくる内在的な要請に応えるものであると考えられる。

　ここで、解散及び清算段階の会社における董事と会社の間の法律関係について、整理する必要がある。会社が解散すると、董事の職務が解除され、董事と会社の間の委任関係が終了し、董事は董事としての地位を喪失することになり、会社に対していかなる義務や責任も負う必要がなくなるとの見解がある。その見解を踏まえて、会社解散後の董事の清算義務の性質を説明する際に、契約終了後の義務であるとする考えが示されている。すなわち、会社解散時、董事と会社の間の委任関係が終了したが、信義則に基づき、董事は依然として契約終了後も義務を負い、会社財産を管理し、清算を行うべきである[33]。しかし、会社が解散すると、董事との間の委任関係は自動的に終了するという考え

---

31) See Model Business Corporation Act § 14.05(b)(3).
32) 梁上上・前掲20)。
33) 韓長印＝楼孝海・前掲30)。

には、法的根拠は有しない。会社は解散後に依然として法人格を有し、董事は任期未満了で、株主総会によって解任されていなければ、会社との間の法律関係が依然として存在し、会社のために未完結の事務を終了させるべきである。会社が清算段階に入った後、定款より事前に清算人を決めた場合または株主総会によってほかの者が選任された場合（かかる場合は会社が単独で任意解除権を行使し、董事の職務を解除したとみることができる。）を除き、清算段階においても、董事は依然として会社に対して信義則上の義務を負うべきである。その地位は董事から清算人に転換することになるが、それも従来の義務が清算段階における表れといえよう。

　他方、株主は清算義務を負わない。それに対して、「会社の人格創設主体と人格廃止主体の一致、すなわち、会社人格を創設した者は、その人格廃止に関する業務についても責任をもって行うべきである」との考え方に従い、清算義務主体の制度設計に関しては、出資者は経営者より優越的な地位にあると考えて、株主に清算義務を負わせるべきであるとの見解がある[34]。また、多くの場合に会社解散は株主の合意によって決定されるため、会社が市場から退出する際に、出資して会社を市場に送り出した株主は責任をもって、清算を行って会社を終結させる義務を負うべきであるとの見解もある[35]。これらの見解は会社法の基本原理から離反していると考える。会社は株主の意思により市場から退出するのであれば、株主総会は解散決議をすることになる。解散決議に基づいて会社は清算段階に入るが、解散決議をしたからといって、株主は同時に清算義務を負うわけではない。清算は会社解散後から市場から退出するまでの間に会社内外の法律関係を終結させることであり、具体的な業務の執行である。それは明らかに株主が行うべきものではない。なぜなら、株主は会社の出資者、株主権者、残余権者であり、「株主が会社に対して負う義務は、株式の引受価額を限度とする出資義務にとどまり……出資して株主になった以上、会社に対していかなる義務も負わない」ことになる[36]。同様に、株主が清算段階においても、株式の引受価額を限度とする出資義務以外に、会社に対していかなる義

---

34) 蒋大興・前掲9）。
35) 段衛華「会社解散清算における株主の義務及び責任を論ずる」河北法学2016年第1号。
36) 末永敏和（金洪玉訳）『現代日本公司法』（人民法院出版社、2000年）73頁。

務も負わないはずである。それが「有限責任制度の本質的要素」である[37]。そのため、会社法上株主が清算義務を負わないことは、会社法の基本原理に合致している[38]。株主の中には、比較的特殊であるのは支配株主である。資本多数決の原理により会社を支配することができるからである。支配株主は董事の地位を有する場合は、董事として清算に携わるべきである。董事の地位を有しないが、実質的に会社の行為をコントロールしている場合でも、海外の「事実上の董事（取締役）」制度を参照して、その支配株主に董事に関する規定を類推適用し、清算義務を負わせることができると考えられる。

(2) 効率的な清算開始を実現する制度的要請

　会社清算は会社をめぐる各利害関係人の利益に関係するため、公平性を一層重視する必要があるが、清算の効率性も同様に重要である。解散事由が生じた会社を速やかに市場から退出させることにより、会社資源を解放し、各利害関係人の利益を最大限に保護することができる。会社清算において、会社の残余財産を分配する際には、株主に比べて、会社債権者は優位性を有する。それが原因で、株主が会社清算について消極的であるケースが多くみられる。深圳市中級人民法院が2017年以降に受理した大量の「執転破」（訳者注：強制執行時に債務超過状態にあることが発覚し、当該会社が直接に破産手続に入る。）案件を整理すると、全体的に最も深刻な問題は会社に財産が全く残っていないことであり、多くの案件において清算できない原因は株主の消息不明であることが分かった[39]。このようなことからも、株主に清算義務を負わせることは非効率で、適切でないといえる。それに比べて、会社経営管理者である董事は自主解散、行政による解散、司法による解散を問わず、会社解散に関する情報をいち早く把握することができる。そのため、董事に清算義務を負わせたほうが便利であり、会社解散後にスムーズに清算開始し、会社債権者等の利害関係人の合法的権益を保護することができる。また、会社董事は一般的に会社経営規模及び業務の複雑性に見合った人数で選任されるため、当該会社の清算に必要な人

---

37) 李哲松（呉日煥訳）『韓国公司法』（中国政法大学出版社、2000年）225頁。
38) 叶林＝徐佩菱・前掲26）、劉俊海・前掲22）825頁。
39) 王芳・前掲27）306頁。

数としても適正であると考えられる。さらに、董事の選解任は絶対的登記事項であるため、董事の特定は、株主の資格確認に比べて、簡単かつ明確にできる。したがって、董事を法定清算人とすることで、清算人資格認定をめぐる法的争いを回避し[40]、遅滞なく清算を行うことができる。

(3) 清算業務を効率的に展開する客観的要請

会社清算段階において、清算人は会社財産の受託者として、会社清算に関する各種事務を処理し、会社に対して信義則上の義務を負う。その義務は会社財産を管理または支配することに由来するものである[41]。すなわち、客観的にみて、その義務を負わされる者は会社財産を管理または支配することについて優位性を有しなければならない。会社運営における所有と経営の分離により、董事は会社の経営管理業務を行い、会社の債権債務状況、業務執行状況等の経営状況を熟知している。株主に比べて、会社情報を全面的にかつ正確に把握している。そのため、董事会が会社運営における役割を鑑みて、董事は会社清算の担当者として相応しいと考えられる。他方、株主の場合は、会社の経営管理に関与せず、会社情報の入手ルートも限られている。また、株主の行為能力の有無については法律上特段規定がなく、制限行為能力者である株主がいる場合、その者は会社の清算業務を執行できないことは明らかである。株主に清算義務を負わせると、会社清算に支障をきたすおそれがある[42]。権限責任一致の原則に基づき、「経営権限のある者に責任あり」と考えたほうが合理的である。清算期間における清算人の役割は平常時の会社の董事の役割に相当するものであるため、董事は清算人となるべきである。海外の立法例の多くは、董事の適格要件の規定は清算人について準用すると規定する。例えば、韓国商法第542条は、清算人と会社の関係については董事と会社の間の委任関係に準ずると規定した。台湾会社法第324条は、清算人は清算業務の執行につき、その権利義務

---

40) 楊琼「会社株主の清算義務人地位に対する疑問―董事が清算義務人になる基礎の再構築」金融法苑2021年第106号117頁。

41) D. Gordon Smith, The Critical Resource Theory of Fiduciary Duty, 55 Vanderbilt Law Review 1399(2022).

42) 王長華「有限責任会社の清算義務人を論ずる―中国民法総則70条適用の視点から」法学雑誌2018年第8号。

は原則として董事と同様であると規定した。そのほか、ドイツ有限責任会社法66(4)条及びドイツ株式法第265条の清算人の職務権限についての規定内容は、董事、董事会に関するものと基本的に同様である。日本会社法第482条、第489～491条も、清算業務の執行及び清算人会の権限等については取締役、取締役会に関する規定の準用を規定した。

これまでの検討をまとめると、以下のことがいえよう。すなわち、会社解散後の清算業務はその性質上、専門性の高い会社経営管理業務に属する。所有と経営の分離を前提に考えれば、出資者である株主には出資義務のほか、会社解散後の清算義務をも負わせることは不公平かつ非現実的である[43]。したがって、株主を清算グループの法定構成員とする規定は理論的根拠が乏しいと言わざるを得ない。

(4) 各利害関係人の利益を公平に保護する制度的考量

会社の本質は複数の自由意思者の協議により形成された「契約の束」である[44]。会社清算中に、会社財産の分配が予定され、分配を受ける者は、会社従業員、国家税務機関、会社債権者及び株主等である。清算財産の管理及び分配はこれらの者の利益に直接に係ることとなる。その中に、株主と会社債権者の利益上の衝突が目立つ。株主に分配される残余財産と会社債権者の有する債権は常に利益相反的関係にある。そのようなことに鑑みて、清算業務の執行者を確定する際に、清算業務執行上の利便性のほかに、清算の公平性にも配慮する必要があり、清算人は比較的に独立的及び中立的でなければならない。それで清算人は利害関係人の地位から離脱して清算業務を執行することができる。このような局面においては、「法律のできることは、可能な限り明らかに不公平なところを是正し、法規則の最低限の公平性及び確定性を維持する」からである[45]。

---

43) 李清池「清算義務人の民事責任に関する検討―最高人民法院案例9号の評釈を兼ねて」『北大法律評論（15巻1輯）』（北京大学出版社、2014年）54頁。
44) Frank H.Easterbrook & Daniel R.Fischel（羅培新＝張建偉訳）『公司法的経済結構』（北京大学出版社、2014年）14頁。
45) Paul Davies&Sarah Worthington（羅培新ほか訳）『現代公司法原理』（法律出版社、2016年）1304頁。

会社解散後または清算中においては、株主は自らの利益を追求するために道徳的リスクを生じさせる可能性があり、会社債権者を含むほかの利害関係人の利益を侵害するおそれがある。そのため、董事が清算人となると、董事の中立的な立場により、株主や会社債権者等の利害関係人の間の利益均衡を維持することができる。清算段階においては、会社財産が最終的に各利害関係人に分配されるため、清算財産を管理する清算人と各利害関係人は、実際に一種の信認関係が形成される。それにより、清算人は受託者として受益者（つまり、各利害関係人）に対して忠実に信義則上の義務を履行し、責任を負うことになる。株主が法定清算人となる場合、自身が利害関係人であるゆえ、自らの利益を追求するために清算人の地位を奇貨として他の利害関係人の利益を犠牲にしかねない。それに対して、董事の構成は多元的である。会社の類型に応じて、株主代表であったり、従業員代表であったり、執行董事であったり、独立董事であったり、様々な利益の代弁者が董事会にあると考えられる。そのため、董事が比較的に中立的な立場で清算業務を執行することができる。また、現代会社法理論では、董事が第三者に対しても信義則上の義務[46]、または法定責任[47]を負うことが認められつつある。それにより、董事は清算業務を執行する際に、株主の利益のみならず、会社債権者を含む第三者の利益をも慎重に考慮しなければならないことになる。

　これまでの検討を踏まえて、会社運営における株主と董事のそれぞれの役割を鑑みて、株主よりも董事が法定清算人となることは適切であると考えられる。台湾では、無限責任会社の清算に関する規定（出資者全員が清算人となる。）は有限責任会社の清算について準用するとの規定はあるが、それに対する反対意見も主張されている。すなわち、有限責任会社は物的会社であり、その出資者は有限責任である以上、会社清算については株式会社に関する規定（株式会社の法定清算人は董事となる。）を準用すべきである[48]。会社法理論に照ら

46）陳鳴「董事の信認義務の転化に関する法的構造——アメリカ判例法を中心に」比較法研究2017年第5号。

47）陳景善「董事の対第三者責任の認定及び適用における問題点——日本法上の規定を中心に」比較法研究2013年第5号。

48）柯枝芳『公司法論』（中国政法大学出版社、2004年）574頁、王文字『公司法論』（元照出版社、2004年）623頁。

しても、海外の立法例を参照しても、董事が法定清算人となることは妥当であると考える。

6　一元的モデル下の「清算人」に関する制度設計

　上述したように、清算は会社をめぐる利害関係人に重大な影響を及ぼすものである。期間内に清算を行わない場合、または清算を行う際に違法行為があった場合は、会社債権者、従業員、株主とりわけ少数株主等の私的主体、及び国家税務機関等の公的主体に損害を生じさせる可能性がある。そのため、清算は会社の私法上の行為に属するが、多くの利益主体に関係し、私的主体間及び私的主体と公的主体の間の利益衝突を引き起こす危険性が潜んでいることから、特定の状況における国家公権力の介入が必要である。会社解散から会社清算まで、「旧の内部均衡が打ち破られると、各利益主体間の熾烈な衝突は避けられない。その場合、各利益主体間の調和を実現するためには、外部の力による介入が不可欠である」と考えられる[49]。清算人制度に関しては、外部の力による介入の表れは行政機関で行う清算人登記よび公示の要請、並びに司法機関による清算人職務執行への監督である。

　清算人登記及び公示制度は、情報の非対称性の是正を図るためのものである。かかる制度を通じて、会社債権者、主管機関等の各主体が会社清算業務の進捗状況及び清算業務執行者に関する情報を速やかに把握し、清算に関与し、監督を行うことができる。それは各国が解散、清算に関する商業登記及び情報開示を高度に重視しているゆえんである。しかし、中国旧会社法は清算人登記及び公示制度について特段定めず、会社解散及び清算段階においては、各利益主体間に情報の非対称性が生じ、清算制度が非効率的であった[50]。この問題の解決を図るため、2022年に実施された「市場主体登記管理条例」第32条及びその実施細則第45条は、会社の清算グループは成立の日から起算して10日内に清算グループの構成員及びその責任者の名簿を、国家企業信用情報公示シス

49）劉桂清「会社統治に関する司法的保障──会社統治における司法介入についての法理分析」現代法学2005年第4号。

50）肖雄「会社清算人中心主義の回復と再構築を論ずる」政治与法律2017年第11号。

テムを通じて公告しなければならないと規定した。さらに、改正会社法は会社の解散登記制度を創設した。公示、登記制度の完備により、会社をめぐる各利害関係人、とりわけ会社債権者は会社の解散原因、解散時点、清算グループの成立すべき期日及びその構成員などの情報を速やかに把握でき、遅滞なく清算を開始するよう督促することができるようになった。

　上述したように、行政関係の対策が既に実施されている。しかし、司法機関による清算人制度への介入は依然として欠缺している。司法機関は社会紛争を最終的に裁く者であり、権威性と公正性を有する。会社の清算業務に関しては、司法機関は客観的な立場により会社清算業務を監督することができ、清算が公平・公正に行われることを保障し、司法による会社自治への調節を図ることができる。特に、司法介入を通じて、国家意思に基づいて会社自治の問題点を是正すること[51]、及び清算中の不公正な行為を防止することができる。そのような理由により、多くの国や地域の会社清算制度においては、裁判所による監督が清算業務の各ステップに及ぶことになる。清算人制度に関しては、司法機関の介入としては以下の2点が挙げられる。

　まず、司法機関は清算人を選任することができる。中国旧会社法は、人民法院は特定の場合において清算人を選任することができると規定した。改正会社法はそれについて修正を加えたが、想定される場面は依然として二元制を前提としている。今後、「法定清算人」制度の確立に伴い、司法機関による清算人の選任に関する規定をさらに修正する必要がある。特に、会社定款で清算人を定めず、株主総会も清算人を選任していない場合、董事が何らかの事由により清算人になることができないとき、人民法院は利害関係人の請求により清算人を選任することができるようにすべきである[52]。そのようにすれば、法定清算人は犯罪等の原因で清算人になることができない場合、または解任により清算から退出した場合でも、清算人の人選問題が解決され、順調に清算を行うことができるように確保することができる。

　次に、司法機関は清算人を解任することができる。会社法司法解釈二第9条

51）官欣栄「中国の会社統治における司法介入の弊害及びその対策—ウォール街金融危機を背景とする新思考」政法論壇2009年第4号。
52）柯枝芳・前掲48）502頁。

は、人民法院は、会社債権者、株主、董事若しくはその他の利害関係人の請求により、または自らの職権により、自ら選任した清算グループの構成員を変更することができる。その変更、すなわち解任できる範囲は人民法院の自ら選任した者に限るが、この点については検討の余地があると考えられる。清算業務は複雑かつ高い専門性を有し、利益衝突もつきものである。清算過程においては、清算人が能力喪失したことや、会社または会社債権者の利益を侵害したこと、法令に違反したことなど、様々な状況が発生しうる。それらの状況が発生した場合、清算中の各利益主体は危険に晒されることとなる。清算業務が公平・公正に継続できるようにするため、清算人が「清算業務を執行できないとき」、または「清算人義務に違反する行為があったとき」に、会社債権者等の利害関係人は、人民法院に当該清算人（どのように選任されたかを問わず、すべての清算人が対象になる。）を解任するよう請求することができるようにすべきである。

　会社清算はその本質からみて私法上の行為であり、司法権が私法上の行為に介入する場合は、十分な必要性と正当性を有することが必要である。人民法院は自ら選任した者以外の清算人について、職権により積極的に解任権を行使すべきではないと考える。清算段階における清算人の役割は、対内的に会社事務を処理し、対外的に会社を代表して意思表示をすることである。それらはすべて会社自治の範疇に属する。各国は会社清算人の選任について、定款で定めるか、会社意思で任意に選任することを認めていることは、会社の私的自治の表れであろう。会社清算段階においては、契約理論に基づき、清算グループは各種契約の連結点に位置し、各種の利害関係を調整する際には基本的に契約自治の原則を遵守しなければならない。そのため、人民法院は自ら選任した者以外の清算グループの構成員を積極的に変更すべきではない。ただし、定款所定の清算人にしろ、株主総会によって選任された清算人にしろ、または董事である法定清算人にしろ、株主とりわけ大株主の支配または影響を受ける可能性がある。それにより、清算人の有すべき中立性を失い、会社清算中に会社債権者ないし少数株主等の主体の利益が犠牲になるおそれがある。そのため、利益が侵害された主体が司法機関に要請した場合、権利救済の最後の砦として、司法機関は各主体の利益を公平に保護しなければならず、各主体の中に立って裁判を

することとなる。要するに、会社解散時の通常清算については、司法機関の介入は必要であるが、介入の実施は原則として受動的でなければならない。

　人民法院に清算人の解任を請求することができる主体については、海外の立法例をみると、一般的に、会社債権者と株主（実際に請求するのは少数株主がほとんどである。）が挙げられている。また、監査役会や監査役が挙げられている例もある。清算人が清算業務を執行できない場合、または重大な義務違反行為があった場合に、会社債権者は、自身の利益を保護するために、人民法院に清算人の解任を請求することは合理的な訴求であろう。他方、株主の場合は、海外の立法例ではその申立権の行使要件について異なる規定が存在する。かかる申立権を単独株主権とする例がある。例えば、スイス債権法第741条は、「正当な事由がある場合、株主の請求により、裁判官は清算人を解任することができる」と規定した。また、それを少数株主権とする例もある。例えば、韓国商法第539条「清算人の解任」は、「清算人は清算業務の執行に著しく不適任である場合、または重大な義務違反行為があった場合には、発行済株式の３％以上の数の株式を有する株主は、裁判所に清算人の解任を請求することができる」と規定した。ドイツ有限責任会社法第66条は、かかる申立権を行使するには、株主の持分は基本資本に占める割合が10％以上である必要があると規定した。ドイツ株式法第265条は、単独または共同で出資総額の５％以上または100万ユーロ以上の出資分を有する株主はかかる申立権を行使することができると規定した。さらに、持株比率に加え、持株期間の要件をも定めた例がある。例えば、日本会社法第479条は、総株主の議決権の３％（これを下回る割合を定款で定めた場合にあっては、その割合）以上の議決権を６箇月（これを下回る期間を定款で定めた場合にあっては、その期間）前から引き続き有する株主は、かかる申立権を行使することができると規定した。台湾会社法第323条はかかる申立権の行使要件を持株比率３％以上または株式保有期間１年以上と規定し、その株式保有期間の要件はさらに厳しくなる。制度設計上、株主の株式保有期間及び持株比率の要件を設けたのは公平性と効率性に関する考量の結果である。一方、少数株主の利益は、清算人、とりわけ大株主が資本多数決の原則に基づいて株主総会を通じて選任した清算人に侵害されるおそれがあり、司法救済を図る必要がある。他方、持株比率の要件を設けなければ、少数株主によ

る権利濫用の可能性がある。不適切な申立権行使で清算人を困らせ、清算の効率を低下させてしまうこととなり、会社が速やかに市場から退出できなくなる。このようなことを踏まえて、公平性と効率性を総合的に考量し、かかる申立権の行使に一定の持株比率の要件を設けることは合理的であるが、少数株主の保護を念頭に置くと、その持株比率は高く設定すべきではない。また、持株比率と異なり、株式保有期間については、特段要件を設ける必要はないと考えられる。株式保有期間の要件を設けるのは、「株主と会社との間の関係は安定的である」ことを確認し[53]、株主からの権利行使が会社の長期的な発展に資するよう確保するためである。清算中の会社の場合、清算結了後に抹消することになるため、客観的にみて、株主と長期的な安定関係を築く必要はそもそもない。株式保有期間でかかる申立権の行使主体を制限すると、短期にしか株式を所持しない株主の権益の保護に欠けることになる。

株主のほかに、ドイツ株式法第265条及び台湾会社法第323条のように、監査役会や監査役といった会社の監査機関もかかる申立権を行使できるように規定する例がある。この例は一定の合理性があり、参考に値すると考える。清算人は清算業務を執行する際に利害関係人の権益を侵害した場合には、監査機関はその権限により選任機関に清算人解任の意見を述べることができる。それは中国会社法制における監事会の董事解任についての意見陳述権に関する規定と類似している。会社が清算段階に入っても監事は職務終了にならず、依然として監査権限を有し、職務を遂行すべきである。制度設計時に、会社の私的自治と公権力の介入との間の均衡を維持するために、監事会は清算人解任の申立てをする前に、まずは株主総会に清算人解任の意見を述べなければならないとすべきである。それでも株主総会が清算人を解任しない場合のみ、監事会は人民法院に清算人の解任を請求することができるようになる。

まとめると、人民法院による清算人解任の制度を改善することにより、司法権による清算人への監督を一層実効的にし、清算人が各利害関係人の合法的な権益を公平に扱うように確保することができる。それは「清算人」に関する制度設計に欠かせない一環であると考えられる。

53）潘貴明「株主代表訴訟に関する前置手続の適格主体」法学研究2008年第2号。

7 おわりに

　会社清算制度においては、遅滞なく清算人を確定することは極めて重要であり、会社清算が順調に行われることの基本的前提となる。司法実務においては、旧会社法における解散制度と清算制度の不整合を改善するために、司法機関は「清算義務者」制度を創設し、「会社解散後に速やかに清算を開始しない」という問題の解決を図った。しかし、「清算義務者＋清算人」という二元的モデルにおいては、清算義務者の権利義務や責任が不明確であり、その問題はますますエスカレートし、会社清算制度において屋上屋を架すことになった。海外の立法例を参照し、会社の清算主体を二元的モデルから一元的モデルに転換し、董事が法定清算人となるように立法すると、制度コストを節約し、各利害関係人間の衡平を保つことができる。このような法改正は効率性と安全性の両方に優れて、望ましいと考える。そのため、今後の立法においては、中国の会社清算主体についての規定を以下のようにすることを提言する。すなわち、「董事は会社の清算人となる。ただし、会社定款に別の定めがある場合、または株主総会決議によって他人が選任された場合は、この限りでない。」とする。その改正に伴い、清算義務者に関する規定は削除する。また、会社債権者等の利害関係人の権益をよりよく保護し、社会経済秩序の維持という法律の価値を実現するため、清算人をめぐる公権力による介入に関する制度も、速やかに改善を図るべきである。特に、行政関係の清算人登記及び公示制度を強化し、司法機関による清算人選解任への介入に関する制度の完備を図ることが重要である。上記の法改正が実現することにより、会社は各利害関係人の合法的権益を公平に保護することを前提に、市場から遅滞なく、秩序よく退出することができるようになる。また、かかる法改正の成果の一つとして、会社の存続期間を通して、法律は常に会社をめぐる利害関係を効果的に調整することができるようになろう。

事項索引

欧 文

GmbH・6
IPO・15
LLC・2, 7
LLC 革命・8
LLP・8
MBO・136
OECD 国有企業ガバナンス・ガイドライン・196
SAS・20
UNCITRAL・3, 16, 21
UNLLO・3

あ 行

イギリス会社法・5, 41, 63
一層制・77
インセンティブ報酬プラン・137
隠蔽の原則・106
影響力の濫用・148
エクイティファイナンス・39
オプション・222
オプトアウト式・31
オプトイン式・31

か 行

会社清算・275
会社設立場所・43
会社の内部管理機関・70
会社類型・1
影の取締役・157
瑕疵担保・250
株式会社規範意見・220
株式買取請求権・148, 161

株式譲渡の当事者の責任・59
株主権価値・233
株主権の濫用・148
株主至上主義・202
株主総会・215
株主の出資期限早期到来制度・60
株主平等原則・234
株主本位主義・202
株主名簿名義書換・264
株主有限責任・46
監査委員会制度・65
監事・281
完全国有会社・189
関連関係取引規制・148, 157
議決権行使の回避・148
逆方向の否認・102, 112
逆有限責任・5
キャピタル・ロック・5, 23
九民会議議事録・101, 118
協働行為者・183
協働行動・184
虚偽記載・140
勤勉義務・160
契約自由の原則・22
契約遵守のルール・61
契約による株式の買取・269
検収義務・254
公開運営法・211
公開株式会社・4
合資会社・21
工商登記・56
合名会社・21
コーポレート・ガバナンス・189
コーポレート・ガバナンス・コード・70, 73
股権分置改革・219
個人事業主・21
国家出資会社・189

303

事項索引

国有企業・189
国有企業改革意見・204
国有資産監督管理機関・205, 215
国有資本支配会社・189

──────── さ 行 ────────

債権形式主義・262
債権者による損害賠償訴訟・148
債権劣後原則・104
最終受益者・183
最終の支配者・183
財務諸表等情報開示・137
詐害的譲渡取消権・105
事実上の取締役・146, 159
事実的詐害・105
失権制度・57
実際の出資者・183
実質支配者の識別基準・164
実質的共同支配者・173
実質的支配者の範囲・146
執転破・293
支配株主規制・145
支配株主権利濫用禁止・156
支配株主の認定・154
支払能力テスト基準・40
資本維持の原則・40, 49, 240
資本確定の法則・49, 240
資本三原則・48, 240
資本不変の法則・49, 240
上海証券取引所・221
重過失責任・141
修正意思主義・265
受益権者・183
授権資本制度・53
出資引受制度・35
種類株式制度・219
種類株式の開示規制・229
種類株主総会の決議規則・230
純粋意思主義・262
順方向の否認・102
譲渡株主の取消権・247
譲渡禁止規定の効力・244

情報開示義務・258
所有権と経営権の分離・19
進化論・4
深セン証券取引所・221
信認義務・22, 146, 236
推定基準・186
推定的詐害・105
清算義務者・103, 276
清算義務の性質・291
清算人・297
設立登記・45
善意取得・268

──────── た 行 ────────

代表訴訟・148
忠実義務・140, 160
「追首悪」方策・174
定款自治・239
党委員会・216
同意規定・243
逃避の原則・106
同類併合・9, 25
登録資本金・35
登録資本金引受登記制度・36
独立取締役・135
取締役・14, 128, 131
取締役会・66, 210
デラウェア州会社法・44, 54
デリバティブ・222
ドイツ有限責任会社法・6, 49, 54
特例有限会社・12

──────── な 行 ────────

内部コンプライアンス管理・199
二元的会社清算主体モデル・276
二重代表訴訟・146, 162
二層制・94
二分法・9
日本会社法・11
入庫ルール・62
認定基準・186

304

————————— は　行 —————————

破産原因・60
ハニカム規定・27
東インド会社・4
フィデューシャリー・デューティー・199
フック・ルール期間・7
法人格否認の制度・98
法定資本制度・36
法定清算人・286, 290
発起人の責任・58

————————— ま　行 —————————

持株譲渡制度・242
持分移転の時期・261
持分の善意取得・266
免除承諾及び買収防衛策の同意権・136

————————— や　行 —————————

有限責任会社・1
優先買取権・249

————————— わ　行 —————————

ワラント・222

中国商事法研究第2巻
中国会社法制の理論と実務

2024年11月14日　初版第1刷発行

編　　者　神　田　秀　樹　　朱　　　大　明

発 行 者　石　川　雅　規

発 行 所　鬻 商 事 法 務
　　　　　　〒103-0027　東京都中央区日本橋3-6-2
　　　　　　TEL 03-6262-6756・FAX 03-6262-6804〔営業〕
　　　　　　TEL 03-6262-6769〔編集〕
　　　　　　https://www.shojihomu.co.jp/

落丁・乱丁本はお取り替えいたします。　　印刷／そうめいコミュニケーションプリンティング
ⓒ2024 Hideki Kanda, Daming Zhu　　　　　　　Printed in Japan
Shojihomu Co., Ltd.
ISBN978-4-7857-3124-3
＊定価はカバーに表示してあります。

JCOPY＜出版者著作権管理機構 委託出版物＞
本書の無断複製は著作権法上での例外を除き禁じられています。
複製される場合は、そのつど事前に、出版者著作権管理機構
(電話03-5244-5088、FAX 03-5244-5089、e-mail: info@jcopy.or.jp)
の許諾を得てください。